나는 오늘부터
경제기사를 읽기로 했다

경제기사가 이렇게 쓸모 있을 줄이야

나는 오늘부터
경제기사를 읽기로 했다

박유연 지음

경제에 대한 뷰는
정제된 지식에서 나온다!

혼돈의 시대다. 10년 전 발생한 글로벌 금융위기 이후 오랫동안 세계 경제를 지탱했던 저금리와 저유가 시대가 막을 내리고 있고, 한동안 뜨거웠던 집값은 소강 국면에 접어들었다.

경제 환경이 바뀌자 불안한 마음에 많은 사람들이 경제를 이야기한다. 가히 경제 정보의 홍수 시대다. 그만큼 머릿속 혼란은 좀처럼 가시지 않고 오히려 더 복잡해진다. 정리되지 않은 정보가 가득 들어차면서 판단 기준이 흐려질 뿐이다.

혼돈의 시대를 버텨낼 수 있는 힘은 '뷰(view)'에서 나온다. 경제에 대한 자신만의 시각을 가져야 한다. 뚜렷한 주관을 갖고 있다면 쉽게 흔들리지 않는다. 그렇지 않으면 여기저기서 다른 이야기가 나올 때마다 갈대처럼 흔들릴 수밖에 없다.

뷰를 갖고 있다면 어떤 경제 현상에도 분석적으로 대처할 수 있다. 자신만의 뷰를 통해 문제를 읽고 해석해 적절한 해결 방안을 마련할 수 있는 것이다.

뷰는 그냥 갖춰지지 않는다. 어느 순간 '나는 경제현상을 이런 식으로 해석할 거야'라고 마음먹는다고 생기는 게 아니다. 설령 인위적으로 뷰를 만들었다고 해도 토대 없는 뷰는 조그만 자극에도 금세 흔들리고 만다.

굳건한 뷰는 정제된 지식에서 나온다. 정리된 기본 지식으로 확고한 토대를 구축해야 제대로 된 시각을 가질 수 있다. 이런 체계를 갖추는 것은 보통 어려운 일이 아니다. 경제 지식은 그 양도 방대하거니와 해석 방법이 천차만별이기 때문이다. 더욱이 경제는 가만히 있지 않고 살아 움직이는 유기체다. 한때 시대를 풍미했던 해석 방법이 금방 구시대의 유물이 되기 일쑤다. 어제 들어맞았던 경제 정보가 오늘은 전혀 맞지 않는 경우도 다반사다.

가급적 많은 정보를 습득하는 방식으로 대응하는 사람이 많다. 최신 정보를 얻기 위해 기꺼이 많은 돈을 지불한다. 하지만 토대 없이 최신 정보를 습득하는 것은 오히려 독이 될 수 있다. 분석할 능력 없는 정보는 없느니만 못하다. 오해할 것이라면 모르는 게 낫다.

이 책은 독자가 자신만의 뷰를 갖출 수 있도록, 토대를 구축하는 데 초점을 맞추고 있다. 가급적 모든 기본 지식을 담으려 노력했고, 응용을 통한 완전한 이해가 가능하도록 최신 정보도 함께 담았다. 책의 내용을 천천히 숙지하다 보면, 자기도 모르게 경제에 대한 확고한 뷰를 갖추게 될 것이라 자신한다.

책은 크게 13개 챕터로, 금리, 환율, 물가, 성장, 경기 등 경제와 관련한 모든 이슈를 세세히 담았다. 여기에 덤으로 알아두면 좋을 내용은 One Point Lesson으로 구성해 삽입했다. 경제를 알고 싶지만 선뜻 다가서기 어려웠던 사람들에게 많은 도움이 될 것이다.

또 주기적으로 우리를 괴롭히는 경제위기를 전반적으로 분석한 내용은, 경제에 대한 식견이 있는 사람들에게 유용한 정보가 될 것이라 믿는다. 초심자도 전체 흐름을 따라가다 보면 해당 내용을 충분히 이해할 수 있도록 구성했다.

책을 읽으면서 끊임없이 생각해볼 것을 권한다. 논리에 오류는 없는지, 어떤 경우에 적용할 수 있는지, 주변에 유사한 사례가 있는지 등을 생각하다 보면, 어느새 경제를 읽는 시야가 트이고 자신만의 판단 기준을 확립할 수 있으리라 믿는다.

지금의 혼돈이 언제 끝날지 모르겠다. 누구도 예상하기 어렵다. 그 끝이 있다 하더라도 운동 경기처럼 명료한 종결은 없다. 하지만 언젠가 지금의 혼란이 마무리될 것은 분명하다.

이 책이 그 끝을 남들보다 먼저 읽고 현명한 대처를 하는 데 좋은 길잡이가 될 것이다. 더불어 이번에 갖춰놓은 여러분의 뷰가 앞으로 닥칠 또다른 혼란 상황에서 든든한 무기가 될 수 있길 바란다.

박유연

차례

ECONOMY NEWS

CHAPTER
1

경제성장,
그 함수관계를 밝힌다

늘 경제를 이야기하지만 경제가 무엇인지 한마디로 정의하는 것은 무척 어렵다. 우리를 둘러싼 경제는 무엇으로 구성되고, 어떻게 움직이는 것일까? 여기서는 경제가 생성되어 성장해나가는 과정을 소개한다. 이는 경제 구조를 이해하는 데 가장 기초적인 지식이다. 더불어 성장 정체에 직면한 한국 경제의 문제점이 무엇이고 돌파구는 없는지 점검해본다. 보수정권과 진보정권의 성장에 대한 이론적 다툼과, 이에 따른 성장과 분배에 대한 고민도 살펴본다. 또 성장과 관련해 최근 이슈가 되고 있는 저출산의 공포에 대해서도 소개한다.

한국 경제가 1인당 3만 달러 국가로 도약한 비결
GDP와 경제성장률

　　매년 경제성장률 수치가 발표될 때마다 큰 관심을 끈다. 높으면 높은 대로 낮으면 낮은 대로 저마다 여러 분석이 나오고, 신문과 방송은 온통 경제성장률 이야기로 시끌시끌하다. 경제성장률은 무엇이고, 어떤 의미가 있기에 이토록 많은 관심을 끄는 것일까?

올해 1인당 GDP가 처음으로 3만 달러를 넘길 게 확실해 보입니다. 국제통화기금, IMF가 발표한 세계 경제 전망입니다. 올해 우리나라 1인당 GDP는 3만 2,774.54달러, 소수점 둘째자리까지 추정했습니다. 사상 처음으로 3만 달러를 넘는 것으로 나옵니다. G20 국가 중에서는 9번째이고, 아시아에서는 일본과 호주에 이어 3번째입니다.

TV조선(2018. 4. 23.)

GDP는 최종생산물 가치의 단순 합

　　경제는 그물과 같다. 크게 가계, 기업, 정부의 3주체가 각자 활동을 하며 경제를 구성한다. 가계 구성원들은 기업에 고용되거나 스스로 개별적인 생산활동을 하고(자영업자의 경우), 기업은 대규모의 생산활동을 한다. 정부도 거둬들인 세금을 바탕으로 각종 생산활동을 한다. 이들의 활동은 금전으로 계산되어 경제 총량을 구성하는데,

이 같은 총량이 GDP(Gross Domestic Product, 국내총생산)다. GDP는 경제주체가 생산한 재화와 서비스에 시장가격을 곱해 계산하며, 이를 국민 수로 나눠주면 1인당 GDP가 도출된다.

예를 들어 A국 경제가 1년 동안 나무의자 10개를 생산할 수 있는 공장과 1년 동안 10명의 머리를 다듬을 수 있는 미용실로 구성되어 있다고 가정해보자. 나무의자 단가를 20만 원이라 하고, 1인당 머리를 다듬는 비용을 1만 원이라 한다면 A국 경제의 GDP는 210만 원이 된다(20만 원×10개+1만 원×10명). 여기서 나무의자는 재화 생산을 대표하고, 머리 다듬는 일은 서비스 생산을 대표한다. 이때 이 경제의 구성원을 총 10명이라 하면, 이 경제의 1인당 GDP는 210만 원을 10으로 나눈 21만 원이 된다.

나무의자를 만들기 위해서는 원목을 생산한 후 이를 목재로 만드는 과정이 필요한데, 관련된 활동의 가치는 의자가격에 모두 포함된다. 이에 한 경제의 GDP를 알기 위해서는 원료와 중간재를 투입해 만든 최종생산물의 가치만 더하면 된다. 이 경제에서는 의자가 최종생산물이다. 최종생산물의 가격은 벌목부터 의자 생산까지 각 중간 과정에서 획득한 부가가치(생산물 가치-원료비 등 비용의 합)의 합과 일치한다.

이렇게 생산된 가치는 각 주체가 나누게 된다. 가계에는 소득으로, 기업에는 이윤으로, 정부에는 세금으로 돌아간다. 만약 1인당 GDP가 3만 달러라면 여기에는 소득, 이윤, 세금이 모두 포함되어 있는 것이다. 그래서 1인당 GDP를 개개인의 소득으로 착각해선 안 된다. 실제 1인당 GDP 3만 달러 가운데 개인에게 떨어지는 부분은 절반 정도에 불과하다. 통계청에 따르면 4인 가구 기준 평균 소득은 연간 5천만 원 정도에 불과하다. 즉 실제 1인당 평균 소득은 1천만 원을 갓 넘는다. 생산 결과를 각각 소득, 이윤, 세금으로 나눠 받은 가계, 기업, 정부는 이를 지출활동에 사용한다. 이에 GDP는 지출의 결과인 저축, 소비, 투자, 정부지출 등의 합과 일치하게 된다.

과거에는 GNP(Gross National Product, 국민총생산)란 개념을 많이 썼는데, 이는 GDP와 약간의 차이가 있다. GDP는 한 국가 내에서 생산한 가치의 총량으로, 외국인들이 국내에서 생산한 가치는 포함되지만 한국인이 외국에서 생산한 부문은 빠진다. 반면 GNP는 특정 국가 국적을 지닌 사람들이 생산한 가치의 총량으로, 외국인들이 국내에서 생산한 가치는 빠지지만 한국인이 외국에서 생산한 부문은 포함된다.

이 같은 방식에 따르면 외국인의 국내 투자 증대는 우리나라의 GDP를 키우지만 GNP는 키우지 못한다. 외국인의 국내 투자가 고용 증대, 세수 증가 등을 통해 국내 경제에 크게 기여하는 점을 감안한다면 GDP가 더 유용한 개념이다. 이런 점 때문에 GNP보다 GDP가 널리 쓰인다.

경제성장률은 GDP의 증가 정도

경제성장률은 한마디로 GDP의 증가 정도를 의미한다. 과거와 현재를 정확하게 비교하기 위해 생산물가격은 기준연도로 고정하는데, '2010년도 가격'으로 고정하는 식이다. 이렇게 하면 물가 상승에 따라 GDP가 증가하는 착시 효과를 막을 수 있다.

예를 들어 A국 경제가 하나도 나아진 것 없이 10년 후에도 나무의자 10개를 생산하고 10명의 머리를 다듬는 규모가 유지되고 있다고 가정하자. 그런데 10년 사이 물가만 2배로 올랐다면 최종생산물의 합산 가격도 2배로 올라 경제가 2배로 성장한 것처럼 오해할 수 있다. 이런 착시 현상을 막기 위해 기준연도 가격으로 고정하는 것이다. 이렇게 하면 진정한 생산능력의 증가를 추산할 수 있다.

기준연도 가격으로 계산한 GDP를 실질 GDP, 당해연도 가격으로 계산한 GDP를 명목 GDP라 한다. 보통 물가는 상승하기 마련이라 명목 GDP가 실질 GDP보다 크다. 우리가 '경제가 성장한다'고 하는 것은 바로 이 실질 GDP의 증가를 의미한다. 즉 물가 상승에 따라 경제가 커지는 것이 아니라, 이를 배제한 뒤 실질 산출규모가 커졌을 때 '경제가 성장했다'고 말하는 것이다.

앞의 예로 돌아가 A국의 인구나 자본의 증가 혹은 기술혁신으로 나무의자를 1개 더 만들 수 있게 되었다고 가정해보자. 그러면 A국의 경제 GDP는 20만 원이 증가해 230만 원으로 늘어난다. 증가분인 20만 원(의자 기준가격)을 전년도 GDP 210만 원으로 나누면 9.5%가 나온다. 이 수치가 곧 경제성장률이다. 즉 경제가 9.5% 성장한 것이다. 이처럼 경제성장률은 그 나라의 생산능력이 얼마나 커졌는지를 수치로 나타내는 지표로, 수치가 높을수록 생산능력이 빠르게 커진다는 의미를 담고 있다.

이 밖에 기준연도 의자가격을 쓰지 않고 당해연도 의자가격을 이용해 명목 경제성장률도 구할 수 있다. 이 기간 의자가격이 20만 원에서 30만 원으로 올랐다면 의자 11개의 가치 총합은 330만 원이

되고, 여기에 미용실 GDP 10만 원을 더하면 GDP는 340만 원이 나온다. 이를 전년도 GDP 210만 원과 비교하면 경제가 62% 성장했다는 수치가 나온다. 단지 의자를 하나 더 만들게 되었을 뿐인데, 의자가격이 크게 오르면서 경제도 크게 성장하는 것처럼 나타난 것이다. 이처럼 물가가 상승하는 상황에서 명목 경제성장률은 경제성장 정도를 부풀리게 된다. 이런 착시 효과 때문에 현실에서는 실질 경제성장률이 주로 사용된다.

경제성장률은 시기별로도 나타낼 수 있다. 우선 '전년 동기' 대비성장률이 있다. 이는 1년 전과 비교해 얼마나 성장했는지를 나타내는 수치다. 시점별로 볼 수도 있는데, 2018년 5월 경제규모가 2017년 5월보다 얼마나 성장했는지를 살펴보는 식이다. 보통 1년이 끝나는 시점에 살펴보는 경우가 많다. 즉 2018년 12월까지 경제 실적을 마감한 뒤 2017년과 비교해 한 해 동안 경제가 얼마나 성장했는지 보게 된다.

다음으로 '전기 대비' 성장률이 있다. 이는 분기별로 보는 것인데, 분기는 1년을 4로 나눈 것으로 석 달을 포함한다. 1, 2, 3월은 1분기, 4, 5, 6월은 2분기 등으로 부른다. 6월 실적을 마감한 후 4, 5, 6월 동안 1분기 대비 경제가 얼마나 성장했는지 알 수 있다. 전년 동기 대비 성장률 외에 전기 대비 성장률을 별도로 보는 것은, 불과 몇 달 전의 상황과 비교함으로써 국민들이 짧은 순간 피부로 느끼는 경제상황을 파악하기 위한 것이다.

2009년 2분기가 대표적인 경우다. 이때 성장률은 1년 전인 2008년 2분기와 비교해 마이너스 성장률을 나타냈다. 2008년 말

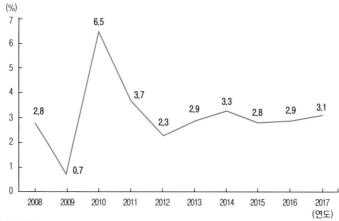

〈도표 1-1〉 한국의 연도별 경제성장률 추이

(%)

- 2008: 2.8
- 2009: 0.7
- 2010: 6.5
- 2011: 3.7
- 2012: 2.3
- 2013: 2.9
- 2014: 3.3
- 2015: 2.8
- 2016: 2.9
- 2017: 3.1

(연도)

자료: 한국은행

금융위기가 터지면서 악화된 경제상황의 여파는 2009년 2분기까지 지속되었다. 반면에 1년 전인 2008년 2분기는 그런대로 경제가 괜찮았다. 이에 2009년 2분기를 2008년 2분기와 비교하면 당연히 경제상황이 안 좋은 것으로 나타날 수밖에 없다. 그런데 비교 시기를 바꿔 2009년 2분기를 2009년 1분기와 비교해보면 큰 폭의 성장세가 발견되었다. 2009년 2분기도 여전히 어렵긴 하지만 최악이었던 2009년 1분기와 비교하면 상황이 개선되었기 때문이다. 이를 통해 경제가 여전히 어렵지만 빠르게 회복하고 있다는 해석이 가능했다. 이처럼 전년 동기 대비 외에 전기 대비 성장률을 따로 보면 다양한 경제현상을 발견할 수 있다.

현재 한국 경제 수준에서 전기 대비 성장률이 0.7~0.8%를 넘거나 전년 동기 대비 성장률이 3%를 넘으면 호조세로 본다.

환율 변화에 춤추는 1인당 국민소득

경제성장률이 낮다는 것은 한마디로 생산 증가율이 낮고, 이에 따라 경제주체들의 소득이 더디게 증가하는 것을 의미한다. 소득 증가율이 경제주체들의 소비 욕구와 기대 수준에 미치지 못한다면, 경제주체들의 행복도가 떨어질 뿐만 아니라 경제도 힘을 잃을 수밖에 없다. 생산이 지속적으로 늘어야 각 경제주체들이 더 많이 소비하고 즐길 수 있는데 그러지 못하기 때문이다.

침체된 경제성장률은 경쟁국과 비교해 상대적인 소득 격차도 만들어낸다. 경제학의 재미있는 법칙 중에 '72의 법칙'이란 것이 있다. 72를 성장률로 나눴을 때 몇 년 만에 2배가 되는지 계산하는 법칙이다. 예를 들어 성장률이 6%라면 2배가 되는 데 12년(72÷6)이 소요된다. 72의 법칙에 따르면 한국 경제가 3% 성장을 유지할 경우 현재 상태에서 2배가 되는 데는 24년이 소요된다. 반면 7% 내외 성장률을 유지하고 있는 중국은 경제규모가 2배가 되는 데 10년밖에 걸리지 않는다. 이는 한국과 중국의 경제규모 격차가 향후 엄청나게 벌어질 것을 의미한다. 중국은 한국이 영원히 따라잡을 수 없는 존재가 되는 것이다.

이와 관련해 일본은 극단적인 예를 보여주고 있다. 일본의 1인당 GDP는 1995년 4만 3,817달러에 달했는데 이후 장기경기불황이 찾아오면서 2002년 3만 2,759달러까지 떨어진 바 있다. 최근 몇 년간 회복세를 보였음에도, 2016년 4만 229달러로 예전 수준을 회복하지 못했다. 미국과 비교하면 일본은 1990년 미국을 추월했지만, 1998년 미국에 다시 추월당한 뒤 격차가 계속 벌어지는 중이다.

명목 GDP로 따지는 경제규모는 환율에 따라 그 크기가 크게 달라질 수 있다. 예를 들어 우리나라 GDP가 1천조 원에서 1,100조 원으로 100조 원 늘었다고 가정해보자. 10% 성장한 것이다. 이 사이 달러당 환율이 1천 원에서 2천 원으로 크게 올랐다. GDP 규모가 1천조 원일 때는 달러당 환율이 1천 원이니 이를 달러로 환산하면 1조 달러가 나온다. 그런데 1년 후 환율이 2천 원으로 오르면 원화 기준 GDP가 1,100조 원으로 늘었다 하더라도, 달러로 환산한 GDP는 5,500억 달러(1,100조 원÷2천 원)에 불과하다. 원화 기준 명목 GDP는 커졌는데, 환율이 상승하면서 달러로 환산한 GDP는 거의 절반 수준으로 떨어지는 것이다.

결국 환율이 오르면 달러로 환산한 한국 경제상황은 훨씬 과소평가될 수 있다. 한국 경제는 이 같은 일이 2번 있었다. 1998년과 2009년이다. 이때 경제위기가 발생하면서 환율이 급등했고, 이에

〈도표 1-2〉 한국 경제의 명목 GDP 추이

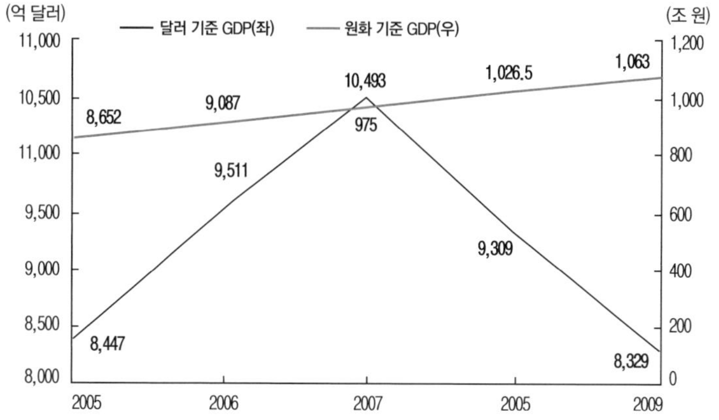

자료: 한국은행

따라 원화 기준 GDP가 늘었음에도 달러로 환산한 GDP는 급감하는 모습을 보였다.

2009년의 경우 2006년 1인당 GDP가 2만 달러를 돌파한 후 3년 만에 환율 급등과 경기침체 영향에 따라 1인당 GDP가 다시 1만 달러대로 주저앉는 일이 벌어지기도 했다. 2009년 1인당 GDP는 1만 8천 달러 수준으로 2년 전인 2007년 2만 3천 달러와 비교해 5천 달러 이상 내려갔다.

반대로 환율이 정상치보다 훨씬 내려가면 달러로 환산한 GDP가 올라가는 효과가 있다. 예를 들어 2006년 1인당 GDP가 2만 달러를 돌파했는데 이는 환율 하락의 영향이 컸다. 당시는 장기간의 무역흑자로 국내에 달러가 쌓이면서 환율이 계속 하락하던 때였다. 이에 따라 달러 환산 GDP가 커지면서, 1인당 GDP가 처음으로 2만 달러를 넘어섰다. 하지만 이와 같은 상황은 불과 3년 뒤인 2009년 환율 급등으로 인해 달러 환산 GDP가 급감하는 상황으로 변하고 말았다.

한편 환율이 크게 올라 달러 기준 1인당 GDP가 1년 전보다 크게 떨어지더라도, 경제성장률은 플러스를 기록하는 것이 일반적이다. 경제성장률을 추산할 때는 생산물가격뿐 아니라 환율도 기준연도로 고정시키기 때문이다.

예를 들어 2명으로 구성된 A국이 1천 원짜리 물건을 2개 만들다가 1년 후 3개를 만들게 되었는데, 이 기간 환율이 달러당 1천 원에서 2천 원으로 오르면 달러 기준 1인당 GDP는 1달러에서 0.75달러로 급감하게 된다. 하지만 환율을 1천 원으로 고정시켜 계산하는 경제성장률은 산출 증가 효과만 나타나면서 50%(2개→3개로 증가)로 계산된다.

다시 말하자면 경제성장률은 모든 가격 변수의 변화를 개입시키지 않고, 단순히 몇 개를 더 생산하게 되었는지를 관찰해 계산한다. 즉 경제성장률은 '실질' GDP가 얼마나 증가했는지를 나타내는 것이다. 반면에 매년 그 해의 경제규모 자체를 나타내는 GDP는 그 해의 가격과 환율을 기준으로 계산하는 '명목' GDP를 기준으로 봐야 한다.

이런 계산 방법 때문에 환율이 급등함에 따라 달러 기준 1인당 GDP는 감소하지만, 경제성장률은 플러스를 기록하는 일이 얼마든지 벌어질 수 있다. 실제 2009년 달러 기준 1인당 GDP는 1만 8천 달러로 1년 전보다 크게 감소했지만, 경제성장률은 0.7%라는 플러스 성장률을 기록했다. 환율이 급등하면서 1인당 GDP는 감소했지만, 생산한 물건의 양은 늘어나 경제성장률은 플러스를 기록한 것이다. 따라서 실질 GDP의 변화를 보여주는 경제성장률과 명목 GDP의 변화를 혼동해서는 안 된다.

경제성장률은 어떻게 예측할까?

매년 연말이 다가오면 각 경제연구소들은 다음 해 경제성장률이 얼마나 될지 예측을 내놓는다. 경제성장률 예측이란 한마디로 A국이 내년에 몇 개의 의자를 더 생산할 수 있으며, 몇 명의 머리를 더 다듬을 수 있을지 미리 예상해보는 것이다. 이는 어떻게 하는 것일까? 경제성장률을 예측하기 위해서는 생산 측면, 소비 측면, 해외 측면 등 여러 요소를 감안해야 한다.

우선 고용 인구를 고려해야 한다. A국 고용 인구가 늘면 의자를 생산하거나 머리를 다듬을 수 있는 사람이 늘어 더 많이 생산할 수 있다. 투자도 중요한 고려 요소인데, 만약 A국이 설비를 개선한다면 같은 자원을 투입하고도 더 많은 의자를 생산할 수 있다. 또 기술혁신이 이루어져도 의자 생산이 늘 수 있다.

소비 측면도 고려해야 한다. A국 사람들이 갑자기 의자를 더 많이 필요로 하거나 머리를 더 많이 다듬으려 한다면, 그에 맞춰 의자 공장과 미용실은 생산을 늘리게 된다. 더 많은 시간을 일하거나 투자를 늘리면 생산을 늘릴 수 있다.

해외 측면도 중요 변수다. A국이 생산한 의자 가운데 일부를 수출한다고 할 때, 해외 경기가 호전되어 수출 주문이 증가하면 A국의 생산은 이에 맞춰 증가한다. 또 A국에 나무가 없어 원목을 수입한다고 할 때, 원목가격이 내려가면 싼값에 더 많은 원목을 들여올 수 있어 의자 생산이 늘어난다. A국 통화가치도 중요하다. A국 통화가치가 떨어지면(환율 상승) 수출 이득이 늘어 더 많은 의자를 생산할 유인이 생긴다.

결론적으로 국내 부문에서 고용, 투자, 기술, 진보, 소비, 건설 등을, 해외 부문에서 환율, 세계경기, 원자재가격, 동향 등을 미리 예상한 후 얼마나 더 생산할 수 있을지 예측한 결과가 경제성장률 예측이다. 이 밖에 소비에 큰 영향을 미치는 물가, 부동산가격 등도 고려해야 하며, 정부의 역할도 중요 변수로 고려해야 한다.

한국은행 등 경제연구기관들은 이러한 모든 요소를 수치화한 후 수리경제학 모델을 통해 경제성장률을 추산하고 있다. 수리경제학 모델은 'Ax+By=C' 같은 방정식 형태로 이루어져 있으며, 각 항에 경제 변수를 대입하면 경제성장률이 자동으로 계산된다.

대한민국의 재산은
얼마나 될까?

경제가 성장하면 국가 자산이 늘어난다. 개인 소득이 늘어 이를 모으면 자산이 증가하는 것과 같다. 국가의 자산을 '국부'라고 하는데, 국부는 운용 과정에서 수익을 창출하면서 국민소득을 늘린다. 재테크를 통해 재산을 키우면 월급 외에 이자소득이 생기는 것과 비슷하다. 즉 국민소득이 모여 국부를 만들고, 이는 운용 과정에서 다시 국민소득을 늘린다. 국민소득과 국부 사이에 선순환 관계가 형성되는 것이다.

2016년 말 기준 우리나라 국부 총액은 1경 3,078조 원으로 추산된다. 그런데 국부 증가에는 양면성이 있다. 쉽게 생각하면 경제가 성장하면서 국가와 국민의 자산이 늘었다고 해석할 수 있지만, 부동산가격 급등 등 불안전한 상황도 내포하고 있기 때문이다. 즉 거품이 생기면서 실질자산의 크기에는 변화 없이, 가격으로 평가한 자산 크기만 커질 수 있다. 시장가격이 급락하면 국부는 언제라도 크게 줄어들 수 있다.

국부에는 각종 문화재, 인적 자산 등 돈으로 계산하기 어려운 것들도 포함된다. 재산을 해외에 빼돌리는 사람을 두고 비판할 때 '국

부'를 유출시킨다고 표현하곤 하는데, 이때 사용되는 국부와 비슷한
개념이다. 하지만 이는 돈으로 환산하기 어려우므로 짐작만 할 뿐
이다.

한국 경제, 왜 점점 지쳐갈까?

잠재성장률

경제를 걱정하는 사람들 입에서 가장 자주 나오는 말 중 하나가 '경제성장 능력'이 갈수록 떨어지고 있다는 걱정이다. 실제 한국 경제는 갈수록 침체되고 있다. 왜 그럴까?

현재 2%대 후반인 우리나라 잠재성장률이 2030년 무렵에는 1%대로 추락할 것이라는 국제통화기금(IMF)의 경고가 나왔다. 이대로라면 2%대 성장조차 기대하기 힘들 정도로 경제의 기초체력이 빠르게 약화되고 있다는 것이다. IMF는 잠재성장률 추락 원인으로 급속한 고령화로 인한 생산인구 감소에다 선진국에 비해 크게 낮은 생산성, 왜곡된 노동시장 등 구조적인 문제를 꼽았다. 잠재성장률은 한 나라의 노동과 자본 등 생산요소를 모두 투입해 물가 상승 등 부작용 없이 달성할 수 있는 최대의 성장률을 뜻한다.

한국경제(2018. 2. 18.)

잠재성장률과 자연실업률

한 나라 경제는 가만히 놔두어도 인구 증가 등을 통해 자연히 성장한다. 경제 순환 구조에 따라 소비, 생산, 투자 등 각 경제활동의 고리가 연결되면서 저절로 생산이 늘기 때문이다. 앞의 예에서 A국의 경우 강제적 투자 없이도 인구가 늘거나, 의자 만드는 기술이 숙련되는 등 요인에 따라 자연스럽게 더 많은 의자를 만들 수 있다.

이처럼 경제가 자체 역량으로 규모를 키우는 수준의 성장률을 '잠재성장률'이라 한다. 잠재성장률 이상으로 성장률을 무리하게 높이면 물가 상승 등 부작용이 발생한다. 특별히 여력이 없는 상황에서 경제를 크게 성장시키기 위해서는 소비와 투자가 비정상적으로 늘어야 하는데, 이 과정에서 소비재 및 자본재 등에 대한 수요가 늘면서 물가 급등을 유발하는 것이다. 즉 잠재성장률은 과도한 물가 상승 등 부작용 없이 자연스럽게 성장할 수 있는 수준의 성장률을 의미한다.

이 같은 상태에서 기록하는 실업률을 '자연실업률'이라 한다. 실업률을 더 낮추기 위해서는 경제를 잠재성장률 이상으로 성장시켜야 하며, 이 과정에서 물가 상승 등 부작용이 발생한다. 그 때문에 실업률을 자연실업률 이하로 낮추려는 노력은 실패할 때가 많다. 특히 자연실업률 상태에서 실업자의 상당수는 직장이 본인에게 잘 맞지 않거나, 더 좋은 직장을 구하고 싶어 직장을 구하러 다니는 자발적 실업의 경우다. 이는 경제를 오히려 건전하게 할 수 있으므로 자연실업률 정도는 방치하는 것이 낫다. 그래야 경제가 원활하게 순환할 수 있다. 그래서 자연실업률 상태를 '완전고용' 상황이라고 부르기도 한다.

자연실업률 상태에서는 새로 직장을 얻는 취업자 수와 새로 실업자가 되는 사람의 수가 일치하는데, 여기서 실업자 수가 증가하지 않고 일정한 수준을 유지하게 된다. 다만 실업자 가운데 상당수가 자발적 실업자들로 구성되어 있다 하더라도, 자연실업률 자체가 너무 높으면 문제다. 이는 경제 내부 일자리 수준이 전반적으로 높지 못해 많은 사람들이 지금 하는 일에 만족하지 못하고 계속 구직 중임을 의미하기 때문이다.

GDP갭이란?

잠재성장률대로 경제가 성장해 만들어지는 GDP를 '완전고용 국민소득'이라 한다. 자연실업률만큼의 실업을 유발하는 정도로 경제가 성장하고 있다는 의미다.

경제가 잠재성장률 미만으로 성장하면 GDP는 완전고용 국민소득에 못 미치게 된다. 예를 들어 2018년 GDP가 100조 원인 한 국가의 잠재성장률이 5%이고, 물가는 고정되어 있다고 가정하자. 이대로라면 이 나라의 2019년 경제규모는 105조 원이 된다. 그런데 경제성장률이 잠재성장률에 못 미치는 3%에 머무른다면 경제규모는 103조 원에 불과해진다. 실제 GDP가 잠재성장률대로 성장했다면 달성했을 완전고용 국민소득보다 2조 원이나 작은 것이다. 이 같은 2조 원을 'GDP갭(아웃풋갭)'이라 한다.

GDP갭은 마이너스를 기록하는 경우도 있다. 실제 GDP가 잠재 GDP를 넘어서 크게 성장했을 경우다. 앞선 예에서 경제가 7% 성장하면 경제규모는 107조 원에 이르게 된다. 완전고용 국민소득 105조 원에서 107조 원을 빼면 -2조 원이다. 이 같은 마이너스 GDP갭의 절대치를 '인플레이션갭(inflation gap)'이라 한다. 실제 GDP가 잠재 GDP보다 커서 잠재 GDP에서 실제 GDP를 뺀 GDP갭이 마이너스를 기록하면, 경제가 잠재 수준 이상으로 성장하고 이때는 물가가 크게 오르는 인플레이션이 발생하게 되므로, 이때의 GDP갭을 인플레이션갭이라 부르는 것이다.

반대로 GDP갭이 플러스를 기록하면 이것의 절대치를 '디플레이션갭(deflation gap)'이라 부른다. 실제 GDP가 잠재 GDP보다 작아

GDP갭이 플러스를 기록하면 경제가 침체되었다는 뜻이기 때문에 이를 상징하는 디플레이션에서 이름을 따서 디플레이션갭이라 부르는 것이다.

삼성경제연구소에 따르면 금융위기의 영향을 받은 2009년 한국 경제 GDP갭은 29조 원에 달했다. 잠재성장률을 지켰다면 달성했을 GDP보다 29조 원 작게 성장했다는 뜻이다. 29조 원은 외환위기 직격타를 맞았던 1998년 48조 원 이후 최대치다.

그렇다고 GDP갭이 큰 폭의 마이너스를 기록하는 게 좋은 것도 아니다. 잠재성장률보다 지나치게 높은 성장률이 유지되고 있다는 뜻으로, 과열로 이어져 거품을 만들기 때문이다. 거품은 지속될 수 없고 붕괴될 경우 경제위기가 발생한다. 이를 막으려면 성장 속도를 안정화하는 작업이 필요하다.

〈도표 1-3〉 한국 경제의 GDP갭 추이

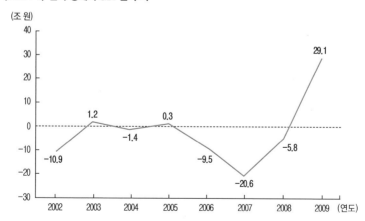

자료: 삼성경제연구소

갈수록 떨어지는 한국 경제 잠재성장률

최근 우리나라 잠재성장률은 3% 내외로 추정된다. 그런데 이에 미치지 못할 때가 많다. 즉 가만히 놔두어도 성장할 수 있는 부분조차 제대로 이루어내지 못하고 있다는 뜻이다. 이는 곧 경제 순환 구조상 특정 부분에 문제가 있다는 것을 의미한다.

구조적으로 가장 큰 문제는 소비 부진에 있다. 소비가 활성화되어야 기업들도 이에 맞춰 생산을 늘려 성장할 수 있는데, 조세 및 건강보험료 등 준조세부담이 갈수록 늘어나는 데다, 가계부채 문제가 심각해 민간소비가 계속 침체되는 상황이다. 민간소비 증가율은 2003년 이후 한 번도 경제성장률을 넘어서지 못하고 있다. 이는 곧 소비가 경제성장의 발목을 잡고 있다는 뜻이다.

여기에 만성화된 투자 부진도 문제다. 경제가 자연스레 성장하려면 일정 수준의 투자가 필수적이다. 하지만 한국 기업들의 투자심리가 위축되면서 투자가 기대에 못 미치고 있다. 한때 10%를 웃돌던 설비투자 증가율은 꾸준히 한 자릿수에 머물거나 마이너스를 기록할 때가 많다. 많이 쓰고 투자해야 기업 생산활동이 자극되어 경제가 성장하는데, 그렇지 못한 구조로 나아가고 있는 것이다.

이 밖에 환율이 하향 안정화되는 점도 문제다. 환율이 낮은 수준을 유지하면, 수출이 어려움을 겪게 되어 생산을 늘리기 어렵다. 여기에 수출 실익 축소, 소득 양극화 심화, 정보기술(IT) 산업의 고용 없는 성장, 금융시장의 악순환 구조도 저성장의 요인으로 꼽힌다.

더 큰 문제는 한국의 잠재성장률이 갈수록 떨어지고 있다는 점이다. 몇 년 전만 하더라도 7~8%를 상회했던 잠재성장률은 3% 내외로 내려왔고, 곧 2% 밑으로 내려갈 것이란 경고가 나오고 있다. 이는 자체적인 성장 능력이 갈수록 줄어들고 있다는 것을 뜻한다. 저출산의 영향으로 인구 증가율이 적정 수준에 못 미치는 데다, 저성장 구조가 고착화되고 있기 때문에 발생하는 현상이다. 이에 따라 고용상황도 갈수록 악화되고 있다.

잠재성장률이 떨어진 상황에서 경제가 무리하게 성장을 추구하다 보면 과도한 물가 상승 등 각종 부작용이 발생한다. 경제가 무리 없이 고성장을 유지하려면 잠재성장률을 끌어올리는 것이 시급하다. 그렇지 않으면 자연실업률은 계속 높아질 수밖에 없고, 결국 고용 문제가 매우 심각해질 수 있다. 경제성장 하향 압력을 해소하기 위해 기술개발 등 각 경제주체들의 적극적인 노력이 필요하다.

한국 경제는 구조적 저성장의 덫에 걸렸다는 경고를 많이 받고 있다. 근거가 된 지표는 세계 경제성장률과의 격차다. 세계 평균 경제성장률보다 높은 수치를 기록해왔던 한국 경제성장률은 2003년 이후 지속적으로 낮은 수준을 유지했다. 세계 경제가 커지는 것 이상으로 성장해왔던 한국 경제가 평균치를 밑돌고 있는 것이다.

이에 따라 2002년 세계 11위였던 한국의 경제규모는 2008년 15위로 추락했다. 브라질, 러시아, 인도, 호주 등에 추월당한 결과다. 물론 이 국가들은 영토, 자원 등에서 한국과 비교가 되지 않으므로 어떻게 보면 추월당하는 것이 당연해 보인다. 하지만 이대로 가다가는 다른 개발도상국들에도 따라잡힐지 모른다. 이들과 격차를 벌리고 나아가 스페인, 이탈리아, 프랑스 등 추월 가능한 나라들을 따라잡기 위해서는 성장 동력 확보가 시급하다.

저소득층 쿠폰 지급이
나에게 피해를 준다?

　공공근로사업에 참여하는 사람들에게 소비쿠폰을 제공하는 경우가 있다. 재래시장 등에 제시하면 쓰여 있는 금액만큼 생필품을 살 수 있는 권리가 부여되는 쿠폰이다. 쿠폰은 당연히 재정 부담으로 발급된다. 그런데 정부가 모든 부담을 지는 것은 아니라고 한다. 수혜자가 일부 부담을 질 수 있다고 하는데, 왜 그럴까?

　저소득층이 쿠폰이 아닌 현금으로 지급받는다고 하자. 저소득층은 이 가운데 일부를 저금할 수 있다. 현금으로 40만 원을 지급받았다면 20만 원은 생필품 구입에 쓰고, 남은 20만 원은 저금하는 식이다. 그러다 현금 대신 쿠폰을 지급했다고 하자. 이렇게 하면 추가 소비가 발생한다. 쿠폰은 저축할 수 없고 유효기간이 있어 정해진 날짜 안에 모두 써야 한다. 결과적으로 40만 원어치 쿠폰을 지급받으면 저금 없이 모두 쓰게 되고 20만 원어치의 추가 소비가 창출된다. 이 같은 추가 소비는 결과적으로 물가를 올린다. 물가가 오르면 같은 금액의 쿠폰으로 살 수 있는 물건 양이 줄어든다. 1만 원짜리 샴푸 한 통 가격이 2만 원으로 올라, 40만 원어치 쿠폰으로 샴푸 40통 대신 20통밖에 못 사는 식이다. 이에 쿠폰 지급은 저소득층 입장에서 반가운 지원 방식이 아니다.

문제는 이 같은 가격 상승 효과가 생필품을 구입하는 모든 사람에게 전파된다는 데 있다. 게다가 이는 세수를 늘리는데, 부가가치세가 제품가격의 10%만큼 부과되기 때문이다. 예를 들어 샴푸 한 통 가격이 1만 원일 때 부가세 수입은 1천 원이지만, 샴푸 가격이 2만 원으로 오르면 세 수입은 2천 원으로 증가한다. 결과적으로 쿠폰 정책은 필요 이상으로 가격 상승을 유발해 지급 대상에 대한 실질 혜택을 줄이고, 다른 사람에게는 가격 인상이라는 피해를 준다.

이 과정에서 정부는 추가 세 수입을 얻어 부담을 줄일 수 있다. 1천만 원을 들여 쿠폰을 발급했는데, 부가세 수입 400만 원이 추가로 들어오는 식이다. 이때 400만 원은 민간 소비주체들의 부담이다. 결국 보조금 부담의 일부를 민간 소비주체들이 나눠가지는 것이다. 이 같은 문제를 '보조금의 실질귀착' 문제라 한다. 이에 경제학자들은 쿠폰 같은 현물보다는 현금을 직접 지급하는 것이 효율적이라고 주장한다. 그러나 소비 진작이라는 목적에는 쿠폰 방식이 유리해서 정부는 자주 쿠폰 지급을 선택한다.

저출산 시대가 도래하면 주가가 하락한다?

저출산의 공포

2017년 기준 한국 여성들의 합계 출산율은 1.05명이다. 우리
나라 여성이 평균적으로 평생 1.05명의 자녀를 남기고 있으며, 이
는 곧 부부가 결혼해 겨우 한 명 정도의 자녀를 남기고 있다는 것을
뜻한다. 지금 인구가 그대로 유지되려면 최소 2명 이상 자녀를 남
겨야 하는데, 절반인 1명 정도만 남기고 있으니, 앞으로 인구가 크
게 줄어들 것이라는 게 인구경제학자들의 경고다.

인구가 줄면 우리 경제는 어떤 상황에 직면하게 될까? 우선 노
동 투입 인구가 줄어들어 경제성장이 저하될 것이라고 생각해볼
수 있다. 하지만 이는 우울한 저출산 시대의 한 단면에 불과하다는
것이 전문가들의 설명이다. 노동 인구가 줄면 성장 여력이 추락하
고 자산가격이 급락하며, 부양 부담이 증가하는 부작용을 낳을 수
있다.

지난해 태어난 아이가 처음으로 40만 명 아래로 떨어지면서 합계출산율이 역대 최저인
1.05명을 기록했다. 통계청이 28일 발표한 '2017년 출생·사망통계 잠정결과'에 따르면,
지난해 합계출산율은 1.05명으로 종전 최저치였던 2005년 1.08명보다 더 낮아졌다. 합
계출산율은 15~49세 여성이 가임(可妊) 기간에 낳는 자녀 수를 뜻한다. 전문가들은 출산
율 1.05명을 '예견된 쇼크'로 받아들이면서 상황 개선이 쉽지 않을 것으로 전망한다.

조선일보(2018. 3. 1.)

성장 여력 추락

저출산 시대가 도래하면 노동의 공급량이 줄어드는 것뿐만 아니라 노동의 질이 급격히 떨어진다. 노동력이 부족해 노인까지 노동전선에 뛰어들면서 벌어지는 현상이다. 정신적·신체적 능력이 젊은층에 비해 훨씬 떨어지는 노인층의 노동시장 진입은 노동의 질을 떨어트릴 수밖에 없다.

KDI(한국개발연구원)가 발표한 '인구구조 고령화의 파급효과와 대응과제' 보고서에 따르면 저출산 시대 한국 노인들은 직장에서 은퇴한 후 14년을 더 일해야 하는 것으로 나타났다. 이는 노인들이 젊었을 때 제대로 노후 준비를 하지 못해 스스로 소득을 얻기 위한 결과이기도 하지만, 일손이 부족한 기업들의 요구 때문이기도 하다. 사람을 구할 수 없는 기업들이 집에서 쉬어야 할 노인까지 불러내는 것이다. 이런 노인들의 일자리는 대부분 저급 일자리다. 기업들이 고임금에 소수 노인을 고용하는 것이 아니라, 단순 노동직에 저임금으로 많은 노인을 고용하는 것이다. 이에 따라 2050년 생산가능인구의 평균연령은 43.9세까지 올라가고, 노동생산성은 계속 떨어질 것으로 전망된다.

이는 경제성장 동력 약화로 이어져 2050년 한국 경제 잠재성장률은 0%대로 추락할 것으로 전망되고 있다. 저출산 시대의 한국 경제는 노인들의 편안한 노후를 보장하지 못하고, 저성장의 늪에서 헤매는 악순환에 빠지게 되는 것이다.

자산가격 급락

금융시장도 위기에서 자유로울 수 없다. 저출산 시대 노인을 부양할 수 있는 젊은층이 줄어들면, 노인층은 스스로 살 길을 찾아야 한다. 이때 연금이나 일을 통한 소득이 만족스럽지 못하면 노인은 자신이 보유한 금융자산을 매각하게 된다. 금융자산 매각이 늘면 금융자산가격은 자연스레 떨어진다.

자산가격 하락은 주식 등 위험도가 큰 자산부터 시작될 것으로 전망된다. 수익보다 안전성을 선호하는 노인층은 위험자산을 먼저 매각하는 성향이 있기 때문이다. 또 전체 평균연령대가 올라가면 위험자산에 대한 수요는 저절로 떨어진다. 2050년 총인구 평균연령은 53.9세까지 올라갈 것이라고 KDI는 예상한다. 이에 따라 금융시장 전반적으로 자산가격 하락을 면하기 어려울 것으로 전망된다.

노인들은 아무리 일을 하고 자산을 팔아도 소득이 충분하지 않다면 결국 젊은이들이 이들을 부양해야 한다. 그 형태는 높은 국민연금보험료, 세금 부담으로 나타날 전망이다. 이렇게 되면 젊은층의 재테크 투자 여력이 떨어지면서 각종 금융자산가격 하락은 더욱 심화될 것으로 보인다.

여기에 주된 수요층 문제로 집값 하락도 벌어질 수 있다. 저축률도 급격히 떨어질 것으로 보인다. 노인부양비가 1%포인트 증가할 때마다 민간저축률은 3.1%포인트 감소할 수 있다는 것이 KDI의 추산이다. 2005년 개인의 순저축률이 3.9%에 불과한 현실을 감안한다면 저축률 마이너스 시대 도래는 시간 문제다.

각종 부양 부담 급증

2020년 일반 가정은 소득의 6.3%를 의료비에 지출할 것으로 전망된다. 노인 인구가 급증하면서 병원을 찾는 사람이 늘어나기 때문이다. 이에 따라 건강보험에서 지급되는 진료비가 급증할 것으로 보인다.

2017년 건강보험 진료비는 70조 원에 육박하면서 30조 원 정도였던 10년 전과 비교해 2배 이상으로 늘었다. 2050년이면 359조 원을 넘어설 것으로 전망된다. 이에 건강보험료를 올리지 않는다면 건강보험 재정 지탱이 불가능한 상황이다.

국민연금도 문제다. 부담률을 올리고, 급여율을 낮추는 방향으로 계속 개정된다 하더라도, 2043년부터 적립금이 급속도로 감소할 것으로 보인다. 이는 재정 부담을 늘리는 것으로 해결할 수밖에 없다. 기존에 쌓아둔 돈으로 감당하지 못하니 재정으로 연금을 지

〈도표 1-4〉 급증하는 건강보험 진료비

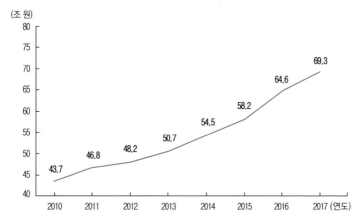

자료: 건강보험공단

급하는 것이다. 2020년 GDP의 4% 수준인 공공 고령지출 부담은 2050년 11.6%까지 늘어나고, 2070년에는 15.8%로 증가할 것으로 예상된다.

저출산 고령화는 성장에도 직접적인 영향을 미친다. 미래 생산과 소비를 담당할 인력이 부족해지면 생산과 소비가 모두 부진하면서 경제는 쪼그라들 수밖에 없다. 이를 예상해 기업들이 장기 투자를 꺼리게 되면 투자가 줄면서 경제가 침체될 수 있다. 미래의 침체가 예상을 통해 현재 경기에 선반영되는 것이다. (이처럼 특정 경제현상을 읽을 때는 항상 '예상'을 함께해야 한다. 현재뿐만 아니라 미래에 미칠 영향까지 고려해 경제가 움직이기 때문이다. 또한 이를 반영해 개인의 경제적 선택도 달리해야 한다. 이를테면 저출산 고령화로 기업의 장기 투자 부진이 예상되면 투자에 사용되는 자본재를 생산하는 기업에는 관심을 갖지 않는 식이다. 예상을 하는 사람과 그렇지 않은 사람의 차이는 크다.)

이토록 저출산의 문제는 심각하지만 일반 가계들은 제대로 대응하지 못하고 있다. 우선 부모에 대한 자식의 의존도가 계속 높아지고 있는 상태다. 저출산 시대에 편안한 노후를 보내기 위해서는 일할 수 있는 시기에 많은 돈을 모아야 한다.

하지만 자식에 대한 지출 비중이 계속 높아지면서 노후 대비가 제대로 이루어지지 못하고 있다. 자녀의 수는 줄어들지만 더 잘 키우려는 욕구가 커지는 데다, 자녀들의 인식도 갈수록 부모 의존적으로 변하고 있기 때문이다. 여성가족부의 청소년 의식 조사에서 응답 청소년의 93%는 대학 학자금 전액을, 87%는 결혼비용을, 74%는 주택구입비용이나 전세자금을 부모가 책임져야 한다고 응답했다.

반면에 노후를 자식에게 의지할 수 있는 여지는 갈수록 작아지고 있다. 자식에게서 경제적 지원을 주된 수입원으로 삼는 만 60세 이상 노인은 1980년 72.4%에서 1995년 56.3%, 2003년에는 31.1%로 크게 줄어들었다. 이처럼 자식에 의한 지원이 줄어들면서 현재 절대빈곤가구의 절반 이상이 노인 가구로 조사되고 있다. 현재 소득이 우리나라 중위소득(정확하게 중간 수준 소득)에 못 미치는 노인 가구가 전체 노인 가구의 45.7% 비중에 이른다. 그래픽에서 보듯 OECD(경제협력개발기구) 소속국 가운데 가장 높은 비중이다. 그나마 주택 같은 자산이 있는 노인은 기댈 곳이라도 있지만 그렇지 못한 노인은 최소한의 생계를 걱정해야 한다.

결국 정성을 다해 자식을 키워놨더니 불안한 노후밖에 남지 않는 게 우리나라 노인의 현실이다. 이는 곧 극심한 저출산 추세를 부추기는 악순환을 남기고 있다. 아이를 낳아봤자 막대한 교육비로 자신의 노후만 힘들어질 뿐이라는 생각이 들어 아이를 낳지 않는 것

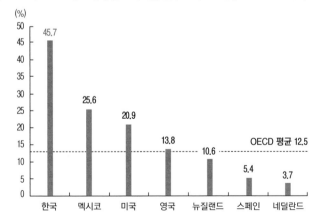

〈도표 1-5〉 OECD 주요국의 만 65세 이상 인구 소득 빈곤율(2014~2015년 기준)

자료: OECD(경제협력개발기구)

이다. 이 고리를 끊지 못하면 한국 사회는 영원히 저출산의 사슬에서 벗어날 수 없을 것으로 보인다.

저출산은 따지고 보면 고성장의 결과다. 소득 상승에 따라 출산율이 하락하는 현상은 각국의 공통적인 경험이다. 경제학에서는 소득이 늘수록 부모는 자녀 수를 줄이는 대신, 각 자녀에 대한 시간적·물질적 투자를 늘리는 쪽을 선택해왔다고 설명한다. 즉 경제가 성장하면서 자녀 양육에 있어 양보다는 질을 선택하게 된다는 것이다. 하지만 현재 추세는 너무나 심각하다.

한국에만 있는 특수한 현상

앞서 보았던 기본적 상황 외에도 한국 저출산만의 특수성이 더 있다.

첫째, 1990년대 말 경제위기 이후 지속되고 있는 청년실업 문제를 들 수 있다. 직장을 잡는 데 오랜 시간이 걸리면 아이를 낳을 수 있는 여력이 그만큼 줄어든다. 또 청년실업 문제를 대물림하지 않기 위해 출산을 줄이는 부부가 늘어날 수 있다. 외국을 보더라도 청년실업률이 높은 남유럽 국가는 다른 북유럽이나 영미권 국가보다 출산율이 낮다.

둘째, 결혼 및 초산 연령 상승을 들 수 있다. 이는 출산 시기를 지연시킬 뿐만 아니라 자녀의 수보다는 자녀에 대한 투자에 관심을 갖게 만든다.

셋째, 기혼 여성에게 '일이냐, 아이냐'의 선택을 강요하는 보육환경도 문제다. 아이를 낳음으로써 자신의 일에 지장을 받게 되어 많은 여성들이 출산을 꺼리는 것이 현실이다. 이 밖에 자녀 양육 걱정, 새로운 가족 개념의 등장도 저출산을 부추기는 요소다.

정부는 지난해 출생아가 처음으로 40만 명을 밑도는 등 최악으로 치닫는 저출산 문제를 해결하기 위해 특단의 대책을 마련하기로 했다. 김동연 경제부총리 겸 기획재정부 장관은 4일 오후 정부서울청사에서 1·2차관과 1급 간부 등이 참석한 회의를 열어 저출산, 청년 일자리, 근로시간 단축 등에 관한 대응을 논의했다고 기재부가 전했다. 기재부는 그간의 저출산 대책을 전면 재검토해 출산과 양육에 큰 부담이 되는 주거·교육 등 분야를 생애주기의 관점에서 지원하는 방안을 마련하기로 했다. 5년 단위의 국가재정운용계획을 손질해 저출산에 관한 특단의 대책을 포함하고 문재인 대통령의 임기 내에 저출산 문제가 해결되도록 노력할 것이라고 기재부는 밝혔다.

연합뉴스(2018. 3. 4.)

또 경제적 여건에도 영향을 받는다. 최근 추세를 보면 교육 수준이 낮아 소득이 낮은 여성일수록 출산율이 더 크게 떨어지는 것으로 나타난다. 출산과 양육, 그리고 그 이후 교육과 자녀 결혼 등에 드는 비용을 감당할 자신이 없고, 부모의 능력에 따라 자식의 운명이 결정될 것이라는 숙명적 사고에 갇히면서 자녀를 낳지 않는 것이다.

이런 상황에서 '출산이 애국'이라는 의식을 주입하고, 각종 출산 장려정책이 제시된다고 하더라도 출산에 관련된 결정이 달라지기 힘들다. 저출산 시대에 대응하는 방법을 보면 일회성 출산지원금보다는 보육지원 정책이 효과적이라는 것이 외국의 경험이다. 공공보육 확충과 민간보육 활성화를 놓고 논란은 있지만, 시급한 보육 문제 해결은 가장 강력한 저출산 해결 대책이다. 이는 생산가능인구가 부족한 시대에 여성의 경제활동 단절을 방지하고, 참여율을 높일 수 있는 경제정책이기도 하다. 또 국가가 가족의 재생산을 사회적 책임으로 인식하는 복지 정책이라 할 수 있다. 직장에서 출산 및 육아를 위한 휴가 및 휴직을 활성화하도록 유도하고, 남성도 이를 적극 활용할 필요가 있다.

언뜻 저출산 현상이 심화되면 현재 심각한 구직난이 장기적으로 해소되어 좋은 일이 아니냐는 생각이 들 수도 있다. 하지만 저출산으로 인해 경제성장 동력이 심각하게 훼손되면 인구 감소 이상으로 일자리가 줄어드는 사태가 발생할 수 있으므로 적극적인 대처가 필요하다.

CHAPTER
2

경기,
흐름과 변동의 실체를 말한다

경제는 유기체다. 끊임없이 변화한다. 그 변화가 '경기'다. 경기를 읽을 수 있어야 경제가 어떻게 움직이는지 알 수 있고, 수시로 발표되는 정부 정책을 해석하는 능력도 키울 수 있다. 경기를 읽는 수단은 여러 가지다. 여기에서는 경기종합지수, 산업활동동향, 체감경기 등 경기 변화를 감지하는 방법에 대해 소개한다. 경기변동은 왜 생기고, 어떻게 대처해야 할지도 살펴본다. 또 경기침체를 억제하기 위해 정부가 어떤 정책을 펼치는지 알아본다.

경제성장률이 떨어지면 경기가 악화된다?
경제의 바이오리듬, 경기

"경기가 안 좋아서…"라는 말을 하는 사람이 많다. 경기가 안 좋으면 자영업자는 매출이 줄고, 월급 생활자는 월급이 오르지 않는다. 경기는 말 그대로 '경제 기상도'를 의미한다. 경제가 돌아가는 흐름을 함축적으로 표현한 말이다. 한 나라의 총체적인 경제활동 수준을 나타내기도 한다.

그렇다면 경기가 좋고 나쁜지를 어떻게 판별할 수 있을까? 지금부터 경기를 읽는 방법을 소개한다.

최근 경기상황을 둘러싸고 회복세라는 정부 판단에 하강기라는 반박이 나오는 등 경기논쟁이 불붙고 있다. 이런 가운데 이주열 한국은행 총재도 "앞으로 경제상황을 낙관할 수 없다"고 밝혀 논쟁이 한층 가열될 전망이다.

이주열 총재는 17일 임지원 신임 금융통화위원 취임식에서 "대내외 여건이 만만치 않아 앞으로 경제상황을 낙관할 수 없다"고 말했다. 그는 "주요국의 통화정책 정상화, 미중 간 무역갈등 등에 따른 불확실성이 여전히 높은 상황"이라며 "여기에 일부 취약 신흥국의 금융 불안이 앞으로 어떻게 진행될지 우려되는 상황"이라고 말했다.

노컷뉴스(2018. 5. 17.)

경기순환과 성장순환

첫째, '경기순환(business cycle)'에 의한 판독법이다. 경기순환 판독법은 GDP 성장률이 양(+)을 기록하면 경기가 확장되고 있다고 본다. 반대로 음(-)을 기록하면 경기가 수축되고 있다고 본다. 이 같은 판단에 따르면 경제위기가 발생하지 않는 한 경기는 항상 좋은 것처럼 보이게 된다.

한국 경제 역사상 GDP 성장률이 음(-)을, 즉 마이너스 성장을 기록한 적은 오일쇼크 영향을 받은 1980년과 IMF 경제위기 영향을 받은 1998년으로 두 차례에 불과하다. 경제성장률이 마이너스를 기록하기란 사실 무척 어렵다. 심지어 글로벌 경제위기 영향을 받은 2009년에도 플러스 성장을 기록했다.

이처럼 경기순환 판독법에 따르면 경제가 항상 좋은 상태를 유지하는 것처럼 읽힐 수 있다. 세계적으로도 마찬가지다. 제2차 대전 이전에는 경제성장이 수시로 마이너스로 떨어졌지만, 제2차 대전 이후에는 마이너스로 떨어지는 일은 글로벌 위기나 오일쇼크 등 극히 예외적인 현상을 제외하고는 거의 사라졌다. 결국 경기순환에 따라 경기를 보는 것은 효용성이 무척 떨어진다. 경제가 플러스 성장을 하더라도 경기가 나쁘다고 여기는 경우가 무수히 많다는 점에서 더욱 그렇다.

둘째, '성장순환(growth cycle)'에 의한 판독법이다. 성장순환은 경제의 성장 정도가 '장기추세(secular trend)'보다 크면 확장기로, 장기추세보다 작으면 수축기로 본다. 이때 장기추세는 앞서 설명한 잠재성장률로 판단한다. 잠재성장률이 4%인 상황에서 경제가 6% 성장했다고 가정하자. 자체 역량보다 높은 성장률을 기록했으니 이때는 경기가 좋다고 볼 수 있다. 반대로 2% 성장했다면 자체 역량보다 낮은 성장률을 기록했으니 경기가 나쁜 것이 된다. 이처럼 성장순환은 잠재성장률을 경제활동의 장기추세로 보고, 여기서 편차가 얼마나 되느냐로 경기상황을 판단한다. 이는 경기종합지수(CI; Composite Index)로도 읽을 수 있다. 현재의 경기종합지수가 장기추세보다 좋으면 경기가 좋은 것으로, 나쁘면 경기가 나쁘다고 보는 것이다.

하지만 이 역시 완벽한 방법이라고는 할 수 없다. 현재 성장률이 3.0%로 잠재성장률보다 높다 하더라도 '4%→3.5%→3.0%' 등으로 계속 떨어지고 있는 상황이라면, 결코 현재 경기가 좋다고 볼 수 없기 때문이다.

성장순환을 보완하는 성장률순환

이 같은 난점을 보완하기 위해 등장한 것이 '성장률순환(swing of growth rate)'이다. 성장순환은 성장률이 잠재성장률보다 높은지 낮은지만 보지만, 성장률순환은 수치 자체가 커지는지 작아지는지를 본다. 즉 GDP 성장률이 커지는 상황에 있으면 확장기로, 작아지는 상황에 있으면 수축기로 판단한다. 예를 들어 GDP 성장률이 '4%→5%→6%' 등으로 커지고 있다면 확장기로, 반대로 작아지고 있다면 수축기로 본다.

이러한 성장률순환에 따른 경기변동은 성장순환보다 더 빠르게 나타난다. 즉 경제성장률이 잠재성장률보다 낮아지기에 앞서 수치 자체가 먼저 떨어지기 시작한다. 예를 들어 잠재성장률이 3%인 상황에서 성장률이 '4%→3.8%→3.6%→2.7%'로 떨어지고 있다고 가정해보자. 이 같은 흐름을 보면 성장률이 2.7%를 기록하면서 잠재성장률 밑으로 떨어지기까지 수치가 내려가는 모습이 먼저 발견된다.

성장순환은 성장률이 잠재성장률 위라면 무조건 확장기라고 판단하지만, 성장률순환은 잠재성장률 위라 하더라도 떨어지고 있으면 수축기로 판단한다. 즉 경기가 수축되는 모습을 성장순환보다 성장률순환이 먼저 발견해내는 것이다. 따라서 현재 경기상황을 보다 빨리 파악하는 것이 목적이라면 성장률순환이 보다 유용하다.

현실에서 경기변동 여부를 판단하기 위해서는 성장순환과 성장률순환을 적절히 섞어 사용하는 것이 좋다. 예를 들어 잠재성장률이 3%인 상황에서 최근 3년간 경제성장률이 4%, 3.2%, 3.5%를 기록했다고 가정해보자. 성장률순환에 따르면 성장률이 낮아졌다 다시 반등했으니 경기가 악화되었다 이내 좋아졌다고 볼 수 있다. 하지만 성장순환에 따르면 3년 모두 잠재성장률을 넘어섰으니, 계속 확장 국면에 있는 것이 된다.

둘을 종합해 경기를 보면 3년간 미세하게 경기가 좋고 나쁨은 있었지만 전체적으로 좋은 흐름을 유지했다고 평가할 수 있다. 결국 성장률순환은 3년 동안의 미시적인 변화를 읽게 해주고, 성장순환은 전체 흐름을 보여준다.

성장순환과 성장률순환 가운데 어느 하나에만 의지해 경기를 바라보면 세부적이면서도 넓은 안목에서 판단할 수 없다. 만일 성장률순환에만 전적으로 의지한다면, 성장률이 6%에서 4.5%로 떨어

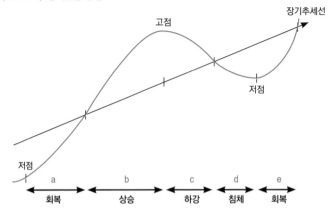

〈도표 2-1〉 경기변동 상황

- 성장순환 확장 국면=b+c
- 성장순환 수축 국면=d+e
- 성장률순환 확장 국면=a+b
- 성장률순환 수축 국면=c+d

질 경우 경기가 악화되었다면서 적극적인 경기부양책을 써야 한다고 호들갑을 떨 수 있다. 그러나 이런 성급한 대응은 큰 물가 상승 등 부작용을 유발할 수 있다. 반면 성장순환이라는 거시적 안목을 가미해 경기부양책을 적절히 구사하면, 안정적인 성장 흐름을 유지할 수 있다.

한국 경제의 경기순환은 실제로 어떤가?

경기순환 국면은 최초 저점과 이후 저점을 연결한 물결을 하나의 순환으로 파악한다. 전체적으로 올라가는 물결선 상에 있으면 '확장' 국면으로, 내려가는 물결선 상에 있으면 '수축' 국면이라 한다.

확장은 회복과 상승으로 구분한다. 올라가는 물결선 상에서 저점을 벗어났지만, 아직 장기추세선으로 올라오지 못할 때는 '회복' 국면이라 하고, 장기추세선을 벗어나 고점을 향해 다다를 때는 '상승' 국면이라 한다.

수축은 하강과 침체로 구분한다. 내려가는 물결선 상에 있으면서 아직 장기추세선까지 내려가지 않았을 때를 '하강' 국면, 장기추세선을 벗어나 저점을 향해 치달을 때를 '침체' 국면이라 한다. 여기서 장기추세선은 잠재성장률로 나타낼 수 있다.

이 같은 상황을 2015년 1분기 이후 우리나라 경제성장률에 대입해보면, 한국 경제는 2015년 1분기 이후 2018년 1분기까지 순서대로 0.8, 0.4, 1.2, 0.8, 0.6, 0.8, 0.4, 0.7, 1.0, 0.6, 1.4, -0.2, 1.1%의 분기(전기 대비) 성장률을 기록했다. 이를 '성장순환'에 따라 보면 뚜렷한 확장기를 찾기 어렵다. 우리나라 분기 잠재성장률을 0.7~0.8% 정도로 보면, 이 수준을 몇 분기 연속으로 지속적으로 넘긴 적이 없기 때문이다.

하지만 성장률순환으로 보면 성장률은 2016년 2분기 0.4%를 저점으로 이후 전반적인 상승 추세를 나타내고 있다. 확장 국면으로 볼 여지가 있는 것이다. 결국 전반적으로 성장순환보다 성장률순환에 의해 확장기와 수축기를 잘 발견할 수 있다.

통계청이 운영하는 인터넷사이트 국가통계포털(KOSIS, kosis.kr)에 경기순환시계가 있다. '상승 – 둔화 – 하강 – 회복'으로 이어지는 경기순환 주기에서 주요 지표들이 어느 위치에 있는지를 보여줌으로써 경기 흐름을 한눈에 읽을 수 있게 만든 그래프다.

한국의 경기 주기는 지속적으로 짧아지고 있다. 경기가 좋아졌다가도 금세 악화되는 식이다. 한 연구에 따르면 한국 경제 경기 확장기는 외환위기를 기점으로 이전 2년 9개월에서 1년 정도로 짧아졌다.

경기 확장기가 길어야 경기가 좋아졌음을 체감할 수 있고, 이에 따라 소비나 고용이 충분히 늘어날 수 있는데, 짧아지다 보니 곧 침체가 올까 두려워 소비나 고용을 늘리지 못하고 있다.

이처럼 경기 확장기가 짧아지는 것은 내수와 수출의 선순환 관계가 단절되었기 때문이다. 수출 경기가 회복되고 이에 따라 내수가 자극되는 흐름이 나타나면 경기호황이 길어질 수 있는데, 비소비지출 부담과 기업가 정신의 실종 등으로 인해 소비와 투자가 만성 부진에 빠지면서 선순환 관계가 형성되지 못하고 있다. 이에 따라 경기 확장기가 짧아지면서 침체가 자주 오는 악순환이 형성되고 있다.

경기에 민감한 경제지표만 모은 경기종합지수
선행·동행·후행지수

경제성장률 외에 현재 경기를 읽을 수 있는 종합지표로 '경기종합지수'라는 것이 있다. 영어로는 Composite Index라고 하며 간단히 CI라고 부른다. CI는 크게 3가지로 나뉘는데 선행(leading)·동행(coincident)·후행(lagging)이 그것이다.

경기종합지수는 여러 경제지표 가운데 경기에 가장 민감하게 반응하는 지표만 따로 모아 지수로 나타낸 것으로, 경제전문가들이 가장 많이 활용한다. CI는 매월 OECD(경제협력개발기구)와 통계청에서 작성해 발표하는 지표이기 때문에 누구나 쉽게 접근할 수 있다. 간단히 OECD나 통계청 홈페이지에 접속해 검색만 하면 바로 확인할 수 있다.

CI로 경기를 읽는 방법은 간단하다. 매월 발표되는 지표가 전월보다 상승하면 경기가 확장하고 있는 것이고, 하락하면 경기가 하강하고 있다고 보는 것이다. 상승 혹은 하락 기간도 중요하다. 오랜 기간 상승하면 장기적인 확장 기조에 있는 것이고, 오랜 기간 하락하면 장기적인 하강 기조에 처한 것이다. 잠깐의 상승이나 하락에는 큰 의미를 부여하지 않고, 추세적인 상승이나 하락을 중요하게 생각한다. 지표를 숫자에 따라 선그래프로 그리면 경기변동의 크기, 방향, 국면, 전환점, 속도를 알 수 있다.

문재인 대통령의 경제멘토로 불리는 김광두 국민경제자문회의 부의장은 14일 소셜네트워크서비스(SNS)에 올린 글에서 "여러 지표로 보아 경기가 침체 국면의 초입 단계에 있다"는 견해를 밝혔다.

김 부의장의 진단에 공감하는 민간 경제학자들이 적지 않다. 통상 통계청이 생산 투자 소비 등 경기지표들을 종합해 발표하는 경기선행지수 순환변동치가 6개월 이상 하락할 때 경기침체의 조짐이 있는 것으로 본다. 그런데 이 선행지수 순환변동치가 작년 8월부터 올 3월까지 최근 8개월간 하락 추세를 보이고 있다. 작년 12월(0.0), 올 1월(0.1 상승)을 빼면 침체나 다름없다. 한 민간 경제연구원 연구위원은 "나중에 경기 흐름을 봐야 정확히 판단할 수 있지만 현재 통계로만 봐서는 경기침체를 걱정할 만하다"고 말했다.

동아일보(2018. 5. 18.)

앞으로의 경기를 알려주는 선행지수

'경기선행지수(선행종합지수)'는 앞으로 경기가 어떻게 될지 나타내는 지수로, 10개의 세부 지표로 구성된다. 재고순환지표, 소비자 기대지수, 기계 수주액, 자본재 수입액, 건설 수주액, 순상품 교역조건, 구인구직비율, 종합주가지수, 금융기관 유동성, 장단기금리 차가 그것이다.

재고순환지표는 상품의 출하 증가율에서 재고 증가율을 뺀 수치다. 시장에 출시하는 상품 양의 증가율이 재고로 쌓이는 것의 증가율보다 크면 앞으로 물건이 많이 팔릴 것으로 전망할 수 있으므로, 장차 경기가 좋아질 것으로 볼 수 있다.

소비자 기대지수(consumer expectation index)는 말 그대로 소비자들이 앞으로 경기를 어떻게 기대하고 있는지를 설문조사해 지수화한 것이다. 생산에 쓰이는 기계 수주액, 자본재 수입액이 늘면 앞으로 생산이 늘 것으로 전망할 수 있다. 건설 수주액이 늘면 앞으로 건설 공사가 많아질 것으로 볼 수 있고, 순상품 교역조건이 개선된다는 것은 수입 단가보다 수출 단가가 많이 오른다는 뜻으로, 수출액이 늘면서 경기가 좋아질 것으로 기대할 수 있다.

종합주가지수는 앞으로 경제 전망을 담고 있으며, 금융기관 유동성이 증가하면 시중에 돈이 풀려 경기가 회복될 것으로 전망할 수 있다. 또 장기금리가 단기금리보다 크게 오르면 먼 미래에 돈을 빌리는 수요가 커진다는 뜻이므로 경기가 좋아질 것으로 전망한다. 이같은 지표들을 종합해 수치화하면 경기선행지수를 구할 수 있다.

경기선행지수는 2018년 3월 기준 112.3을 기록했다. 2015년을

100으로 했을 때 2018년 3월에는 2015년보다 12.3% 나아졌다는 뜻이다. 만일 이 기간 경제에 큰 문제가 생겨 2015년보다 악화되었다면 지수는 100을 밑돌게 된다.

그런데 위기 상황을 제외하면 경기선행지수는 일반적으로 계속 상승하게 되어 있다. 웬만해서는 감소세를 기록하지 않는 경제규모와 비슷하다. 그래서 경기선행지수를 그 자체로 보면 계속 증가하는 것으로 나타나 경기가 항상 좋아지는 것처럼 착각할 수 있다.

그래서 경기선행지수를 분석할 때는 한 번 더 작업을 거친다. 계속 상승하는 그래프를 수평으로 눕혀주는 것이다. 이렇게 하면 조금씩 경기가 오르고 내려가는 모습이 발견된다. 이 같은 작업을 거친 그래프를 '순환변동치'라 한다. 순환변동치는 100을 기준으로 이보다 숫자가 크면 경기가 좋은 것으로, 이보다 작으면 경기가 안 좋은 것으로 평가한다. 또 흐름이 올라가는 상황에 있느냐, 반대로 내

〈도표 2-2〉 경기선행지수 추이

자료: 통계청

려가는 상황에 있느냐도 중요하다.

2017년 12월부터 2018년 3월 사이 순환변동치는 순서대로 100.7, 100.8, 100.6, 100.4를 기록했다. 모두 100을 넘어 경기가 상대적으로 좋았음을 알 수 있다. 하지만 수치는 전반적으로 하락하는 모습을 나타내고 있다. 이는 기준치를 넘었지만 좋았던 경기가 식고 있던 것으로 평가할 수 있다. 그러다가 경기침체가 심화되면, 순환변동치는 100을 밑돌아 큰 폭으로 떨어지는 모습을 보이게 된다.

현재 경기를 알려주는 동행지수

다음으로 현재 경기를 나타내는 지표로 '경기동행지수(동행종합지수)'가 있다. 이는 현재 경기가 어떤지를 나타내는 수치다. 경기동행지수는 8개의 지표로 구성된다. 광공업 생산지수, 제조업 가동률지수, 건설 기성액, 서비스업 생산지수, 도소매 판매액지수, 내수 출하지수, 수입액, 비농가취업자 수가 그것이다. 모두 수치가 커질수록 바로 지금의 생산, 소비, 고용 등 현재 경제활동이 활발하다는 것을 나타낸다. 따라서 경기동행지수는 현재 경기를 나타내고 있다고 보면 된다. 이 역시 100을 기준으로 해서 순환변동치가 얼마나 개선되고 있는지를 본다. 100을 넘어 전월보다 지수가 오르면 경기상황이 개선되었다고 평가한다.

최근 경기를 알려주는 후행지수

마지막으로 '경기후행지수(후행종합지수)'라는 것이 있다. 이는 현재 시점에서 과거의 경기가 얼마나 좋았는지를 돌아보는 지표다. 이 역시 순환변동치를 주로 보며, 100을 기준으로 해서 판단한다. 생산자제품 재고지수, 도시가계 소비지출, 소비재 수입액, 상용·임시 근로자 수, 회사채 이자율로 이루어져 있다.

최근 경기가 좋았다면 현재 재고는 줄고 고용은 늘기 마련이다. 회사채 이자율을 보는 것은 경기가 좋았다면 새로 투자할 유인이 생겨 투자 재원 마련을 위해 회사채를 발행하려는 수요가 늘어 이자율이 올라가는데, 그러한 현상이 나타나고 있는지 보기 위해서다. 이 같은 지표들은 과거 경기 영향에 따라 현재 수치가 변화하므로 과거 경기를 관찰하는 데 도움을 준다.

전통적인 주식투자의 비기, 경기종합지수

정리하면 지금 경기보다 먼저 움직이는 지표는 선행지수에, 함께 움직이는 지표는 동행지수에, 나중에 움직이는 지표는 후행지수에 포함된다. 주식에 입문하는 사람이라면 이 같은 지수부터 잘 숙지하는 것이 중요하다. 쌀 때 사서 비쌀 때 파는 것이 주식이라면, 경기가 안 좋을 때 사서 좋을 때 팔아야 한다. 이를테면 경기동행지수 순환변동치가 100을 밑돌 때 꾸준히 주식을 매입해, 선행지수가 100을 넘어서면 파는 식이다. 이처럼 투자하면 성공을 보장할 수 없지만, 적어도 손해는 보지 않는다는 것이 많은 전문가들의 조언이다.

2009년 10월 산업생산이 부진했던 이유는?

경기를 읽는 또 다른 창, 산업활동동향

경기를 알 수 있는 또다른 지표로 '산업활동동향(industrial activity trends)'이 있다. 매월 발표되는 통계로 산업생산이 얼마나 증가했는지를 나타낸다.

2018년 3월 산업활동동향에서 산업생산은 전년 동기, 즉 2017년 3월과 비교해 1.2% 감소한 것으로 나타났다. 1년 사이 생산이 늘기는커녕 1.2% 줄어든 것이다. 이를 두고 경기 부진이 본격화된 것 아니냐는 지적이 나왔다.

자동차, 조선 등 제조업과 건설업 부진이 이어지면서 전산업 생산이 2개월 연속 감소했다. 제조업 가동률도 2009년 글로벌 금융위기 수준으로 하락한 것으로 나타났다.

30일 통계청의 '3월 산업활동동향'에 따르면 지난달 전산업생산은 전월보다 1.2% 감소했다. 2월 0.2% 감소한 데 이어 2개월 연속 주춤한 모습이다. 특히 1.2% 감소 폭은 2016년 1월(1.2%) 이후 26개월 만에 최대 수준이다.

광공업 생산은 전월 대비 2.5% 감소했다. 반도체(1.2%)는 호조세를 이어갔지만, 자동차(-3.7%)와 기계장비(-4.3%) 등의 부진이 계속됐다. 생산 능력 대비 실적을 나타내는 제조업 평균 가동률은 70.3%로 1.8%포인트 하락했다. 이는 3월 기준으로 보면 2009년 3월(69.9%) 이후 최저치다. 건설업도 2월 -4.9%, 3월 -4.5% 등 2개월 연속 하락하면서 부진을 면치 못했다.

한국일보(2018. 4. 30.)

복합적 시각이 필요한 산업활동동향 해석

산업활동동향은 통계청이 매월 현재 경기를 가늠할 수 있는 지표를 모아 발간하는 보도자료의 명칭이다. 앞에서 설명한 경기종합지수 등 경기를 파악할 수 있는 다양한 지표가 수록된다.

그중에서 가장 대표적인 지표가 산업생산이다. GDP와 비슷하게 경제의 생산이 얼마나 증가하는지를 나타낸다. GDP는 3개월마다 발표되는 반면에 산업생산은 매월 발표되어 경기가 어떻게 전개되고 있는지 신속하게 파악할 수 있다는 점에서 무척 유용하다. 또 GDP에는 정부활동 등 여러 부가 항목이 포함되지만, 산업활동동향은 생산 자체의 변화만 보여준다. 그래서 경기가 부진한데도 정부가 지출을 억지로 늘려 GDP가 증가하면서 경기가 좋아지는 것처럼 보이는 착시현상을 막을 수 있다.

산업활동동향 지표는 또 산업 부문별 생산 변화도 보여준다. 광공업, 서비스업 등 대분류 외에 반도체, 자동차, 금속, 여행 등 다양한 소분류 산업별 생산 변화율을 알 수 있다. 어떤 산업이 좋고 나쁜지를 확인할 수 있는 것이다.

산업활동동향으로 경기 흐름을 읽기 위해서는 계절적 변수를 반영할 수 있어야 한다. 계절적 변수란 다른 달에는 없는 그 달만의 특수한 상황을 뜻한다. 예를 들어 2017년 12월과 2018년 1월에 상대적으로 큰 폭의 산업생산 감소가 있었는데, 여기엔 유례없는 혹한이 불어닥쳐 쉬는 야외 작업장이 나오는 등 상황의 영향도 많이 작용했다. 이 밖에 예년에 없던 유독 긴 연휴가 생기면서 생산이 감소하는 것으로 나타나는 등의 상황이 발생하기도 한다.

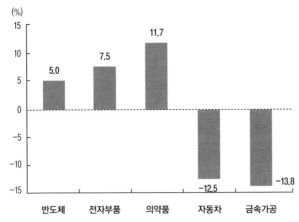

<도표 2-3> 2018년 3월 주요 업종별 생산 증감률(전년동월 대비)

자료: 통계청

　이런 일시적인 현상을 통계학적으로 제외하고 지표를 분석하는 작업을 '계절적 요인 제거'라 한다. 그러면 생산이 추세적으로 증가 또는 감소하는 흐름을 제대로 짚어낼 수 있다.

　계절적 변수를 제외하고 일반적으로 생산의 전년 대비 증가율이 8월 2%, 9월 3%, 10월 4% 등으로 계속 커지고 있다면 경제가 좋은 흐름을 이어가고 있다고 평가할 수 있다. 이때 기저효과라는 것을 주의해야 한다.

　예를 들어 2018년 2월에는 생산활동이 부진했는데, 1년 전인 2017년 2월에 생산활동이 '극도로' 더 부진했다고 하자. 이때 2018년 2월을 2017년 2월과 비교하면 상대적으로 큰 폭의 성장이 있는 것으로 읽힐 수 있다. 이처럼 비교 시점의 상황이 극도로 부진해서, 현재의 상황이 좋아 보이는 착시효과를 기저효과라 한다. 이 같은 함정을 피하기 위해서는 2017년 2월이 아닌 2018년 1월

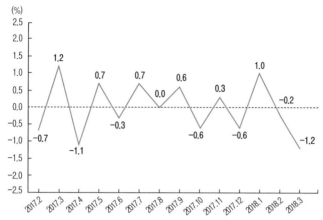

〈도표 2-4〉 산업생산 증감률 추이(전월 대비)

자료: 통계청

과 비교해보는 것도 방법이다. 즉 1년 전이 아닌 한 달 전과 비교해 보는 것이다. 1년 전과 비교하는 것을 전년동월비, 한 달 전과 비교 하는 것을 전월비라고 한다.

2018년 들어 전월 대비 산업생산이 감소 추세를 보이면서 경기 침체가 본격화하는 것 아니냐는 지적이 나왔다. 반도체 등 일부 업 종은 세계 IT 경기호황 영향을 받아 좋은 흐름을 유지했지만, 자동 차 등 다른 업종은 부진한 내수의 직격탄을 맞은 결과였다.

소비로 미래 산업활동을 예측한다

산업생산이 늘면 결국에는 투자가 증가한다. 생산이 계속 증가하 면 현재의 시설로 이를 감당하기 어려워져 투자를 통해 생산 능력 을 키울 필요가 생기기 때문이다. 이 같은 투자는 자본재 등 다른 생 산을 유발하면서 결국 전체 경기호황을 이끌게 된다.

앞으로 산업활동동향이 어떻게 될지 예측하기 위해서는 소비가 어떤지를 봐야 한다. 소비가 꾸준하면 생산이 증가하는 것은 당연한 이치이기 때문이다. 소비가 부진하더라도 수출 경기가 좋으면 산업 생산은 긍정적인 흐름을 유지할 수 있다. 하지만 수출 증가라는 한 축에 의해서만 생산 증가가 계속되기는 어렵다. 이에 따라 경기회복의 키는 결국 소비가 쥐고 있다는 분석이 나오곤 한다.

산업활동동향은 생산 외에도 투자, 기계 수주, 공장 가동률, 재고, 소비재 판매, 고용 등 각종 경제활동동향을 함께 담는다. 이 같은 지표들이 올라가고 있다면 경제상황이 좋아지는 것으로 기대해볼 수 있다. 예를 들어 '재고 증가율'이 계속 낮아지고 있다면 물건이 팔리지 않아 재고로 쌓이는 물량이 줄고 있다는 의미이므로 경기가 개선되고 있다고 판단하는 식이다.

경기가 좋다는데 빈 택시가 줄을 서는 이유는?
체감경기

앞서 소개한 GDP 성장률, 경기종합지수, 산업활동동향 등은 실제 피부로 느껴지는 체감경기를 반영하는 데는 한계가 있다. 지표가 좋다는데 자기가 운영하는 가게 매출은 늘지 않는 일이 자주 벌어지는 것이다. 2017년이 대표적이다. 2017년은 최근 몇 년간 경기지표가 가장 좋은 한 해였지만 대부분의 경제주체들은 이를 체감하지 못했다. 그러다 2018년 들어선 경기지표마저 꺾이고 말았다. 피부로 느껴보지 못한 경기 호전기가 금세 끝난 셈이다. 체감경기와 경기지표의 차이는 왜 발생하는 것일까?

수출 증가세가 12개월째 지속되고 있다. 삼성전자, SK하이닉스 등이 이끄는 '반도체발(發) 수출 호황'이다. 이들 기업은 3분기 사상 최고치의 실적을 내면서 주가 역시 고공행진을 거듭하고 있다. 지표만 보면 눈부신 경기호황이 어이지고 있는 모습이다.

하지만 곳곳에선 '경기호전을 체감할 수 없다'는 목소리가 나온다. 반도체가 이끄는 수출호황이 고용으로 이어지지 않아서다. 역대 가장 높은 코스피지수에도 개인투자자들의 수익률과는 동떨어져 있다. 숫자로만 확인할 수 있는 성장에 더 이상 '낙수효과'가 없다는 지적도 나오고 있다.

아시아경제(2017. 11. 1.)

지표가 좋더라도 피부로 느끼지 못하는 이유

지표가 좋아도 실제로 그렇게 느끼지 못하는 이유를 몇 가지로 들 수 있다.

첫째, 수출입에 따른 영향 때문이다. 수출이 증가하면 경제가 성장하고 경기지표도 개선된다. 양적인 지표가 늘어나는 영향을 받기 때문이다. 그런데 수출이 많이 이루어지고 있다 하더라도 수출단가가 계속 떨어지면 예전보다 많은 물건을 수출해도 손에 쥐는 것은 적을 수 있다. 여기에 환율이 하락해 원화로 환산한 수출액이 줄어들면 수출로 인한 체감 이득은 더욱 떨어진다. 그러면 수출을 많이 해도 피부로 느끼는 상황은 나쁠 수 있다.

둘째, 내수에 따른 영향이다. 소비가 살아나 자영업 등 판매가 원활해져야 많은 사람이 경기가 좋아지는 것을 느낄 수 있다. 그런데 몇몇 대기업의 생산만 크게 늘어나는 상황이라면 지표 자체는 개선될지 몰라도 그 수혜는 소수의 사람만 입으면서 대다수는 경기 호전을 느끼지 못하게 된다.

미국 반도체 수요가 늘어 국내 반도체 산업이 호황을 맞는 경우가 대표적이다. 이 경우 반도체 생산이 크게 늘면 경제성장률도 함께 올라간다. 하지만 유독 반도체 산업만 호황이라면 이 혜택은 반도체 산업과 관계된 소수의 사람만 입게 된다. 물론 이들이 소비를 늘려 전체 경기를 진작시킬 수 있겠지만 여기에는 한계가 많다. 결국 모든 사람이 경기가 좋다고 느끼기 위해서는 전체 소비가 진작되어 모두가 공유해야 한다. 하지만 일부 산업만 호황이라면 이 같은 효과는 제한된다.

셋째, 지표경기와 체감경기 시차도 원인으로 지적할 수 있다. 지표는 과거의 경제상황을 나타낸다. 3개월마다 발표되는 GDP 성장률은 현재 시점에서 3개월 전, 1개월마다 발표되는 산업활동동향은 1개월 전의 상황이다. 이에 이들 지표는 바로 지금의 경기를 반영하지 못한다. 경기동행지수가 있지만 이 역시 약간의 시차가 발생한다. 결국 지표가 작성되는 사이 경기가 나빠지면 지표와 체감경기에 차이가 발생할 수 있다.

체감경기를 알려주는 지표들

경기지표와 체감경기에 차이가 있기 때문에 별도의 체감경기지표가 필요하다. 기업 체감경기를 알 수 있는 지표로는 BSI가 있다.

BSI란 'Business Survey Index'의 약어로 우리말로는 '기업경기 실사지수'라고 한다. BSI는 원문 그대로 기업인들에게 현재 혹은 다음 경기를 어떻게 느끼고 있는지 물어서 이를 지수화한 것이다. 쉽게 말해 피부로 느끼는 체감경기를 설문조사한 결과다. 한국은행, 전국경제인연합회(전경련) 등이 발표한다.

BSI를 계산하는 방법은 긍정적인 답변 비율에서 부정적인 답변 비율을 뺀 후 100을 더해 이루어진다. 예를 들어 설문 대상 가운데 경기를 긍정적으로 보는 기업인 비중이 70%이고, 부정적으로 보는 기업인이 40%라면 70에서 40을 뺀 30에 100을 더한 130이 BSI 수치가 된다.

긍정적인 대답과 부정적인 대답 비중이 정확히 같다면 차감값은 0이 되고, BSI 수치는 100이 된다. 이때는 긍정적으로 보는 기업과 부정적으로 보는 기업 수가 동일하므로 현재 경기를 중립적이라고 볼 수 있다.

제조업 체감경기가 15개월 만에 최저 수준으로 떨어졌다. 한국은행이 29일 내놓은 '2018년 3월 기업경기실사지수(BSI) 및 경제심리지수(ESI)'를 보면 제조업 업황 BSI는 장기평균치(2003년 1월~2017년 12월) 80을 밑도는 74로 지난 2016년 12월(72) 이후 최저치를 기록했다. 제조업 업황 BSI는 지난해 11월 83 이후 12월 81, 올 1월 77, 2월 75에 이은 넉 달 연속 하락세다. 제조업 중 내수기업은 69로 2016년 8월 68 이후 19개월 만에 최저치로 떨어졌고, 수출기업도 82로 지난해 3월 82 이후 1년 만에 최저 수준을 보였다.

노컷뉴스(2018. 3. 29.)

만일 경기를 긍정적으로 보는 기업들이 더 많으면 BSI 수치는 100을 넘어가게 되고, 부정적으로 보는 기업들이 더 많으면 BSI 수치는 100을 밑돌게 된다. 이에 따라 BSI 수치가 100 이상이면 경기가 호전되고 있다고 판단하며, 100을 밑돌면 경기가 둔화되고 있다고 판단한다. 이때 BSI 수치가 100을 밑돌더라도 '70→80→90'과 같은 식으로 과거 조사 결과와 비교해 수치가 올라가는 추세라면, 경기가 나아질 것이라고 말하는 업체가 늘고 있다는 뜻이니 앞으로 경기가 나아질 것이라고 기대해볼 수 있다. 반대로 BSI 수치가 내려가는 추세라면 경기가 더 악화될 것이라고 예상해볼 수 있을 것이다.

BSI 수치가 도입된 것은 통계수치로 알기 힘든 기업들의 체감 경기를 파악하기 위해서다. 설문을 통해 기업들의 경기판단을 지수화해 현장 경기를 알아보는 것이다.

〈도표 2-5〉 제조업 BSI 추이

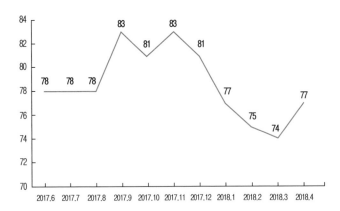

자료: 한국은행

소비자 체감경기 역시 설문조사 방식으로 진행된다. 대표적인 것이 한국은행이 발표하는 '소비자동향조사'의 현재경기판단지수다. 이 지수 역시 100을 기준으로 이를 밑돌면 현재 경기를 비관적으로 보는 사람들이 많다는 것을 의미한다. 100에서 멀어질수록 비관적인 사람 비중이 늘게 된다. 반대로 100을 넘어 숫자가 커질수록 긍정적으로 보는 사람이 많다는 뜻이다.

이 밖에 앞으로 취업전망을 묻는 취업기회전망, 현재 생활의 어려움 정도를 묻는 현재생활형편지수, 앞으로 얼마나 나아질 것으로 보는지를 묻는 향후생활형편전망지수, 앞으로 가계수입이 얼마나 늘 것으로 보는지를 묻는 가계수입전망지수, 앞으로 소비를 늘릴지를 묻는 소비지출전망지수, 부동산 구매계획이 있는지를 묻는 부동산구매계획지수, 물가가 오를지를 묻는 물가수준전망지수 등도 있다. 모두 100을 넘으면 해당 질문에 대해 긍정적으로 생각하는 사람들이 많다는 뜻이다.

기업, 가계 외에 정부가 판단하는 체감경기를 알기 위해서는 2가지 자료를 찾아보면 된다. 첫째, 기획재정부가 발표하는 경제동향보고서다. 이는 표지가 녹색이라서 '그린북'이라고도 불린다. 둘째, KDI가 발표하는 '경제동향'이다. KDI는 국가가 설립해 운영하는 국책연구소이므로, 이들의 판단은 정부의 경기판단에 기초 자료로 활용된다. 정부는 대체로 여론을 의식해 민간보다 경기를 더 좋게 판단하는 경향이 있다.

경기는 왜 반복적으로 좋았다 나빴다 할까?

경기변동의 원인

경기변동의 원인은 여러 가지가 있다. 대규모 투자가 시작되면서 경기가 좋아졌다가 투자가 종료되자 경기가 식는가 하면, 경제 내외 부적인 요인에 따른 시중유동성 공급량 변화 때문에 경기가 변하기도 한다. 돈의 공급이 늘면 경기가 좋아지고, 반대로 줄면 경기가 나빠지는 식이다.

또 단순히 '경기가 좋아질 것이다', 반대로 '경기가 나빠질 것이다'라는 전망 때문에 실제 경기변동이 생기기도 한다. 경기가 나빠질 것이란 인식이 확산되면 경제주체들이 이를 대비해 현금 확보에 나서게 되고, 이에 따라 소비가 줄면서 경기가 나빠지는 식이다.

이 밖에 세계 경기가 좋아지면서 수출이 증가하거나, 선거 전 집권당이 각종 경기부양책을 실시하면 경기가 좋아진다. 또 갑자기 농산물생산이 좋지 않거나, 석유 등 원자재 수급 불안이 오면 경기가 악화된다.

자연재해 영향도 크다. 예를 들어 미국에 큰 허리케인이 지나가면 경제가 충격을 받아 경기가 하강한다. 허리케인이 산업시설이나 정유시설에 큰 피해를 입히면서 생산활동에 큰 충격을 주기 때문이다. 2006년 허리케인 '카트리나'로 큰 피해를 입은 미국 경제는 전년 동월 대비 경제성장률이 2006년 3분기 4.1%에서 2006년 4분기 1.7%로 급감한 바 있다.

장기호황 뒤의 대규모 경기침체

대규모 경기변동은 주로 신기술 개발이 일으킨다. IT 경제와 금융업의 발달이 맞물리며 유발한 2000년대 장기호황이 대표적이다. 그러나 장기호황은 그 수명을 다하면 대규모 경기침체를 몰고 올 때가 많다. 2008년 금융위기가 그 결과다. 경제학자 슘페터(Joseph Alois Schumpeter, 1883~1950)는 10년 정도마다 일어나는 기술혁신에 따른 경기 주기를 '쥐글라르순환(Juglar cycles)'으로, 50년마다 일어나는 기술혁신에 따른 경기 주기를 '콘드라티에프순환(Kondratieff cycle)'으로 불렀다. 물론 이 사이에는 투자 등 변화에 따른 수많은 소규모 경기순환이 발생한다.

이런저런 이유로 한번 경기변동이 생기면, 이는 선순환 혹은 악순환 고리를 통해 지속성을 갖는다. 투자가 증가함에 따라 관련 기업의 생산이 유발되고 기업의 실적이 나아지면서 종업원의 소득이 늘고, 이에 맞춰 소비가 증가해 이것이 다시 생산을 늘리는 것이 대표적인 선순환의 고리다. 반면 경기침체 요인이 발생함에 따라 생산, 소비, 투자 등이 동반 침체되는 것이 악순환의 고리다.

선순환과 악순환 모두 영구적으로 계속될 수 없다. 계속적인 경기 호황은 물가 상승, 임금 상승 등 각종 부작용을 몰고 오면서 결국 추동력을 상실해 침체기를 가져온다. 때때로 계속되는 경기불황은 정부의 노력 등을 통해 호황기로 전환되기도 한다. 이런 과정을 거치며 경기는 그 흐름을 반복하게 된다.

경기침체 시 정부 개입은 만고불변의 진리?
구축효과, 구입효과

경기가 침체되면 정부와 중앙은행은 경기를 살리기 위해 각종 정책을 편다. 정부는 관급 공사를 실시하는 등 정부지출을 늘리고, 각종 발주를 해서 민간 기업의 생산 및 고용 확대를 유도한다. 이때 재원은 채권을 발행해 마련한 자금으로 충당한다. 정부는 이 밖에 세금을 감면해 민간의 경제활동을 장려하기도 한다. 또 중앙은행은 기준금리를 내려 경제주체들의 이자부담을 덜어줌으로써 소비와 투자 여력을 확대한다. 정부와 중앙은행의 정책이 제대로 힘을 받으면 경제는 침체 상태에서 벗어나 다시 호황을 맞을 수 있다.

그런데 정부 정책은 각종 부작용을 유발한다. 우선 정부가 각종 활동을 하는 과정에서 정부의 경제 비중이 커진다. 정부 개입이 증가할수록 민간 영역의 활동이 제한된다는 점에서 장기적으로 부정적인 결과를 낳을 수 있다.

또한 정부가 정부지출을 위한 재원을 확보하기 위해 채권발행을 늘리면, 이는 시장이자율을 상승시키는 결과를 가져온다. 정부가 채권발행을 늘리면 이는 시장 전체적으로 돈을 구하는 수요를 증가시키는 효과를 낳는다. 돈의 공급자가 한정된 상황에서 돈을 구하는 사람이 많아지면, 결국 돈의 가격인 이자율은 올라갈 수밖에 없다. 이는 돈을 빌려야 하는 기업들에게 부담으로 작용한다. 또 정부 정책은 물가 상승을 유발한다. 정부가 지출을 늘리기 위해서 구입을 늘리면 해당 물건의 가격이 오르는 것이다.

이처럼 물가와 이자율이 오르면 가격과 이자 부담이 늘어 민간의 소비와 투자 여력이 감퇴된다. 이는 경기 확장 효과를 일부 제한하게 된다. 이처럼 정부지출이 증가하면 그 부작용으로 민간 경제활동이 제한되는 상황을 '구축효과(crowding-out effect)'라 한다.

하지만 정부 개입이 무조건 효과가 없다고 할 수는 없다. 잘 운용되면 선순환 효과를 얻을 수 있기 때문이다. 정부지출을 늘리자 경기가 살아나고, 이에 따라 소득이 늘면서 소비가 증가하고, 이것이 기업의 생산과 투자를 늘려 경기회복이 빨라지는 식이다. 경기가 안 좋을 때 정부지출이 적절히 활용되면 이 같은 선순환 효과를 기대할 수 있다. 이를 구축효과와 대비해 '구입효과(crowding-in effect)'라 한다.

정부는 경기 조절 과정에서 구축효과를 최소화하고 구입효과를 극대화하기 위해 많은 노력을 한다. 성공하려면 적절한 운용의 묘가 필요하다.

비가 자주 내리면
경기가 나빠지는 걸까?

　유달리 비가 많았던 2006년의 상황을 통해 '비의 경제학'을 소개한다. 당시 비는 일상생활뿐만 아니라 경제활동에도 많은 지장을 주었다. 이를 반영해 경제부처에서 발표하는 보도자료에는 '잦은 비의 영향으로'라는 표현이 자주 등장했다. 실제 영향은 어느 정도였을까? 기상청에 따르면 당시 10월까지 강우일수는 서울 기준 113일로 조사되었다. 304일 가운데 113일 비가 내렸다는 것으로 이틀 걸러 하루 이상 비가 내린 셈이다. 평균치인 91일과 비교하면 한 달 가까이 더 비가 내렸다.

　이러한 비의 영향을 가장 많이 받는 부분은 서비스업이었다. 손님을 상대해야 하는 서비스업은 비 오는 날 손님의 발길이 끊겨 곧바로 매출 감소가 발생할 수 있다. 이를 반영해 2006년 9월 서비스업 활동 성장률은 전년동월 대비 3.5%에 그쳤다. 당시 8월까지 6~7% 사이 고성장을 거듭해오던 활동지수가 비가 집중된 9월 들어 힘을 잃은 것이다.

　이러한 분석을 뒷받침해주는 것이 '숙박 및 음식업종' 성장률이다. 이 분야 9월 활동지수는 성장하기는커녕 1년 전보다 1.9% 감소했다. 통계청 관계자는 "9월 들어 여름철보다 비가 더 많이 오면서 외식이나 근교 나들이를 자제하는 사람이 많았고, 숙박 및 음식업종 분야가 비의 영향을 가장 많이 받았다"고 설명했다.

농업 및 건설업에도 큰 영향을 준다. 2006년 당시 농업은 수확기인 가을에 비가 많이 내리면서 출하에 많은 지장을 입었다. 이를 반영해 10월 소비자물가는 이전 해 같은 달보다 3%나 올랐다. 당시 평소 2%대 상승률과 비교하면 높은 상승률로, 생선류·채소류·과실류를 대상으로 한 신선식품 물가가 이전 해 같은 달보다 11.6%나 오르면서 생긴 현상이었다. 이 밖에 건설업도 지붕이 없는 작업 현장 특성상 조업일수 확보에 많은 애를 먹었다.

이러한 모든 현상을 수치로 나타낼 수는 없을까? 즉 비로 인해 '서비스업 생산이 ○○% 감소했다'고 나타내보는 것이다. 이를 위해 통계청은 비로 인한 생산 차질 정도에 대한 분석을 시도했지만 업종별로 영향 정도가 천차만별이라 유의한 결과를 얻어낼 수 없었다. 다만 생산 감소 원인 등을 분석하면서 비가 유력한 요인 중 하나였을 것이라고 추정만 해보는 것이 지금으로서도 최선이라고 한다.

CHAPTER
3

소비와 투자,
그 강한 연결고리를 논한다

챕터 3부터는 경제를 세부적으로 들여다본다. 경제의 세부 구성 요소 가운데, 가장 기본이면서도 중요한 것이 소비와 투자다. 소비와 투자 흐름에 따라 경제는 활력을 얻기도 하고 침체에 빠지기도 한다. 현재 한국 경제는 만성적인 소비와 투자 부진에 시달리고 있다. 소비와 투자가 왜 부진에 빠져 있는지, 해결책은 없는지 살펴본다. 소비와 투자가 앞으로 어떻게 변화할지 미리 예측하는 방법을 소개하며, 소비의 반대편인 저축에 대해서도 살펴본다.

소비, 도대체 왜 부진할까?

비소비지출 등의 소비 부진 요인

한국 경제의 최대 고민 중 하나가 소비다. 소비는 내수 경기의 가장 큰 버팀목이지만, 나름대로 선전했다는 2017년의 전년 대비 소비 증가율도 2.7%에 그쳤다. 소비 증가율이 최소 경제성장률보다는 높아야 내수 경기가 활발하다고 할 수 있다. 그러나 2006년부터 2017년까지 12년 연속 소비증가율이 경제성장률을 밑돌고 있다. 요인은 크게 3가지다.

지난해 가구당 실질소득과 실질 소비지출이 모두 감소한 것으로 나타났다. 2008년 글로벌 금융위기 때보다도 가계의 사정이 나빠진 것이다. 통계청이 24일 발표한 '2016년 연간 및 4분기 가계동향'에 따르면 지난해 가구당 월평균 가계지출은 336만 1,000원으로 전년 대비 0.4% 감소했다. 통계청이 해당 통계를 집계하기 시작한 2003년 이래 가계지출은 처음 '마이너스'를 기록했다. 물가 상승률을 감안한 실질 가계지출은 1.3% 줄었다.

머니투데이(2017. 2. 24.)

등골 휘는 비소비지출 부담

첫 번째 요인은 갈수록 높아지는 비소비지출(non-living expenditure) 부담이다. 비소비지출은 각종 세금, 사회보장비, 대출이자 등 개인의 불가피한 지출을 뜻한다. 소비가 아닌 지출이란 뜻에서 비소비지출이란 이름이 붙는다. 이는 소득에서 자동으로 떨어져 나가는 부분이다. 소득에서 비소비지출을 빼면 순수하게 소비에 쓸 수 있는 가처분소득(disposable income)을 구할 수 있다.

전체 소득 가운데 비소비지출 비중은 평균 25% 정도다. 가구 소득이 300만 원이라면 이 가운데 75만 원은 소득세, 대출이자 등으로 나간다는 뜻이다. 비소비지출 비중은 갈수록 높아지고 있다. 노령화로 인해 국민연금이 2050년경 바닥날 것으로 예상되면서, 국민연금 보험료 납부액이 매년 늘고 있는 데다 건강보험료도 계속 인상 추세다.

세금 부담도 높아지고 있다. 2010년 기준 소득세 부과 방법은 과세표준(이하 과표)을 기준으로 한다. 1,200만 원 이하 6%, 1,200만~4,600만 원 이하 15%, 4,600만~8,800만 원 이하 24%, 8,800만 원 초과 35% 등 세율을 적용하고 있다. 예를 들어 소득세 부과 대상이 되는 소득이 7,600만 원이라면 이 가운데 1,200만 원에는 6%, 3,400만 원(4,600만~1,200만 원)에는 15%, 3천만 원(7,600만~4,600만 원)에는 24%의 세율이 적용되는 식이다.

이 같은 상황에서 과세 대상 연소득이 3천만 원이던 사람이 10년 뒤 6천만 원으로 2배가 올랐다고 가정해보자. 그런데 이 사이 물가도 2배 올랐다고 하면 이 사람의 실질 연소득은 그대로다. 소득이 2배로 늘었지만 물건 값도 2배로 올랐기 때문이다.

사정이 이와 같다면 떼어가는 세금도 2배가 되어야 부담에 차이가 없다. 그런데 현행 과표 체계에서는 이야기가 달라진다. 구체적인 세금 부담을 보면 과세 대상 소득이 3천만 원일 때는 1,200만 원까지 6%, 나머지 1,800만 원에 대해서는 15% 세율을 적용받아 342만 원의 세금을 낸다. 이 같은 상황에서 과세 대상 소득이 6천만 원으로 오르면 1,200만 원까지는 6%, 1,200만 원부터 4,600만 원까지 15%, 4,600만 원부터 6천만 원까지 24%의 세율을 적용받아 918만 원의 세금을 내야 한다. 물가가 2배로 오른 상황에서 소득이 2배로 늘어 실질소득은 그대로인데, 내야 하는 세금은 3배 가까이로 느는 것이다.

결국 과세 체계가 소득이 오를수록 세율이 높아지는 누진적인 구조로 되어 있다 보니, 경제성장과 물가 상승에 맞춘 정도로만 소득이 증가해도, 그 이상으로 세 부담이 증가하게 된다. 특히 세 부담이 늘면서 건강보험료 등 다른 비소비지출도 갈수록 증가하는 것이 현재 시스템이다.

정부는 이 같은 문제를 해결하기 위해 물가 상승에 맞춰 과표를 올려주고 때로는 소득세율도 인하하고 있다. 최저세율이 적용되는 과표 1,200만 원은 2009년 1천만 원에서 200만 원이 오른 것이다. 낮은 세율이 적용되는 소득을 더 늘려준 것이다.

여기에 많이 버는 사람이 많은 세금을 내야 소득재분배가 가능한 만큼, 현재의 누진세율 구조는 어느 정도 불가피한 측면도 있다. 하지만 현재의 과세 시스템이 세 부담을 갈수록 키우는 것은 사실이고, 정부의 노력은 이 같은 부담을 완전히 상쇄시키지 못하고 있다.

이자소득세도 이와 비슷한 문제를 안고 있다. 갑자기 물가가 올라 이를 반영해 이자율도 올랐다고 하자. 이렇게 되면 명목상으로는 이자수익이 늘지만, 물가가 오른 만큼 이자율이 올랐으니 실질 이자 수익에는 변화가 없다. 그런데 이자소득세는 명목상으로 증가한 이자수익에도 부과되므로 이전보다 많은 세금을 내야 한다.

비소비지출 부담을 늘리는 또 다른 요소로 대출이자를 꼽을 수 있다. 이는 사실 최근 비소비지출 증대와 관련해 가장 심각한 문제다. 2000년대 부동산 광풍이 불면서 너도나도 집 장만을 위한 대출을 받았고, 이 과정에서 지출되는 이자는 가처분소득을 크게 떨어트리고 있다. 과거에는 대출을 얻기 어려운 '유동성제약(liguidity constraints)'이 있었다. 빚을 내 투자나 소비를 하는 것이 어려웠던 것이다. 하지만 지금은 금융이 발달하면서 유동성제약이 많이 해소되어 빚을 내는 일이 쉬워졌다. 이는 일시적으로 소비를 늘리는 효과를 낸다. 그러나 장기적으로 원리금 상환 부담을 가중시키며 소비를 더욱 침체시킨다. 2003년 카드대란 직전 카드빚으로 소비가 늘

〈도표 3-1〉 우리나라 가구의 평균 소득과 비소비지출 추이

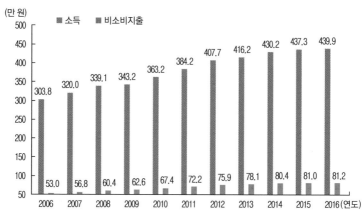

자료: 통계청

었지만, 이후 상환 압박이 심해지면서 소비가 침체로 접어든 것이 대표적인 예다.

한국은행에 따르면 가처분소득 대비 금융부채 비율은 2016년 기준 1.21%에 이른다. 연소득 4천만 원을 버는 가정이라면 평균 4,840만 원의 대출을 갖고 있다는 의미다. 경제 전체에서 차지하는 부채 비율도 위험 수준에 이르렀다. GDP 대비 개인 가계부채의 비율은 2002년 말 67%에서 2017년 94.4%로 급증했다.

결국 갈수록 증가하는 세금 부담, 국민연금 및 건강보험료, 대출 이자 등으로 구성된 비소비지출이 소비 여력을 감퇴시키고 있다. 비소비지출 문제가 해결되지 않으면 한국 경제는 만성적인 소비침체를 해결할 수 없을 것이란 경고가 많다. 이 가운데 세금, 국민연금, 건강보험료 등의 증가는 어느 정도 불가피한 측면이 있는 만큼, 그나마 노력해서 줄일 수 있는 대출이자 문제를 하루 빨리 해결해야 한다는 것이 대체적인 조언이다.

부진한 소득 증가율

두 번째 요인은 부진한 소득 증가율이다. 앞서도 이야기했지만 소득이 증가하더라도 같은 비율로 물가가 오르면 실질소득은 제자리다. 그런데 현재 한국 경제는 소득 증가율이 물가 상승률을 충분히 상쇄하지 못하고 있다. 2016년의 경우 물가 상승을 감안한 실질소득 증가율은 0.6%에 그쳤다.

소득 부진은 악순환을 낳는다. 소득 부진에 따라 소비가 부진해지면 자영업자 등의 매출 악화로 직결되고, 이게 다시 자영업자 등의 소득을 줄이면서 소비를 더 침체시키는 악순환이 벌어지는 것이다. 이 같은 일을 막기 위해서는 물가 상승률 이상으로 소득이 충분히 증가해야 한다. 소득 증가는 경제성장률(GDP 성장률)과 큰 관련이 있다. 경제가 성장해야 그에 맞춰 가계소득도 증가하는 것이다.

한국 사회의 영원한 고민, 교육비

소비를 침체시키는 세 번째 요인은 한국 사회의 영원한 고민인 교육비다. 소비는 여러 항목으로 세분화할 수 있다. 통신, 음식 및 숙박, 교육, 주거, 교통, 교육, 오락·문화, 의복 등으로 나뉜다. 이게 모여 경제 전체의 소비를 구성한다.

대체로 소비는 모든 항목에 걸쳐 고르게 증가하는 것이 좋다. 그런데 이 가운데 증가해도 반갑지 않은 부분이 있다. 바로 교육비다. 2016년 기준 월평균 교육비 지출액이 28만 2,124원에 달했다. 이는 자녀가 있건 없건 모든 가계의 교육비 지출액을 평균한 것으로, 교통비 지출액에 육박한다.

교육 역시 소비지출의 일종이지만 실질적으로 '비소비지출'과 성격이 비슷하다. 어쩔 수 없이 지출되는 측면이 크면서 가계소비 여력을 크게 약화시키는 것이다. 정부는 이를 해결하기 위해 각종 노력을 펴고 있지만 해결이 쉽지 않다.

물론 교육지출이 교육업체들의 매출을 늘려 경제성장에 기여할 수 있다. 먹는 데 돈을 쓰건 배우는 데 돈을 쓰건, 어차피 돈이 누군가의 손에 들어가 경제를 움직이는 것은 마찬가지다. 하지만 재원이 다양한 데 배정되지 못하고 교육에만 집중될 경우 다른 실물 경제가 큰 어려움을 겪을 수 있다는 점에서 시정이 필요하다.

요약하면, 한국 경제는 비소비지출 부담, 부진한 소득 증가율, 막대한 교육비 부담으로 만성적인 소비 부진을 겪고 있다. 여기에 불안한 노후 등도 원인으로 작용하고 있다.

'소득주도성장' 접근법

경제학에 따르면 소비 부진은 불가피한 측면도 있다. 경제가 성장해 소득이 증가할수록, 소비지표가 상대적으로 부진해지는 게 일반적인 성장 경로이긴 하기 때문이다. 씀씀이에 한계가 있어 소득이 증가할수록 소득 가운데 소비가 차지하는 비중이 줄어드는 것이다.

예를 들어 소득이 200만 원일 때 140만 원을 소비해 70%의 소비 성향을 가진 사람이 소득이 400만 원으로 증가한 상태에서 70%의 소비 성향을 그대로 유지하기 위해서는 280만 원을 써야 한다. 하지만 이렇게 되는 경우는 거의 없다. 기본 의식주 소비에는 큰 차이가 없기 때문이다. 결국 소득이 증가할수록 소득 가운데 소비가 차지하는 비중은 줄어들게 마련이다. 더 버는 돈은 보통 투자로 이어진다. 이를 경제 전체로 확대시키면 경제가 성장해 국민 소득 수준이 올라갈수록 소비의 비중은 줄어들 수밖에 없다.

하지만 이 같은 상황을 고려하더라도 한국 경제의 소비 부진은 감내할 수 있는 수준을 뛰어넘는다. 소비 증진을 위한 정책적 노력이 절실히 필요한 것이다.

이에 대해 현 정부는 '소득주도성장'으로 접근하고 있다. 소득이 많을수록 소비 성향이 떨어지는 현실을 감안해, 소득분배와 경제성장을 선순환시키는 정책이다. 예를 들어 50명의 극빈자와 50명의 부유층으로 구성된 경제라면, 이 경제의 소비 여력은 극히 떨어진다. 50명의 극빈자는 소비할 여유가 없고, 50명의 부유층은 평균 소비 성향이 떨어져 전체적으로 소비가 부진해지는 것이다. 이 같은 상황에서 50명의 부유층으로부터 50명의 극빈자로 부를 이전하면, 100명의 중산층이 탄생하면서 전체적으로 고루 소비하게 되고, 경제에서 소비가 차지하는 비중을 늘릴 수 있다. 그러면 경제 활력이 올라가고 경제성장도 촉진된다.

이를 위한 대표적인 정책이 최저임금 인상이었다. 부유층인 고용주의 부담으로 근로자가 받는 최저임금을 높여 소비 여력을 키우는 것이다. 다만 급진적인 재분배는 각종 부작용을 낳을 수 있다. 최저임금을 갑자기 너무 높이자 기업들의 고용 여력이 줄면서 고용 상황이 심각해지는 상황이 발생하는 것이다. 결국 소득주도성장을 성공시키기 위해서는 치밀한 접근이 필요하다.

TV보다 라면이 잘 팔리는 것이 더 좋다?
소비자전망지수

앞으로 소비가 좋아질지 여부는 어떻게 알 수 있을까? 가장 대표적인 지표가 소비자들이 스스로 평가한 소비전망이다. 소비전망은 설문조사를 통해 이루어진다. 설문조사에서 "앞으로 소비를 늘

리겠다"고 말한 사람이 "앞으로 소비를 줄이겠다"고 말한 사람보다
많으면 소비전망이 괜찮을 것으로 보고, 반대의 결과가 나오면 소비
전망이 나쁠 것으로 본다.

소비자심리지수가 5개월 연속 떨어졌다. 역대 최장 기간 하락이다. 미중 무역전쟁 조짐에
따른 수출 둔화 우려, 고용지표 부진 등 악재가 겹친 탓으로 풀이된다. 25일 한국은행이
발표한 '4월 소비자동향조사 결과'에 따르면 이달 소비자심리지수는 전월보다 1.0포인트
하락한 107.1을 기록했다. 이 지수는 지난해 11월 112.0을 기록한 이후 내리막을 걷고
있다. 특히 5개월 연속 하락은 관련 통계가 작성된 2008년 7월 이후 처음이다.

한국일보(2018. 4. 25.)

소비자전망지수 계산법

소비전망을 수치로 나타내기 위해서는 '소비를 늘리겠다는 사
람 수'에서 '소비를 줄이겠다는 사람 수'를 뺀 뒤 이를 전체 응답자
수로 나눈다. 그리고 여기에 100을 곱한 뒤 다시 100을 더해준다.
예를 들어 전체 응답자 수가 1천 명인데 소비를 늘리겠다는 사람
이 600명이고 소비를 줄이겠다는 사람이 400명이라면, 600에
서 400을 뺀 200을 1,000으로 나눈 0.2에 100을 곱하면 20이 나
온다. 여기에 100을 더하면 120이란 수치가 나온다.

소비를 늘리겠다는 사람 수와 줄이겠다는 사람 수가 정확히 일치
하면 소비자전망지수는 100이 된다. 소비를 긍정적으로 보는 사람
이 많으면 수치는 100을 넘어 커지게 되고, 부정적으로 보는 사람
이 많으면 100을 밑돌면서 작아지게 된다.

소비자전망지수의 세부적인 분석방식

'소비자전망지수(consumer expectation index)'는 세부적으로 분석해볼 수 있다. 대표적인 방식이 연령별 해석이다. 보통 40~50대의 조사 지수가 긍정적으로 나올수록 전망이 더 좋다고 볼 수 있다. 40~50대는 20~30대보다 소비 여력이 커서 소비 창출력이 좋기 때문이다. 또 하위층보다는 중산층 이상의 소비심리가 개선되는 것을 더 긍정적으로 볼 수 있다.

또 하나의 지표로 소비성장률과 경제성장률을 비교해보는 것도 좋다. 소비성장률이 경제성장률을 앞지르면 앞으로 경기 전망을 밝게 볼 수 있다. 소비 증대가 경제성장을 이끌고 있는 것으로 해석할 수 있다. 반대 현상이 벌어지면 소비보다는 수출 등 해외 경기가 경제성장을 주도하고 있다는 뜻이 된다. 장기적인 성장 여력 확보를 위해서는 소비 활성화가 무척 중요하다.

마지막으로 TV, 자동차 등 고가의 내구재보다는 의류, 식료품 등 수시로 구입하는 비내구재 소비 증가가 이루어지는 상황이 좋다. 비내구재는 내구재보다 단가는 낮지만 수량이 많고 관계인이 많아 전체 경기에 더 큰 영향을 준다. 특히 수시로 구입하는 특성상 반복 소비를 유발해 경기회복 기간을 길게 가져가는 데 유리하다. 또 생산, 유통 등 관계되는 종사 인구가 많고, 재래시장 등 밑바닥 경기와도 큰 관련이 있어 체감경기에 많은 영향을 준다.

반면에 내구재는 고용보다 거대 설비투자에 의존하는 대기업들이 생산하고 유통시킨다. 이에 내구재 소비 증가는 대기업 이익 증대에는 큰 영향을 미치지만 전체 경기회복에는 영향력이 상대적으로 작다. 또 단가가 높은 내구재 소비는 소득이나 가격 변화에 민감하게 움직인다. 소득 증가가 부진해지거나 제품가격이 오르면 언제든 쉽게 소비가 줄어든다.

반면 생필품 위주의 비내구재는 소득이나 가격 변화에 둔감하다. 한번 소비수준이 올라가면 쉽게 내리기 어렵다. 매일 고기를 먹던 사람이 갑자기 고기를 끊기 어려운 상황으로 생각하면 된다. 이에 비내구재 소비는 한번 증가하면 계속 유지되는 성향이 크다. 그만큼 경제 파급력이 크다고 할 수 있다. 그래서 전체 소비가 증가하는 상황에서 내구재 소비 증가 폭만 크고 비내구재 소비가 부진하다면, 소비 흐름을 결코 긍정적으로 평가할 수 없다.

일례로 2018년 4월의 경우 내구재 소비는 지속적인 증가세를 유지했지만, 비내구재 소비는 부진한 흐름이었다. 이 같은 소비 부진은 생산 부진으로 이어지면서 한 달 후인 광공업 생산지표가 부진

〈도표 3-2〉 소비자전망지수 추이

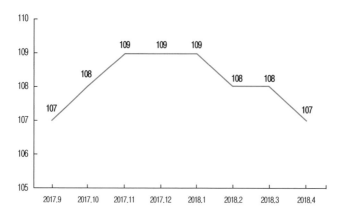

자료: 한국은행

하게 나타났다. 그러면서 체감경기도 악화되었다.

또 금융위기 기간 정부가 신차 구입 세제 혜택을 실시해 자동차 구입이 크게 늘었지만, 체감경기는 별로 나아지지 않았던 사례도 있다. 한 경제전문가는 "한번 구입하면 오래 쓰는 내구재는 소비 증가에 한계가 있다"며 "소비 증가세가 본격화되기 위해서는 비내구재 혹은 준내구재 소비 증가가 유도되어야 한다"고 말했다. 결국 경기 전체의 체감경기 향상을 위해서는 비내구재 소비가 증가하는 상황이 좋다.

불황이면 술과 담배의 소비는
왜 늘어나는 걸까?

경기가 불황이면 대부분의 품목에서 소비 감소가 발생하는데 유독 소비가 증가하는 품목이 있다. 술과 담배가 대표적이다. 그 이유는 무엇일까?

경기가 불황일 때 술, 담배 소비가 증가하는 것에 대해 주류경제학은 '열등재(inferior goods)'로 설명한다. 소득이 증가하면 소비가 늘고 소득이 감소하면 소비가 줄어드는 '정상재(normal goods)'와 달리, 열등재는 소득이 증가하면 소비가 줄고 소득이 감소하면 소비가 는다. 몸을 해치는 술, 담배를 열등재라 한다면 경기침체기에는 소비가 증가하게 마련이다.

단순 효용과 기회비용으로 설명하는 예도 있다. 경기가 불황임에도 불구하고 돈과 시간이라는 기회비용을 들여 술, 담배를 소비하는 것은 정신적 만족이라는 효용을 위해서라는 것이다.

하지만 이 같은 설명은 썩 와 닿지 않는다. 그래서 비주류 경제학의 설명에 관심이 간다. 자본주의가 위기를 겪을 때마다 서랍에서 튀어나오곤 하는 칼 마르크스(karl Heinrich Marx, 1818~1883)에 따르면 경기불황에는 언제나 '자포자기식' 폭식과 과음이 뒤따른다. 노동자들은 평소 노동에서 기쁨을 느끼지 못하고, 노동의 주체가 아닌 객체로 머물곤 한다. 결과물이 자기 것이 아니기 때문이다.

마르크스는 이를 '노동으로부터의 소외'라고 정의했는데, 이 같은 소외 의식은 경기불황기에 더욱 커진다. 경기가 좋을 때는 조금이라도 늘어나는 소득과 자산을 지켜보며 바쁜 일상에 빠질 수 있다. 하지만 경기가 좋지 못해 소득이 늘지 않고 심지어 줄게 되면, 평소 잠재의식으로만 느꼈던 노동의 스트레스가 강하게 표출된다. 이때 폭식과 과음은 이 같은 스트레스를 상쇄하기 위한 노력이라는 것이 마르크스의 설명이다.

요즘 같은 때 무척 공감이 가는 논리 전개다. 하지만 이 같은 행위는 결코 궁극적인 위로를 줄 수 없다. 마르크스 역시 자포자기식 폭식과 과음은 육체적 쾌락 이상의 심리적 부담을 준다고 했다. 그렇다고 이를 근본적으로 치유해준다고 주장하는 마르크스식 공산주의를 옹호하는 것은 아니다. 위기를 계기로 정신적 공황까지 치유할 수 있는 새로운 시장주의 출현을 기대해본다.

금리가 오르는데 투자가 증가한다?

투자 결정 요인, 야성적 충동

기업 중에는 현재 사업 구조하에서 버는 이익을 유지하는 정도로 만족하는 곳도 있겠지만, 대체로 지속적인 성장을 하고 싶어 한다. 그래서 투자가 필요하며, 기업 투자에는 여러 요인이 영향을 미친다.

노동생산성을 끌어올리는 가장 큰 원동력은 기술진보, 즉 혁신이다. 이는 새로운 설비와 기계를 투입하는 자본의 축적이기도 하다. 현 상황에서 정부는 기업이 혁신할 수 있는 환경 조성에 운명을 걸어야 한다. 영국 경제학자 존 메이너드 케인스는 "설비투자는 기업의 '야성적 충동'에 의해 이뤄진다"고 했다. 로알 아문센이 개썰매를 타고 남극으로 향한 것에 비유했다. 지금 우리나라 기업들은 야성적 아문센이 아니라 정부라는 썰매를 끄는 개 신세로 전락한 듯싶어 안타까울 따름이다.

아시아경제(2018. 4. 9.)

투자에 영향을 미치는 요소들

우선 투자를 통해 미래에 얼마나 큰 이익이 발생하는지가 중요하다. 이때 미래에 벌어들일 것으로 예상되는 수익을 '현재가치'로 산정하는 작업이 이루어진다. 예를 들어 물가가 고정된다면 10년 후 벌어들일 100만 원은 현재 100만 원과 같은 가치를 지니지만, 물가가 매년 10%씩 오르는 상황이라면 10년 후 100만 원은 현재 100만 원과 비교해 그 가치가 무척 보잘것없어진다. 그런 이유 때문에 물가 상승 추세를 감안해 앞으로 벌어들일 수익을 현재가치로 환산해봐야 한다. 그래야 정확한 판단을 할 수 있다.

특히 투자 기간이 길어질수록 이익의 크기는 물가에 더 큰 영향을 받게 된다. 이 경우 현재가치 환산 작업은 반드시 필요하다. 미래수익의 현재가치가 투자비용보다 커야 기업들은 투자를 결정하게 된다. 개인들이 재테크를 할 때도 미래에 벌어들일 수익을 현재가치로 환산해보면 좋다. 매년 물가 상승률을 3%로 잡을 때 n년 후 100만 원의 이자수익이 예상된다면, 100만 원을 1.03의 n제곱으로 나눠준다. 이런 과정이 번거롭다면 예상 투자수익률과 물가 상승률을 비교해, 투자수익률이 물가 상승률보다 낮다면 다른 투자 수단을 찾아보는 것이 좋다. 실질적으로 손해이기 때문이다.

당연히 이자율도 투자에 큰 영향을 미친다. 이자율이 낮을수록 차입 부담이 줄어 투자가 늘어난다. 현금을 많이 보유한 기업이라면 이자율이 떨어질수록 은행에 돈을 넣어두는 것보다 투자를 통해 미래 이익을 창출하는 것이 좋다는 판단을 하고 투자를 늘리게 된다. 투자는 소비와 경제성장에도 영향을 받는다. 생산물 수요가

〈도표 3-3〉 투자수익의 현재가치 계산 과정

$$
\begin{aligned}
1\text{년 후: } 100\text{만 원} \div 1.03 &= 97\text{만 원} \\
2\text{년 후: } 100\text{만 원} \div (1.03)^2 &= 94\text{만 원} \\
3\text{년 후: } 100\text{만 원} \div (1.03)^3 &= 91\text{만 7천 원} \\
4\text{년 후: } 100\text{만 원} \div (1.03)^4 &= 89\text{만 3천 원} \\
+\ 5\text{년 후: } 100\text{만 원} \div (1.03)^5 &= 86\text{만 9천 원}
\end{aligned}
$$

458만 9천 원

• 5년 동안 연간 100만 원의 수익이 발생하고, 물가 상승률은 3%라고 가정함
• 투자금액이 458만 9천 원 미만이면 투자가치가 있음(설비 재활용이 안 된다고 가정함)

늘어 추가로 기계 구입이 필요하거나, 지속적으로 경제가 성장해 수요가 늘 것으로 예상되면 기업은 투자를 늘린다.

이 밖에 주가 상승도 영향을 미친다. 주가가 지속적으로 상승해 시가총액이 기업의 자산가치를 넘어섰다고 하자. 그만큼 시장이 이 기업을 호의적으로 평가하는 상황이란 뜻이다. 이 같은 상황이라면 기업은 투자를 늘려 자산가치를 더욱 늘리는 것이 좋다. 투자액 이상으로 시가총액을 키울 수 있기 때문이다. 경영자는 당연히 시가총액을 늘리고 싶어 하므로 투자를 늘리게 된다.

야성적 충동과 투자

물론 이런 요인만으로 기업 투자를 설명하는 데는 한계가 있다. 사업 전망이 불투명한 영역에 과감하게 뛰어드는 기업들이 많기 때문이다. 이에 대해 경제학자 케인스(John Maynard Keynes, 1883~1946)는 '야성적 충동(animal spirits)'을 언급했다. 비합리적으로 보이는 사업가의 직관과 추진력이 대규모 투자를 낳는다는 것이다. 이러한 야성적 충동의 영향이 크면 이자율의 영향력은 떨어진다. 이자율이 올라 투자비용이 늘어나는 상황이더라도 앞으로의 전망을 밝게 보고 과감한 결단에 의해 투자를 늘릴 수 있는 것이다.

금리가 투자에 끼치는 영향은 한국은행의 '통화정책이 신용경로를 통해 설비투자에 미치는 영향' 보고서에도 드러난다. 한국은행은 736개 제조업체의 9년간 투자 상황을 분석했다. 그 결과 부채비율이 높은 기업만 투자가 금리 움직임의 영향을 받는 것으로 나타났다. 즉 부채비율이 높아 평소 이자 부담이 큰 기업만 금리에 따라 투자를 변화시킨 것이다. 금리가 내려가면 비용 부담이 줄었으니 투자를 늘리고, 금리가 오르면 비용 부담이 늘었으니 투자를 줄인다.

하지만 부채비율이 낮은 기업은 투자가 금리 움직임에 큰 영향을 받지 않았다. 평소 빚이 없어 이자 부담이 적은 기업이라면 금리가 올라도 특별히 부담될 것이 없어 평소 했던 투자를 유지할 수 있기 때문이다. 또 금리가 내려가도 부담이 많이 줄어드는 것이 아니니 특별히 투자를 늘릴 유인을 느끼지 못한다. 이 경우에는 기업가의 미래에 대한 판단이 더 큰 영향을 미친다. 특히 금융위기 이후 최근 들어서는 많은 기업들이 성장보다 안정성 확보에 치중하면서 금리가 내려가도 크게 투자를 늘리지 않는 성향을 보인다. 즉 금리가 투자에 미치는 영향은 갈수록 떨어지고 있는 상황이다.

이러한 논리는 경기침체 시 정부 개입에 정당성을 부여한다. 정부가 돈을 빌린 뒤 지출을 늘려 경기를 살리는 과정에서, 시장이자율이 다소 오르더라도 경기가 좋아지면 기업가들이 미래에 대해 확신을 갖게 되어 투자가 증가할 수 있기 때문이다.

최근 한국 경제는 기업가의 야성적 충동이 실종되어 투자가 부진하다는 분석이 많다. 또 외환위기 이후 경기 주기가 짧아지면서 호황과 불황이 짧게 반복되는 상황에도 영향을 받는다. 경기호황이 오래 유지되면 자신 있게 투자할 수 있지만, 경기호황이 짧으면 곧 불황이 닥칠지 모른다는 우려 때문에 자신 있게 투자하기 어렵다.

또 고임금 등으로 인해 외국 투자를 더 선호하는 현상도 국내 투자 부진을 부채질하고 있다. 만성적인 투자 부진을 해소하려면 정부가 좀 더 투자에 유리한 환경을 조성해야 한다는 견해가 많다.

한국 기업의 성장성은
왜 미국 기업보다 부진할까?

최근 들어 신문에 자주 오르내리는 걱정 중 하나가 기업의 투자 부진이다. 국내 기업들의 투자 부진은 어느 정도일까?

한국은행이 내놓은 '한·미·일 기업경영성과분석'에 따르면 현재 한국 기업들의 자기자본 대비 평균 부채비율은 116%로 미국(150%), 일본(145.9%)보다 훨씬 낮은 상태다. 1990년대 한국 기업들의 부채비율은 300%대에 이르렀지만 외환위기 이후 부채 상환에 주력하면서 100%대 초반에 진입했다.

기업들의 재무구조가 개선되면서 매출액 대비 영업이익률도 큰 폭으로 개선되었다. 한국 기업들의 2005년 평균 영업이익률은 6.1%로 미국(6.5%)보다 다소 낮았지만 일본(4.5%)보다는 높았다. 특히 2002년 이후 2005년까지 한국 기업들의 평균 영업이익률은 6.8%로 미국(6%)을 상회했다. 이에 대해 한국은행은 "기업들이 재무구조 개선을 추진하면서 이자비용 등 금융비용이 대폭 줄었기 때문"으로 분석했다. 비용이 덜 들어가면 이익이 늘어나는 것은 당연하다.

그런데 재무구조 개선은 투자 부진이란 부작용을 낳았다. 한국은행은 "1980년대 한국 기업들은 연평균 18.1%에 달하는 유형자산 증가율을 기록했고, 1990년대에도 15.6%를 유지했다"며 "하지만 외환위기 이후 보수적 경영형태가 확산되면서 수치가 6.2%로 떨어졌다"고 설명했다.

이에 따라 기업들의 성장성도 크게 낮아졌다. 재무구조 개선에 치중하면서 투자에 소홀해진 결과다. 1980년대에는 한국 기업들의 매출액 증가율이 미국과 일본 기업들을 훨씬 앞질렀다. 하지만 2000년대 이후 투자 부진이 이어지면서, 2005년 한국 기업들의 매출액 증가율은 5.1%에 머물렀다. 미국 기업들의 평균 매출액 증가율(10.9%)에 훨씬 못 미치는 수준이다.

여기에는 원화가치 상승(환율 하락)도 일정 역할을 했다. 외환위기 이후 지속적으로 수출이 늘었지만 원화가치가 상승해 원화로 환산한 수출금액이 줄면서 매출액 상승이 기대에 못 미친 것이다.

물론 부채비율 완화 노력이 글로벌 금융위기 기간에는 기업들의 생존에 크게 기여했다. 평소 부채 비중을 꾸준히 줄여놓아 금호, 두산 등 일부를 제외한 대부분의 대기업이 외환위기 때와 달리 금융위기 때는 흔들리지 않은 것이다.

하지만 투자 부진이 계속되면 고용 부진 장기화 등 더 근본적인 문제가 발생할 수 있다. 또 한국 경제의 성장률 하방경직성 위험도 커질 수 있다는 것이 경제전문가들의 지적이다.

CHAPTER
4

국가재정,
그 핵심을 명쾌히 파헤친다

한국 경제는 시장경제를 근간으로 한다. 가계, 기업 등 민간의 역할이 중요하다. 그런데 시장경제는 그 자체로 결함이 많아 정부의 개입과 조정이 필요하다. 정부의 힘은 든든한 재정에서 나온다. 세금을 거두고 다른 수입을 올려 곳간을 든든하게 채워놓아야 조정자 역할을 할 수 있다. 그런데 재정 상태는 갈수록 악화되고 있다. 챕터 4에서는 정부 재정이 어떤 상태인지 살펴보고, 지방 재정 문제와 정부 팽창과 관련한 이론도 살펴본다.

MB 정부의 소득세율 인하는 조삼모사?

세금, 예산

정부는 어떻게 돈을 거둬 활동하는 것일까? 정부의 예산 운영에 대해 알아보자. 정부 예산 운영은 크게 일반회계, 특별회계, 기금의 3가지로 나눠볼 수 있다.

이명박 정부 첫해 세제 개편의 첫머리는 소득세 인하가 장식했다. 정부는 "부유층, 대기업만을 위한 감세"라는 비난을 의식해서인지 '모든 과표 구간에서 2%포인트'라는 파격적인 인하를 단행했다. 중·저소득층 세 부담을 줄이고, 감세로 소비도 끌어올리겠다는 일석이조의 노림수다. 정부는 특히 1인 가구보다 다자녀가구에 감세 효과가 더 돌아가도록 했다.

매일경제(2008. 9. 1.)

정부의 주된 수입원, 국세

일반회계는 일반적인 의미의 정부 예산활동을 의미한다. 예산은 전년도에 미리 계획을 짜며 얼마를 거둬 얼마를 쓸지 결정한다. 정부가 계획을 짜면 국회가 이를 조정해 확정한다. 간혹 여야 대립으로 12월까지 결정되지 않고 당해로 넘어올 때가 있는데, 이때는 전년도 예산을 기준으로 일단 지출을 하다가(이를 준예산이라 한다), 여야가 합의해 새해 예산을 확정하면 새 계획대로 당해에 운영한다.

이후 운영 과정에서 예산이 부족할 경우 '추가경정예산(supplementary budget)'을 통해 추가로 예산을 편성하기도 한다. 이 경우 갑자기 세금을 거둘 수 없으니 '국고채(government bond)'를 발행해 자금을 모집한다. 최근 추가경정예산은 거의 일상화되어버려 매년 편성되고 있다. 정부가 제대로 계획을 못 세운 탓도 있지만, 정부활동이 지나치게 확대되면서 벌어지는 일이다.

일반회계에서 정부의 주된 수익원은 국세 수입이다. 이 외에 다른 정부 수입은 과징금 부과, 각종 문서 발급 등을 통해 거둔 수입으로 구성되는데 비중이 크지 않다. 국세는 쉽게 말해 국민이 내는 세금이며, 크게 3가지로 나뉜다. 내국세, 관세, 목적세가 그것이다.

내국세는 다시 직접세와 간접세로 나뉜다. 직접세는 말 그대로 세금을 내야 할 사람에게 직접 받는 세금을 말한다. 소득에 부과되는 소득세, 법인 이익에 부과되는 법인세 등이 대표적이다. 간접세는 누군가 대신 내주는 세금을 의미한다. 부가가치세, 특별소비세, 주세 등이 대표적이다.

목적세는 특정한 목적을 위해 각종 경제활동에 부과되는 세금을 의미한다. 대표적인 목적세로 교육세, 농어촌세 등이 있다. 목적세로 거둔 수입은 반드시 해당 목적을 위해서만 써야 한다. 이 밖에 관세는 수입품에 부과되는 세금으로 수입업자가 국가에 내는 것이다.

부가가치세의 한계

간접세의 대표주자인 부가가치세를 좀 더 들여다보면, 판매가격에서 원가를 제한 부가가치에 부과되는 세금이란 뜻을 담고 있다.

일일이 부가가치를 산정해 제품마다 별도로 세금을 매겨야 하나, 그 과정이 어려워 제품가격의 10%로 통일되어 있다. 원래는 소비자가 국가에 내야 하는 세금이지만 이는 무척 번거로워 판매자가 가격에 세금을 붙여 판매한 뒤 사후 정산해 한꺼번에 국가에 내게 된다. 이에 소비자가 실질적으로 부담하지만, 형식적으로 판매자가 냄으로써 소비자가 판매자를 통해 간접적으로 세금을 내는 효과가 있다.

부가가치세는 태생적으로 탈세가 빈번히 발생한다는 한계가 있다. 판매자가 제품판매량을 속여 국가에 부가가치세를 덜 내는 식이다. 그러면 판매자는 부가가치세를 포함한 가격을 받고도, 국가에 세금을 제대로 내지 않은 채 중간에 가로채는 결과를 내게 된다.

일부 영세 판매자도 불만이다. 이들은 대부분 부가가치세를 소비자를 대신해 내는 것이 아니라, 스스로 부담해 내는 것으로 인식한다. 그래서 소비자가격에 부가가치세를 붙이지 못한 채 실제 이윤에서 세금을 내는 경우도 많다.

이처럼 부가가치세는 운영 과정이나 이해도 측면에서 문제가 많다. 그럼에도 정부는 부가가치세에 크게 의존하고 있다. 특히 외국과 비교하면 전체 세수에서 부가가치세가 차지하는 비중이 비정상적으로 높다. 부가가치세에 의존하는 것은 결국 징세의 편의성 때문인데, 물건값에 붙여서 간편하게 거둘 수 있는 것이다.

정부는 자주 부가가치세 등 간접세를 활용해 '조삼모사(朝三暮四)' 식 세제 정책을 편다. 경기침체 시 소득세율이나 법인세율을 내려주면서, 그 이상으로 간접세를 더 징수하는 식이다. 이렇게 하면 경제주체들은 세 부담이 줄면서 실질소득이 늘었다고 착각하면서, 소비

활동 과정에서 더 많은 세금을 내게 된다.

2009년 금융위기 해결 과정에서 소득세율을 내리면서 대형 TV 등에는 별도의 소비세를 부과한 사례가 있다. 이 같은 정책은 경제 활동을 교란시킬 수 있다. 가격 체계를 흔들기 때문이다. 또 간접세 위주의 조세 체계는 조세 행정을 복잡하게 한다.

조세 공평성의 고민

간접세인 부가가치세는 공평한 분배를 해친다는 점에서도 문제가 많다. 소득세 등 직접세는 누진세율 체계를 통해 많이 버는 사람에게 더 많은 세금을 내게 하는 체계가 가능하다. 하지만 간접세는 소득에 상관없이 해당 물건을 구입하는 사람에게 같은 세금을 부과한다. 고소득층이건 저소득층이건 라면을 구입할 때 같은 부가가치세를 내는 것이다. 이 때문에 소득수준이 낮을수록 실질 부담이 더 커지는 문제가 발생한다.

정부는 이 문제를 해결하기 위해 저소득층이 주로 구매하는 생필품에는 부가가치세를 면제하고, 부유층이 주로 구입하는 고가의 물건에는 별도의 특별소비세를 따로 부과하는 등의 노력을 한다. 그럼에도 근본적으로 문제가 해결되지는 않는다. 이에 따라 재분배를 위해 간접세 비중을 줄이고, 직접세 비중을 높여야 한다는 지적이 계속 나오고 있다.

법인세와 소득세를 두고서는 돈이 많은 기업의 법인세 부담을 늘리고, 가계가 내는 소득세 부담을 줄이는 것이 좋지 않느냐는 시각이 있다. 하지만 법인세를 늘리면 기업 이윤이 줄면서 결과적으로

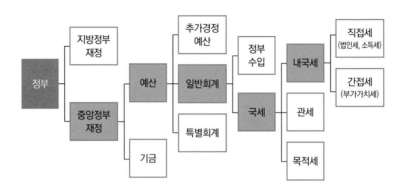

노동자에게 돌아가는 부분이 줄어들 수 있고, 기업 성장에 차질이 생기면서 경기가 악화되어 모두가 피해를 볼 수 있다. 법인세 자체는 기업이 내지만, 그 부담은 전체 경제주체가 나눠지는 것이나 마찬가지라 법인세 인상은 가계에 부담이 될 가능성이 있는 것이다. 이러한 현상을 '조세의 실질 귀착 문제'라 한다.

결국 법인세를 늘리고 소득세를 줄이는 것을 마냥 반길 일이 아니다. 특히 소득세율을 내리면 고소득층이 상대적으로 더 큰 이득을 보면서 소득 불평등도가 심화될 수 있다.

특별회계와 기금의 한계

특별회계는 세입과 세출을 묶어서 관리하는 것을 의미한다. 예를 들어 양곡관리 사업은 별도로 세금을 거둔 뒤 이 목적으로만 지출한다.

목적세와의 차이는 지출에서 나온다. 예를 들어 교육예산은 목적세인 교육세로만 충당되지 않고, 일반 예산에서도 돈을 끌어와 지출한다. 하지만 특별회계는 특정한 목적을 위해 특별히 세금을 거둔 뒤 그 금액 내에서만 지출한다. 양곡 관리 사업은 다른 세금을 끌어다 쓸 수 없다. 특별회계는 목적별로 종류가 많다. 농어촌구조개선 특별회계 등 18개나 된다.

기금은 말 그대로 별도의 적립금을 운영하는 것을 의미한다. 이를 위해 매년 기금으로 투입되는 예산이 편성되며, 관련 지출은 여기서 충당된다. 특별회계와의 차이는 적립금이 있는지 여부에서 나온다. 특별회계는 매년 거둔 돈을 그 해에 모두 다 쓰지만, 기금은 영속적으로 유지되는 적립금이 있다. 적립금 운영이 잘되어 이익이 발생하면 편입 예산이 줄고, 운영이 잘되지 않을 경우에는 더 많은 예산이 투입된다.

목적세, 특별회계, 기금 역시 부가가치세처럼 비판이 많다. 정부의 활동을 복잡하게 만들기 때문이다. 예를 들어 골프장 그린피(greenfee) 등에 목적세인 교육세와 농어촌세가 붙는데 이러한 형태보다는 교육세와 농어촌세를 없애고, 일반소득세를 더 거둬 교육이나 농어촌 사업에 써야 한다는 주장이 나오고 있다.

이렇게 하면 소득세 부담은 늘겠지만, 여러 곳에 널려 있는 목적세 부담이 줄면서 경제활동에 끼치는 악영향이 최소화되고, 조세체계를 간편화할 수 있다. 목적세를 거둬 지출하던 분야에는 일반 예산을 지원하면 된다.

정부 예산 300조 원, 갈수록 허리 휘는 국민들
예산 크기, 합리적 무지, 조세부담률

정부는 일반회계, 특별회계, 기금으로 들어온 수입을 기반으로 예산을 편성한 뒤 정부활동을 실시한다. 예산은 인건비, 물품 구입비, 방위비, 교육비, 경제개발비, 복지비 등으로 쓰인다.

주로 민간에서 자체적으로 하지 못해 정부가 하는 것이 낫다고 판단해 이루어지는 정책에 사용된다. 하지만 정부활동이 너무 커지면 민간 영역을 침범할 수 있고, 비효율로 인해 예상보다 효과가 떨어질 수 있다.

총액 428조 8,000억 원으로 편성된 새해 예산안이 법정처리 시한을 사흘 넘긴 5일 저녁 확정됐다. 수정안으로 국회 본회의를 통과하면 내년 예산으로 확정된다.

2018년 예산안은 지난 4일 여야 3당 원내대표들의 잠정 합의로 주요 쟁점이 해소되면서 예산결산특위의 계수조정과 정부의 세부 수정을 거쳐 최종 도출됐다. 수정 예산안은 이날 오후 9시에 속개 예정된 본회의에서 처리될 전망이다.

머니투데이(2017. 12. 5.)

갈수록 커지는 정부 예산

우리나라 예산 크기는 얼마나 될까? 2018년을 기준으로 428조 8천억 원에 달한다. 이처럼 규모가 크다 보니 세 수입으로 충당되지 않을 수밖에 없다. 2018년 국세 수입은 268조 2천억 원으로, 부족한 부분은 다른 정부 수입과 빚으로 해결했다.

예산 428조 8천억 원은 우리나라 GDP 대비 25% 정도 되는 막대한 금액이다. 외환위기 직전인 1996년만 해도 중앙정부지출이 GDP에서 차지하는 비중은 18.6%로 적은 편이었다. 그런데 시간이 지날수록 그 비중이 커지고 있다. 외국과 비교하면 여전히 낮은 수준이라 할 수 있지만, 증가 속도가 매우 빨라 곧 따라잡을 전망이다.

복지와 일자리 등의 분야에서 예산 확대가 불가피하다면, 줄어드는 분야도 있어야 한다. 각종 예산 낭비 사례를 찾아 없애는 것이다. 국민이 정부를 꾸준히 감시하고 비판해야 하는데, 그러기 위해서는 관련 정보를 습득하고 정부에 지속적인 압력을 넣어야 한다.

하지만 이는 무척 번거로운 일이다. 생업도 바쁜데 이런 것까지 신경을 쓸 겨를이 없는 것이다. 설령 관심을 쏟아 원하는 바를 이루었다 하더라도 개인에게 돌아오는 부분은 무척 작다. 어떤 예산 낭비를 지적해 문제를 해결했다 하더라도, 이로 인해 개인의 세 부담이 줄어들 가능성은 극히 희박하다. 그래서 대부분의 국민은 이런 노력을 하느니 개인활동에 치중하는 것이 낫다고 생각한다.

반대로 꼭 필요한 분야인데도 국민이 제대로 요구하지 않아 공공서비스가 과소 공급되는 일이 벌어지기도 한다. 적극적으로 시정을 요구하는 경우도 있지만 이때는 개인에게 그에 상응하는 이득이 있을 경우이며, 그렇지 않으면 보통은 특별한 요구를 하지 않는다.

이처럼 뭔가 문제가 있다는 사실을 알고 있지만, 들인 노력 대비 효과가 떨어져 묵인하고 넘어가는 상황을 '합리적 무지'라고 한다. 합리적 무지가 만연하면 비효율을 해결하기가 어려워진다.

소득 증가율을 앞지르는 조세부담률

정부 예산이 커지면서 국민 부담도 자연스레 증가하고 있다. 국채를 발행해 빚을 끌어다 쓰는 데 한계가 있어 세금을 더 거두는 것이다. 이 같은 상황을 잘 알려주는 지표가 '조세부담률'이다. 조세부담률이란 GDP 대비 조세납부액을 뜻한다. 단순 수치로 본 한국의 국민 조세부담률은 2015년 기준 18.5%로, OECD 회원국 중 일본, 멕시코 등과 함께 가장 낮은 수준이다. 스웨덴(33.6%), 덴마크(49.5%) 등 다른 OECD 국가와 비교해도 크게 낮은 수준이다. OECD 평균은 25.1%다.

하지만 내는 세금과 비교해 받고 있는 혜택을 감안하면, 한국의 조세부담률이 결코 낮다고 할 수 없다. OECD 다른 국가들은 복지 혜택이 매우 많은 편이다. 반면 한국은 국방비 등 경직성 비용 지출 부담이 커서, 거둔 세금 가운데 실제 국민이 받는 혜택은 많지 않다.

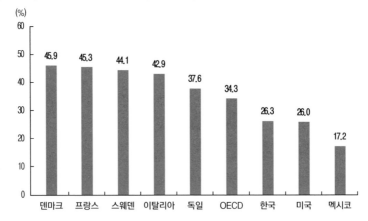

〈도표 4-2〉 OECD 주요국 국민부담률(2016년 기준)

자료: OECD

그래서 혜택 대비 부담으로 보면, 한국인의 조세부담률은 결코 낮은 수준이라 할 수 없다.

특히 '국민부담률'로 보면 부담은 더 커진다. 국민부담률은 세금 외에 사회보장기여금(국민연금보험료·건강보험료·고용보험료 등)까지 더해서 GDP와 비교한 것이다. 한국의 국민부담률은 26.3%로 조세부담률(18.5%) 대비 수직 상승하는데, 국민부담률은 지속적으로 크게 오르는 상황이다.

물론 조세가 꼭 역기능만 있는 것은 아니다. 경기변동 크기를 완충하는 '경기 안정화 장치(built-in stabilizer)' 기능을 하기도 한다. 누진세율 구조하에서 소득이 증가하면 예전보다 높은 세율이 적용되어 더 많은 세금이 정부로 흡수되면서 경기 과열을 진정시키고, 소득이 감소하면 예전보다 낮은 세율이 적용되면서 더 적은 세금이 흡수되어 경기긴축을 완화시키는 것이다.

예를 들어 GDP가 100조 원일 때 10%의 세율(세금 10조 원)이 적용되고, 200조 원일 때 20%의 세율(세금 40조 원)이 적용된다고 하자. GDP가 100조 원에서 200조 원으로 늘면 세전 성장률은 100% 지만, 세후 성장률은 90조 원(100조 원-10조 원)에서 160조 원(200조 원-40조 원)으로 77%를 기록한다. 이렇게 되면 경기과열을 막을 수 있다. 반대로 GDP가 200조 원에서 100조 원으로 줄면 세전 성장률은 -50%지만, 세후 성장률은 -43%로 다소 완화되는 효과가 있다.

한국 국가채무는 407조 원? 1천조 원?

재정적자, 국가채무

경제전문가들에게 앞으로 한국 경제의 위험 요인을 꼽아달라고 질문하면 반드시 나오는 대답 중 하나가 '재정적자'다. 예산이 갈수록 커지면서 생기는 문제다. 그러나 정부는 큰 문제가 되지 않을 것이라고 이야기한다. 과연 그럴까?

중앙정부의 국가채무는 지난해 11월 말 현재 634조 2,000억 원으로 전년 말(591조 9,000억 원)에 비해 무려 42조 3,000억 원 늘어난 상태다. 매 분기 말에 국채 상환이 이뤄지는 점을 감안할 때 지난해 12월에도 일부 국채 상환이 이뤄져 국가채무가 다소 줄어들 수는 있지만, 40조 원 안팎의 증가세를 지속했을 것으로 보인다. 지난해 추경 편성 당시 예측했던 국가채무는 633조 5,000억 원이었다.

헤럴드경제(2018. 2. 13.)

공식 국가채무만 407조 원

재정적자(관리대상수지)는 1년간 재정지출에서 재정수입을 뺀 것을 의미한다. 한국의 재정상황을 보면 2015년 -38조 원, 2016년 -22.7조 원, 2017년 -18.5조 원 등으로 꾸준히 적자를 기록하고 있다. 재정적자가 발생하는 이유는 세 수입만으로 정부활동을 충당할 수 없기 때문이다. 그래서 정부는 누군가로부터 빚을 내게 되고, 이 과정에서 적자가 발생한다.

정부는 크게 2가지 형태로 빚을 낸다. 첫째, 채권발행이다. 이자율과 만기가 정해져 있는 채권을 발행해 돈을 빌리는 것이다. 만기가 되면 약속한 원리금을 갚으면 된다. 국가가 발행하는 채권은 목적에 따라 국고채(예산 부족분이나 위기 극복 재원 마련), 외국환평형기금채권(외환시장 안정), 지방채(지방정부 발행) 등으로 불린다. 둘째, 한국은행이나 시중은행으로부터 차입하는 방식이 있다. 기업이나 가계가 빚을 내는 방식과 비슷하다.

이 같은 형태로 빚을 내는 일이 늘면, 재정적자가 지속적으로 발생하면서 결국 국가채무가 누적된다. 재정적자가 1년 사이 증가한 국가 빚을 말한다면, 국가채무는 재정적자를 누적한 총 빚의 크기를 뜻한다.

국가채무를 줄이기 위해서는 재정흑자를 내서 기존 빚을 상환해야 한다. 그런데 이는 무척 어렵다. 세수가 더디게 증가하는 상황에서 재정지출 수요는 꾸준히 증가하기 때문이다. 또 한 번 재정적자가 발생하면 기존에 발행한 채권 이자를 갚기 위해 다시 빚을 내는 일이 빈번해지면서 적자가 계속 커지기 마련이다. 결국 재정적자는 한번 발생하면 지속적으로 이어질 수밖에 없고 국가채무로 계속 누적된다.

정부가 국제기준에 맞춰서 발표하는 국가채무는 2018년 기준 708조 900억 원이다. 2018년 GDP와 비교하면 39.6% 수준이다. 이때 채무는 중앙정부와 지방자치단체가 직접적인 상환 의무를 부담하는 채무를 의미한다. 국고채, 외국환평형기금채권, 지방채 등을 발행해 빌린 돈이 대부분을 차지하고, 금융기관으로부터 직접 차입한 채무도 여기에 포함된다.

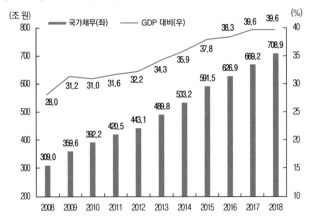

자료: 기획재정부

한국은 원래 국가채무 우등생이었다. 2002년만 해도 133조 6천억 원으로 GDP의 18.5% 수준에 불과했다. 하지만 이후 효율적인 관리에 실패하면서 문제가 심각해지고 있다. 글로벌 금융위기의 영향이 컸다. 2009년 당초 24조 8천억 원의 적자가 예상되었으나, 경기회복을 위한 재정지출을 늘리면서 실제 43조 원의 적자를 봤고, 349조 7천억 원을 기록할 것으로 예상했던 국가채무는 366조 원에 이르렀다. 1년 후인 2010년에는 국가채무 392조 원으로 GDP의 31% 수준에 이르렀다. 2002년과 비교하면 채무 규모는 3배 이상으로, GDP 대비 비중은 2배 가까이로 높아졌다. 이후 계속 빚이 비슷한 속도로 누적되면서 2018년엔 700조 원을 넘어섰다.

앞으로의 상황은 더 우려스럽다. 고령화로 인해 연금이나 의료복지비 지출이 증가하는 등 실질 재정지출이 지속적으로 늘어날 전망이기 때문이다. 또 시간이 지남에 따라 국민의 재정수요는 더 커질

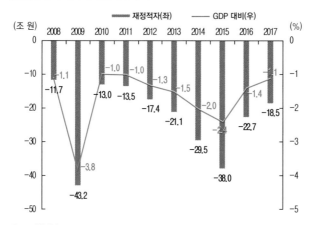

〈도표 4-4〉 우리나라 재정적자 추이

자료: 기획재정부

것으로 보인다. 각종 복지·교육 지출이 계속 증가하는 것이다. 반면 저출산과 잠재성장률 하락으로 재정수입 전망은 밝지 않다. 결국 돈을 버는 사람은 줄어드는데, 쓰는 사람만 증가하면서 빚이 계속 증가할 것이란 게 전문가들의 경고다. 이에 따라 2050년경에는 국가채무 규모가 GDP의 50%를 훌쩍 넘어설 것으로 보인다. 2011년 심각한 재정위기를 겪은 스페인과 비슷한 수준이다.

그나마 '통합재정수지'는 흑자를 기록하고 있다는 것이 위안거리다. 이는 일반적 의미의 재정에 국민연금, 사학연금, 고용보험기금, 산업재해보상 및 예방기금 등 사회보장성기금을 포함한 계산이다. 국민연금의 경우 아직 나가는 돈보다 들어오는 돈이 훨씬 많아 대규모 흑자를 기록 중이다. 이 흑자가 포함되어 통합재정수지는 흑자를 기록하고 있다. 통합재정수지는 2017년 기준 24조 원의 흑자를 기록했다. GDP의 1.4%에 해당하는 규모다.

하지만 통합재정수지는 큰 의미가 없다. 국민연금은 곧 들어오는 돈보다 나가는 돈이 늘면서 적자를 내는 것은 시간 문제이기 때문이다. 또 심각한 경기불황이 발생하면 통합재정수지도 적자를 기록할 수 있다. 2009년의 경우 17조 6천억 원의 적자를 냈다.

숨겨진 빚까지 합하면 1천조 원이 넘는다?

정부는 우리나라 재정적자 및 국가채무 문제가 그리 심각하지 않다고 주장한다. 외국과 비교하면 상황이 낫다는 것이다. 주요 20개국(G20)의 GDP 대비 국가채무 비중 평균은 75.1%로 한국보다 훨씬 높다. 재정위기를 겪고 있는 그리스(113%), 이탈리아(115%), 포르투갈(77%) 등의 수치는 더 심각하고, 오랜 불황을 재정지출로 타개해온 일본은 무려 200%가 넘는다. 중앙정부부채만 기준으로 하더라도 한국은 GDP 대비 29.1%로 OECD 국가 전체 평균 47.2%보다 18%포인트가량 낮다.

이를 근거로 정부는 한국의 국가채무 상황이 건전하다고 이야기한다. 실제로 글로벌 금융위기 극복 과정에서 한국은 다른 나라와 비교했을 때 국가채무 상황에 여유가 있어, 보다 많은 빚을 냈고 이 돈으로 경기를 진작시킬 수 있었다. 하지만 이는 겉으로 드러나는 현상에 불과하다는 것이 전문가들의 지적이다. 국가 통계에 잡히지 않는 숨겨진 빚 때문이다. 숨겨진 빚 가운데 대표적인 것이 공기업 부채다. 공기업 부채는 형식상 공기업의 부담일 뿐 국가가 진 빚이나 마찬가지다. 공기업이 망하면 국가 부담으로 돌아오기 때문이다.

정부는 통계상 국가채무가 급증하는 것을 막기 위해 공공기관을 통해 자금을 조달하는 경우가 많다. 원래는 국가가 빚을 내서 해야 하는 공공사업을 공공기관에 맡기면서, 공공기관이 채권을 발행해 재원을 조달하도록 하는 것이다. 공공기관의 부채는 2015년 기준 520조 원에 이른다.

또 국민주택기금, 예금보험공사 등 공적금융기관들도 채권을 발행해 자기 사업을 벌이는데, 이들의 채무도 사실상 국가 부담이다. 예를 들어 국민주택기금은 생애 첫 주택대출 등 대출 사업을 벌이기 위해 채권을 발행해 돈을 모으는데, 이를 기금이 갚지 못하면 결국 국가가 갚아야 한다. 정부가 직접 빌리지 않았더라도, 정부가 지급을 보증하는 채무도 넓은 의미의 국가채무에 포함된다. 예금보험공사(이하 예보)가 금융기관 구조조정 용도로 발행한 '예보채'가 대표적인 경우다. 예보가 갚지 못하면 결국 정부가 갚아야 한다.

이 같은 숨겨진 빚과 공식 채무를 합한 국가채무가 적게는 1천조 원, 많게는 2천조 원에 이를 것이라고 전문가들은 경고한다. 우리나라 GDP를 훌쩍 넘는 수준이다. 미국 재무장관을 지낸 루비니(Nouriel Roubini, 1959~)는 "한국은 겉으로 나타나는 재정적자 수준이 낮지만, 정부가 민간 기업과 은행을 위해 암묵적인 보증을 하는 부분이 많아 실질 채무 부담이 높다"고 지적한 바 있다.

물론 빚만 강조할 필요는 없다. 공기업의 경우 부채 외에 자산도 갖고 있다. 최악의 상황을 가정하더라도 부채의 상당수는 자산을 팔아 갚을 수 있다. 여기에 다른 국가채무 역시 모두가 국민 부담으로 돌아오는 것은 아니다. 2009년을 기준으로 조세 등 국민 부담으로 상환해야 할 적자성 채무는 전체 40.8%였고, 담보자산이 있는 채무 비중이 59.2%로 더 많았다. 그러나 이런 상황이 숨겨진 빚을 정당화하지는 못하므로 긴장감을 갖고 꾸준히 관리해야 한다.

악순환의 출발점, 국가채무
모라토리엄, 쌍둥이적자

채권을 계속 찍어 국가채무를 유지하면 되지 않느냐고 생각할 수도 있다. 다른 빚으로 기존 빚을 상환하는 것이다. 그러나 여기에는 한계가 있다. 채권발행 물량이 계속 늘면 이자율이 급등하기 때문이다. 채권을 사줄 수 있는 사람은 한정되어 있는데, 너도나도 채권 발행에 나섰다고 하자. 이런 상황에서 내 채권이 바로 팔리게 하려면 남보다 많은 이자를 주는 수밖에 없다. 결국 채권발행 물량 증가는 이자율 급등으로 이어진다. 이렇게 되면 국가가 이자 부담을 감당하지 못하는 것은 물론 애꿎은 기업들이 피해를 입을 수 있다.

크리스티나 페르난데스 아르헨티나 대통령이 "모라토리엄 위기를 벗어나기 위한 외채상환기금 조성의 필요성을 주장했다"고, EFE 통신이 11일 보도했다. 페르난데스 대통령은 이날 수도 부에노스 아이레스 소재 방코 데 라 나시온 은행에서 열린 행사에서 "아르헨티나는 지난 2001년과 같은 모라토리엄 위기에서 하루빨리 벗어나야 한다"면서 보유 외환을 이용해 외채상환기금을 조성해야 한다는 점을 강조했다.

연합뉴스(2010. 1. 12.)

위기를 부르는 국가채무의 증가

국채 이자율이 오르는데 회사채 이자율만 제자리를 유지할 수는 없다. 시장에서 회사채만 외면을 받기 때문이다. 이를 막기 위해서는 국채 이자율이 오르는 만큼 회사채 이자율도 오를 수밖에 없다. 이는 기업 입장에서 막대한 이자 부담으로 연결되고, 결국 투자도 위축될 수밖에 없다. 이는 바꿔 말하면 민간활동에 쓰여야 할 자금이 정부로 유입되면서 투자가 위축되는 상황으로 볼 수 있다. 정부가 막대한 채권을 발행해 자금을 끌어들이면서, 부작용으로 이자율이 올라 기업이 피해를 보는 것이다.

따라서 채권을 지속적으로 발행하는 데는 한계가 있다. 빚을 내서 빚 갚는 일을 계속 하기는 어려운 것이다. 채권발행이 한계에 다다르면 국가는 부도를 낼 수밖에 없다. 이른바 '모라토리엄(moratorium, 채무상환유예)'을 발표함으로써 더 이상 빚을 갚지 못하겠다고 선언하는 것이다.

여기까지 이르지 않더라도 국가채무의 지속적인 증가는 대외 신뢰도를 급격히 떨어트린다. 국가채무가 너무 커져 혹시 돈을 떼일지 모른다는 두려움이 외국인들 사이에 생기는 것이다. 이렇게 되면 외국인들은 돈을 빌려주기를 꺼리고 직접 투자도 삼가게 된다. 심지어는 기존에 빌려준 돈을 돌려달라는 요구까지 할 수 있어 총체적인 위기에 빠질 수 있다.

재정적자는 또 민간 저축을 줄이는 결과도 가져온다. 정부가 채권을 발행하면 투자자는 다른 곳에 저축할 돈으로 이를 사들인다. 투자자 입장에선 투자 대상이 은행 예·적금 등에서 채권으로 바뀐 것에 불과할 수 있다. 하지만 경제 전체적으로 보면 민간 저축 형태로 은행에 들어가야 할 돈이 정부로 들어간 뒤에 정부지출에 활용된 상황으로 정리할 수 있다. 그만큼 민간 저축을 줄이는 것이다. 이렇게 되면 기업은 돈을 구하기 어려워진다. 물론 해외에서 돈을 빌려올 수도 있지만 이는 경상수지 적자로 이어질 수 있다. 해외에서 돈을 빌리는 과정에서 외환이 유입되면, 그만큼 환율이 떨어져 수출 경쟁력을 약화시키기 때문이다. 결국 재정적자는 자주 경상적자로 연결된다. 미국에서 '쌍둥이적자(twin deficits, 재정적자와 경상적자가 동시에 발생하는 현상)'가 유발되는 것은 이러한 과정 때문이다.

이 밖에 국가채무가 누적되면 재정에 여유가 없어져, 경기침체 방어 등 재정지출 수요가 생길 때 제대로 대응할 수 없다. 특히 경제위기에 대한 대응뿐만 아니라 고령화 사회에 대한 대비도 어려워진다. 구조상 국민연금기금은 2050년 이후 바닥나게 되어 있다. 이렇게 되면 재정으로 메워줘야 하는데 국가채무가 누적되면 이조차 어려워진다.

재정적자가 불러오는 부작용

재정적자는 궁극적으로 3가지 결과를 낳는다. 첫째, 이자 부담으로 인해 장기적으로 재정지출이 축소된다. 이는 결국 경제주체들에게 큰 고통을 유발하는데, 기존에 정부로부터 받던 혜택이 줄어들기 때문이다. 둘째, 강제적으로 세수가 확대된다. 채권을 찍어 채무를 갚기 어려워졌으니 정부가 세금 부과를 늘리는 것이다. 이 역시 큰 고통이다. 2011년 그리스 재정위기 당시 그리스 정부는 휘발유,

담배, 커피 등 닥치는 대로 상품에 붙는 세율을 인상시켰다. 셋째, 물가가 급등한다. 정부지출을 줄이기 어렵고 세수를 늘리기도 어려우면 결국 돈을 찍어 갚는 방법밖에 없다. 이렇게 되면 시중유동성이 크게 늘어 물가가 급등하게 된다. 2009년 2억%라는 믿지 못할 물가 상승률을 기록한 짐바브웨 사례가 대표적이다.

물론 재정적자가 발생하더라도 경제가 고도성장을 계속하면 별 문제가 되지 않는다. 경제가 성장하면서 벌어들인 돈으로 빚을 갚으면 되기 때문이다. 이를 위해서는 경제성장률이 채무 증가 속도보다 커야 한다. 이렇게 되면 재정적자를 통해 경제를 성장시키는 선순환 구조가 가능하다. 하지만 이는 결코 쉬운 일이 아니다.

결국 국가채무 부담은 국민 부담으로 돌아오기 마련이다. 특히 미래 세대에 부담으로 작용할 수 있다. 현재 세대가 덕을 보기 위해 낸 빚을 미래 세대가 세금을 더 내서 갚는 것이다. 재정적자로 인해 현재 경기가 살아나면 장기적인 성장 기반이 형성됨으로써 미래 세대도 그 덕을 볼 수 있지만 그 효과는 제한적이다.

물가 상승이 정부채무 부담을 완화시키는 이유는?

　재정적자는 물가 상승률이 커질수록 실질 부담이 줄어드는 효과가 있다. 물가가 크게 오르면 화폐가치는 떨어진다. TV 가격이 100만 원에서 200만 원으로 오르면 200만 원의 가치는 예전 100만 원 수준에 불과해지는 식이다. 이처럼 화폐가치가 떨어지면 정부채무 실질 평가액도 작아진다. 액면금액은 그대로지만 화폐가치가 절반 수준으로 떨어졌기 때문이다.

　이때 갚는 것이 매우 용이해진다. 물가가 크게 오르면 부동산 등 실물 자산가치는 그에 맞춰 오르기 마련이다. 즉 자산가격은 화폐가치 변화와 반대로 움직인다. 그래야 실질 자산가치에 변화가 없다. 화폐가치가 절반으로 떨어지면 화폐를 기준으로 평가한 실물 자산가치는 2배로 오르는 식이다.

　그러면 정부는 물가 상승에 맞춰 가격이 오른 정부 자산을 팔아 채무를 갚을 수 있다. 정부채무 100조 원, 부동산 50조 원을 보유한 상태에서 물가가 2배로 오르면, 정부채무 액면금액은 100조 원 그대로지만 부동산가격은 100조 원으로 오른다. 실질적으로 변한 것은 없지만 물가가 크게 오른 영향으로 부동산을 팔아 채무를 갚을 수 있는 것이다.

또 세 수입으로 채무를 갚는 과정도 용이해진다. 물가가 크게 오르면 이에 맞춰 급여 수준도 어느 정도 올라가기 마련이다. 그런데 현실의 조세 제도는 소득이 올라가면 세율 자체가 올라가는 누진세율 구조로 되어 있다. 소득이 3천만 원일 때 최종 6% 세율을 적용받다가 6천만 원으로 오르면 15% 세율을 적용받는 식이다. 이 같은 구조하에서는 물가가 올라 소득이 커지면 정부 세 수입은 기하급수적으로 증가한다. 따라서 정부채무를 갚기가 쉬워진다.

이처럼 물가가 크게 오르면서 정부채무 부담이 완화되면 정부에 돈을 빌려준 사람, 즉 정부채권을 보유한 사람은 손해를 보게 된다. 부동산 등 다른 자산을 구입했더라면 물가 상승을 반영해 실질가치가 유지되었을 텐데, 실질가치가 떨어진 정부채무를 보유하고 있기 때문이다. 이렇게 민간 주체가 손해를 본 상황이 정부에 세금을 낸 것과 비슷하다고 해서 물가 상승에 따른 정부채무 부담 완화를 '인플레이션 세(inflation tax)'라고 부르기도 한다. 이 같은 상황은 궁극적으로 정부에 책임이 있다. 재정적자가 지속된다는 것은 정부가 필요 이상의 과다 소비를 계속하고 있다는 뜻으로, 이는 물가 상승을 유발하기 때문이다.

CHAPTER
5

물가,
경제에 영향을 미치는 비밀

물가 상승은 괴롭다. 정해진 소득의 실질가치를 떨어트려 소비능력을 위축시킨다. 물가는 왜 오르고, 얼마나 고통스러운 것일까. 물가를 안정시키기 위해 정부가 각종 노력을 펼치지만 벽에 부딪힐 때가 많은데 그 이유를 알아본다. 또한 물가 통계의 문제에 대해서도 살펴본다.

물가가 오르면 왜 힘들까?

물가 상승에 따른 경제 충격

우리가 물가에 대해 알아보기 전에 전제해둘 것은 물가 자체가 상승하는 게 아니라 물가 상승률이 커지는 게 문제라는 점이다. 물가 상승률은 1년 전과 비교해 물가가 얼마나 올랐는지 보여주는 수치로, 통계청이 작성한다. 이 수치가 지속적으로 커지는 상황이 문제가 된다는 것이다.

물가가 오르는 것 자체는 경제가 지속적으로 성장하는 과정에서 당연한 결과다. 오히려 물가가 하락하는 것이 문제를 일으킬 수 있다(이 부분은 143페이지 '한국은행이 물가를 올릴 때도 있다?' 편 참조). 그래서 앞으로 우리가 문제 삼을 것은 물가가 아니라 물가 상승률의 상승(인플레이션)이다.

통계청이 발표한 소비자물가 동향에 따르면 5월 소비자물가지수는 1년 전보다 1.5% 상승했다. 농산물가격이 1년 전보다 9.0% 상승하면서 전체 물가를 0.38%포인트 끌어올렸다. 농산물가격 상승은 채소류가격이 견인했다. 채소류가격은 13.5% 올라 지난해 8월 22.5%를 기록한 이후 가장 큰 폭의 상승률을 보였다.

뉴스1(2018. 6. 1.)

경제 전반에 해악을 끼치는 인플레이션

인플레이션이 발생하면 어떤 일이 벌어질까? 첫째, 봉급생활자들이 큰 어려움을 겪는다. 봉급이 한정된 상황에서 인플레이션이 발생하면 같은 소득으로 살 수 있는 재화의 양이 감소한다. 실질적으로 소득이 감소하는 것과 같다. 이를 방지하기 위해서는 물가 상승률에 맞게 소득이 증가해야 하는데 쉬운 일이 아니다.

둘째, 금융자산의 실질가치가 감소한다. 인플레이션이 발생하면 그에 맞게 돈의 가치가 하락하므로 돈으로 평가되는 금융자산가치도 하락한다.

셋째, 경제활동이 위축된다. 물가가 계속 크게 오르는 상황이라면, 물건을 파는 입장에서 조금이라도 늦게 파는 것이 유리하다. 그래야 더 높은 값을 받을 수 있기 때문이다. 한편 장기로 물건을 공급하는 계약을 꺼리게 된다. 이렇게 되면 오랜 기간 안정적으로 원자재와 부품을 공급받아야 하는 기업들의 생산활동에 타격이 올 수 있다.

넷째, 기업 입장에서 제품 가격표를 다시 붙이는 등 추가 비용이 발생한다. 이러한 비용을 통칭해 '메뉴비용(menu cost)'이라 한다.

다섯째, 금융시장에 효율적으로 돈이 돌지 않게 된다. 돈 빌려주는 일을 꺼리게 되는 것이 대표적이다. 빌려준 사람 입장에서 장기로 돈을 빌려주면, 오랫동안 그에 해당하는 돈이 빌린 사람에게 묶이게 된다. 이런 상황에서 물가가 계속 오르면 그에 해당하는 만큼 돈의 가치가 하락한다. 그러면 돈 빌려준 사람은 실질적으로 손해를 보게 된다. 돈을 빌려준 시점과 상환받는 시점에 돈의 가치를 비교하면 상환 시점에는 훨씬 하락해 있기 때문이다.

그래서 인플레이션이 발생하면 여유가 있는 사람들은 돈을 장기로 빌려주지 않고 가급적 짧게 빌려주려고 하며, 장기로 빌려주더라도 매우 높은 이자를 받으려고 한다. 그러면 돈이 필요한 사람이 장기로 돈을 빌리기 어려워지고, 빌린다 하더라도 매우 높은 이자를 지급해야 하는 것이다. 결국 자금이 필요한 기업이나 가계의 경제활동이 위축될 수밖에 없다.

인플레이션은 실물자산의 가격 상승도 부추긴다. 인플레이션이 발생하면 돈이 많은 사람들은 돈의 가치 하락을 우려해 가진 돈을 부동산 등 실물자산에 투입하려고 한다. 자산을 돈이 아닌 실물 형태로 보유하면, 돈의 가치가 떨어져도 자산 가치 하락을 막을 수 있기 때문이다. 이렇게 실물자산 수요가 증가하면 해당 자산의 가격이 크게 오른다. 여기에 투기적 수요까지 유입되면 실물자산의 가격 오름 폭은 더욱 심화될 수 있다. 이것이 인플레이션이 발생할 때 인플레이션율 이상으로 부동산가격이 크게 오르는 배경이다.

결국 심각한 인플레이션은 경제성장을 저해시킨다. 경제 내부에 적절하게 현금이 돌아야 소비와 투자가 이루어지면서 경제가 성장할 수 있다. 하지만 물가가 크게 오르면 돈을 많이 가진 사람들은 장기로 돈을 빌려주기보다, 실물자산 구입에만 투입하게 되고 그 과정에서 투자와 소비가 위축되면서 경제성장 여력이 감퇴한다.

또 물가가 크게 오르면 이에 맞춰 수출가격도 올라, 수출이 감소하면서 경상수지를 악화시킬 수 있다. 물론 물가가 상승하는 만큼 환율이 상승하면 수출가격을 떨어뜨릴 수 있지만, 물가 상승 효과가

자료: 통계청

더 크면 수출은 감소하게 된다.

　양극화도 불러올 수 있다. 인플레이션은 여러 계층 중에서 도시 저소득층에 가장 큰 영향을 미친다. 도시 빈민층은 소득 상승에 제한이 커서 물가가 크게 오를 때 삶이 더 피폐해지기 마련이다. 물가 상승은 그 수준이 적절해야 경제에 도움이 된다. 물가가 더 오르기 전에 먼저 소비하고 투자하려는 심리가 생기면서 생산활동을 촉진시키는 수준의 물가 상승 말이다. 이렇게 통제 범위 내에서 벌어지는 물가 상승은 환영할 만한 일이다. 하지만 이러한 수준을 뛰어넘는 지나친 물가 상승은 경제에 큰 짐이 된다.

필립스곡선과 물가 상승률

　일반적으로 물가와 실업률은 역의 상관관계를 갖고 있다. 경기가 좋으면 고용 사정이 좋아져 실업률이 떨어지지만 경기과열의 부작용으로 인플레이션이 발생하고, 경기가 나빠지면 물가 상승률이 둔화되는 반면 실업률은 올라간다. 경제학자 필립스(A. W. Phillips, 1914~1975)는 이 관계를 '필립스곡선(Phillip's curve)'을 통해 증명했다.

다만 필립스곡선이 항상 맞는 것은 아니다. 물가가 크게 오르면서 경기가 악화되는 '스태그플레이션(stagflation)' 상황에서는 물가 상승률과 실업률이 함께 올라가는 현상이 발견되며, 경제상황 변화에도 불구하고 실업률에 큰 변화가 없는 경제에서는 물가 상승률과 실업률이 아무런 상관관계를 갖지 않기도 한다.

물가는 도대체 왜 오르는 것일까?
물가 상승의 주요 원인

인플레이션, 즉 물가 상승률이 높아지는 현상은 왜 발생하는 것일까? 물가가 상승하는 주요 원인을 알아보자.

최근 농산물 물가 상승 원인인 쌀, 감자 가격은 각각 29.5%, 59.1% 오르며 급등세를 이어갔다. 쌀은 생산량 급감, 감자는 저장량·출하량 감소로 가격이 오름세다. 다만 감자는 이달 '하지감자' 출하로 가격이 안정될 것으로 예상된다. 석유류 물가도 전년 대비 6.0% 올랐다. 지난 4월부터 오르기 시작한 국제유가가 물가를 상승시켰다. 석유류가 전체 물가에 끼친 기여도는 전월(0.17%포인트)보다 확대된 0.27%포인트로 집계됐다. 휘발유, 경유 가격이 각각 6.3%, 8.1% 올랐다.

머니투데이(2018. 6. 1.)

환율 상승과 원자재가격 상승

우선 외부 요소가 있다. 환율과 원자재가격 상승이 대표적이다. 한국은행 산업연관표에 따르면 환율이 10% 상승(원화가치 하락)하면, 국내 소비자물가와 생산자물가는 각각 1.75%, 2.8% 상승하는 것으로 나타났다. 환율이 오르면 원화로 환산한 수입품가격이 오르기 때문이다. 예를 들어 1달러당 환율이 900원에서 1천 원으로 오르면 원화로 환산한 1달러짜리 물건의 수입가격이 900원에서 1천 원으로 오른다.

유가 등 원자재가격도 중요한 변수다. 산업연관표에 따르면 유가가 10% 오를 경우 국내 소비자물가는 평균적으로 0.36% 오른다. 유가 등 원자재가격이 크게 오르면 환율 하락에도 불구하고 물가가 오를 수 있다.

유동성 효과

시중에 돈이 풀려도 물가가 오른다. 재화 수량이 정해져 있는 상황에서 돈이 많아지면, 돈으로 평가한 재화의 상대적인 가치는 오를 수밖에 없다. 예를 들어 TV 100대, 자동차 100대, 현금 200만 원이 있는 경제에서 현금만 400만 원으로 늘면, 자동차로 평가한 TV 가격은 그대로지만 돈으로 평가한 TV 가격은 오르게 된다.

그런데 2000년대 들어 유동성(돈으로 바꿀 수 있는 예금 등 자산)이 급격히 증가했음에도, 2018년까지 물가 상승에 별 영향을 미치지 못했다. 유동성이 부동산시장 등 자산시장에만 몰리면서 부동산가격만 크게 올랐고, 다른 소비로는 유동성이 이어지지 못하면서 물가가 안정된 것이다.

하지만 앞으로 부동산시장이 어느 정도 안정화되면, 증가한 유동성은 결국 물가를 크게 올려놓을 가능성이 있다. 삼성경제연구소에 따르면 유동성 증가가 소비자물가 상승에 영향을 미치기까지는 6분기 정도가 걸린다고 한다. 이에 따라 2017년까지 급증한 유동성은 2019년 중반부터 큰 폭의 물가 상승을 유발할 가능성이 있다.

내수 회복세와 임금 상승

내수 회복세도 물가를 올린다. 소비와 투자가 늘면 제품에 대한 수요가 늘면서 물가가 올라간다. 내수 회복에 따른 물가 상승 정도는 '근원물가 상승률'이란 지표로 알 수 있다. 근원물가는 변동성이 큰 농산물 및 석유를 제외한 상품의 물가이므로 이를 통해 순수하게 수요 증가로 인한 물가 상승 압력을 알 수 있다. 근원물가 상승률은 2018년 5월 기준 1.3%를 기록했는데, 소비 부진이 이어지면서 낮은 수준을 유지한 것이다.

임금과 물가도 정(正)의 관계를 갖는다. 임금이 오르면 소비 여력이 확대되어 물가가 상승하고, 이런 물가 상승은 다시 노동자의 임금 상승 요구를 부추기면서 연쇄 상승 효과가 발생한다.

정부 정책과 경제주체 심리

정부의 확장 재정정책에도 영향을 받는다. 감세를 통한 소비 및 투자 자극, 금리 인하를 통한 유동성 공급, 정부지출 증대가 대표적이다. 다만 이를 통한 경기 진작 및 물가 상승 효과는 제한적이며,

물가 상승이 지속되기 위해서는 정부 정책에 따라 민간활동이 본격적으로 움직여야 한다.

물가는 경제주체의 심리에 따라 더욱 크게 오르기도 한다. 앞으로 물가가 계속 상승할 것이라는 예상(expected inflation, 기대 인플레이션)이 생기면 노동자는 가급적 임금을 올려 받으려 한다. 임금 협상이 1년에 한 번 정도 이루어지는 상황에서 미리 임금을 올려놓음으로써, 다음 협상이 있기 전까지 물가 상승에 대비하는 것이다. 이는 쉬운 일은 아니지만 강력한 노조활동이 있을 경우 가능하다. 이렇게 임금이 올라가면 소비가 늘면서 인플레이션이 유발된다. 기대 인플레이션이 생기면 원자재 공급자들 역시 앞으로 가격 협상이 곤란해질 것을 염려해 미리 공급가격을 올리려고 노력한다. 그러면 결국 제품가격 상승으로 이어진다.

중국산의 파괴력

대중 수입은 통상적으로 물가 안정에 이중의 효과를 낳는다. 우선 직접 효과로 중국산 저가 제품은 직접적으로 물가를 안정시킨다. 또 간접 효과로 중국산 제품과 경쟁하는 국내 기업들의 판매가격 인상을 자제시킨다. 실제 한국은행 자료에 따르면 1990년대 기업들은 원가가 오르면 이것의 1.07배를 판매가격에 반영했지만, 대중 수입이 급증한 2002년 이후에는 0.81배만 반영하고 있다.

하지만 2007년 이후 변화의 조짐이 나타나고 있다. 우선 중국산 제품가격이 상승하고 있다. 이에 따라 중국발 저물가 시대가 저물고 있다는 분석이 많다. 또 국내 기업들이 원자재가격 인상으로 채산성 확보에 애를 먹으면서 제품가격에 대한 원가 전가율을 높이고 있다. 대중 수입으로 인한 직간접 효과가 모두 사라지고 있는 것이다.

체감물가 상승률이 훨씬 높은 이유
소비자물가지수, 생활물가지수

물가 상승률이 3%를 넘으면 여러 언론에서는 물가가 크게 오른다고 호들갑을 떤다. 그런데 가만히 생각해보면 3%란 수치가 그렇게 높은 것인지 의아할 때가 있다. 1년 전에 비해 물건가격이 평균적으로 3% 오르는 데 그쳤다는 것을 뜻하기 때문이다. 문제는 피부로 느끼는 물가 상승률인데, 통계상 수치와 큰 차이가 난다고 한다. 왜 그럴까?

올해 초부터 시작된 식음료 등의 가격 인상 행렬에 주류까지 가세했다. 통상 연초에 마무리되는 가격 인상들이 쉴 틈 없이 연중으로 계속 이어지자 서민들도 덩달아 주름살만 늘고 더욱 피곤해지고 있다. 18일 주류 업계에 따르면 맥캘란을 수입 판매하는 에드링턴코리아는 다음 달부터 일부 제품가격을 최대 4.8% 인상한다고 도매상에 공지했다. 전반적인 물가 상승으로 원부자재, 물류비 등 제반경비가 늘어난 데다 제품의 패키지 리뉴얼에 따른 원가 상승과 비용 증가가 가격 인상의 이유다. 맥캘란 가격 인상은 2015년 6월 값을 올린 지 3년 만이다.

헤럴드경제(2018. 6. 18.)

피부로 느끼는 물가 상승률이 높은 이유

물가 상승률이 높게 느껴지는 이유는 통계의 오류에서 기인한다. 정확한 물가 상승률을 추산하기 위해서는 시장에서 거래되는 모든 물건가격을 조사해 1년 전과 비교해서 얼마나 올랐는지 알아내야 한다. 하지만 이는 불가능한 일이다. 그래서 물가 통계를 작성하는 통계청은 460개의 주요 품목을 선정해 이들의 가격동향만 조사해서 소비자물가지수를 발표한다. 이는 곧 다른 물건의 가격은 올랐는데 유독 조사대상 460개 물건의 가격만 안정되면 물가 상승률이 안정되는 것으로 나타날 수 있음을 의미한다.

그런데 사람들의 소비패턴은 저마다 다르다. 460개 품목에 포함되지 않는 물건을 얼마든지 소비할 수 있는 것이다. 이에 460개 품목에 포함되지 않은 물건을 주로 구입하는 사람은 해당 품목의 가격이 크게 오를 경우, 일반적인 물가지표와 달리 물가가 크게 올랐다고 생각할 수 있다.

통계의 오류는 460개 품목 내에서도 발생한다. 조사 대상 물건가격이 전체적으로 올랐다 하더라도, 특정 물건가격이 큰 하락세를 보이면 지표는 안정될 수 있다. 예를 들어 460개 품목 가운데 459개 가격이 올랐는데, 나머지 한 품목인 TV 가격이 큰 하락세를 기록했다면 평균 물가 상승률은 안정될 수 있는 것이다. 이것은 절대 과장된 사례가 아니다. 실제로 TV뿐만 아니라 많은 가전제품의 가격이 시간이 지날수록 하락하면서 전체 소비자물가를 안정시키고 있다. 가전제품은 개발 초기에는 비싸지만, 대량생산 과정에서 시간이 지날수록 가격이 내려가는 특성이 있다. 2006년에는 400만 원에 육박했던 평범한 LCD TV를 2018년 들어서는 수십만 원에 살수 있는 것이 대표적인 예다. 그런데 가전제품은 자주 구입하는 것이 아니라서 이들의 가격 하락에 따른 소비자물가 안정은 체감하기 어려운 것이다. 반면에 460개 품목 가운데 자주 구입하는 물건의 가격이 크게 오르는 상황이라면 물가가 많이 오르고 있는 것으로 느끼기 쉽다.

통계의 오류를 줄이기 위한 노력

이 같은 통계의 오류를 줄이기 위해 정부는 나름대로 많은 노력을 기울인다. 소비패턴 변화에 따라 구입 빈도가 줄어든 품목은 조사 대상에서 제외하고, 구입 빈도가 증가한 품목은 조사 대상에 포함시키는 것이 대표적이다. 또 460개 품목 중 구입 빈도가 높은 상품에는 가중치를 부여한다. 이렇게 하면 현실과의 괴리를 조금이나마 줄일 수 있다.

〈도표 5-2〉 2015년 기준 소비자물가지수 개편

추가된 품목	탈락한 품목
· 현미, 낙지, 블루베리, 파프리카, 아몬드, 파스타면, 식초 · 전기레인지, 보청기, 치과구강용 약, 헬스기구, 지갑, 도시락 · 건강기기 렌탈비, 휴대전화기 수리비, 컴퓨터 수리비, 휴양시설 이용료, 보험서비스료	· 꽁치, 케첩, 커피크림, 피망 · 난방기기, 잡지, 사전(책자), 세면기 · 신발 세탁료, 예방접종비

자료: 통계청

하지만 여전히 품목 수가 제한된다는 점에서 근본적인 해법이 되지 않는다. 지표와 다른 체감물가 움직임을 보기 위해서는 별도의 지표를 보는 것이 좋다.

채소·과일·도시가스·휘발유·상수도료·전기료·시내버스료 등 생활 관련 필수품만 따로 추려서 만든 생활물가지수, 배추·파·돼지고기 등 한 달에 한 번 이상 구입하는 품목만을 대상으로 산정한 구입 빈도별 물가지수, 식료품 가격동향만 조사한 신선식품 가격지수가 그것이다. 이들 지수는 자주 구입하는 품목의 가격동향을 별도로 조사한 것이라 체감물가에 보다 가깝다. 물가가 오를 때 이들 지수는 일반 소비자물가지수보다 큰 폭의 상승률을 보일 때가 많다.

MB 정부의 첫 시련이 되었던 물가 상승
코스트푸시 인플레이션과 스태그플레이션

원자재 가격 상승에 따른 물가 상승은 좀 더 자세히 살펴볼 필요가 있다. 2008년 초 이 현상이 심각했던 적이 있다. 당시 물가 상승은 이명박 정부의 정책 목표를 성장에서 물가 안정으로 전환할 정도로 문제가 심각했다.

유가가 배럴당 90달러선을 돌파하자 원유 생산이 정점에 도달했다는 '피크오일(peak oil)' 이론이 다시 득세하고 있다. 유가가 배럴당 90달러를 넘어 사상최고치를 경신한 것이 바로 원유 생산이 정점에 도달했다는 신호탄이란 분석이 대두되고 있다. 원유시장의 영향력 있는 투자자 중 하나인 분 픽켄스(79) BP 캐피털 회장은 19일(현지 시간) 피크오일&가스 학회가 주최한 휴스턴 컨퍼런스에 참석, "현재 글로벌 원유 생산은 하루 8,500만 배럴 수준에서 정점에 도달했다"면서 "유가는 80달러대로 떨어지기 전에 100달러 고지에 오를 것" 이라고 밝혔다.

머니투데이(2007. 10. 20.)

코스트푸시 인플레이션

2008년 인플레이션은 경기가 달아올랐다기보다 제품가격을 결정하는 원료값이 올라 전체적인 물가 상승이 유발된 경우였다. 이를 두고 '코스트푸시 인플레이션(cost-push inflation)'이라 한다.

당시 가장 심각했던 것은 배럴당 100달러를 훨씬 상회했던 원유가격이었다. 직전에 배럴당 50달러 수준이었음을 감안하면 폭등세였다. 또 농산물가격이 오르면서 전체 물가가 올라가는 '애그플레이션(agflation)' 현상도 심상치 않았다. 17개 주요 원자재와 곡물가격을 평균한 로이터지수의 경우 2009년 2월 들어 2배 이상으로 뛰었고, 2007년 8월부터 2008년 초까지 옥수수·소맥·대두 등 곡물의 품목별 상승률은 30~40%에 이르렀다.

문제가 되었던 품목은 모두 필수품이면서 우리 입장에선 수입에 의존하는 것들이었다. 이 같은 흐름을 전반적으로 파악할 수 있는 지표는 '수입물가' 상승률이었다. 수입품목의 가격상승률을 평균한 것이다. 2008년 1월 수입물가 상승률은 21.2%에 달했다. 2007년

1월에 비해 수입품목의 가격이 평균 21.2% 올랐다는 뜻으로 통상 소비자물가 상승률이 3% 이내라는 점을 감안하면 살인적인 상승률이다. 이에 대해 당시 재정경제부 고위관계자는 "이미 여러 경로를 통해 밝혔듯 최근 물가 상승 압력의 근원은 명료하다"며 "각종 원유와 곡물가격 상승세가 무서울 정도"라고 토로하기도 했다.

이 같은 수입물가 상승은 생산자물가 상승으로 이어진다. 생산자물가는 기업이 생산한 물건을 도매상에 넘기는 단계에서 파악한 가격동향으로, 기업 간 거래되는 생산재의 거래가격도 포함된다. 기업들은 손해를 보지 않도록 수입 원자재가격 상승분을 곧바로 생산자가격에 반영한다. 그래서 생산자가격은 움직이는 정도가 신속하고 폭도 크다.

생산자물가는 결국 소비자물가로 이어진다. 생산자물가가 크게 오르면 도매상 등 유통업자들은 판매 감소를 우려해 이것의 일부를 자신의 이익 축소로 수용하기도 하지만, 상당 부분을 소비자물가로 전가시킨다. 이에 생산자물가만큼 폭이 크지 않더라도, 소비자가격 역시 원자재가격 상승의 영향을 받아 오르게 된다. 수입물가와 생산자물가가 오르면 곧 소비자물가가 상승할 것으로 보면 된다.

물가 상승은 보통 악순환을 유발한다. 물가가 더 오르기 전에 미리 사두려는 사재기가 발생하기 때문이다. 2008년 초에도 밀가루, 라면, 철근 등 수입 원자재가 주재료인 품목은 사재기로 홍역을 치렀다. 사재기는 당연히 수요를 배가시켜 물가 상승을 더욱 부추기게 된다. 이에 당시 정부는 "철근 매점매석 실태를 조사해 문제가 있으면 제재하겠다"고 강하게 경고하기도 했다.

대처하기 어려운 원자재가격 상승

물가 상승은 정부의 경제정책에 큰 어려움을 주며, 특히 경제성장을 촉진하는 데 어려움이 발생한다. 경제를 성장시키기 위해서는 소비와 투자를 촉진시킴으로써 생산까지 자극시킬 수 있다. 하지만 수요 증가는 물가 상승을 부추긴다. 그래서 물가 상승이 문제되는 상황에선 경기부양정책을 펴는 게 어렵다. 물가 상승을 더욱 배가시킬 수 있기 때문이다.

2008년 초 들어선 이명박 정부는 바로 이런 상황에 직면했다. 747 성장론을 주창하며 7% 경제성장을 장담한 상황에서 물가라는 복병에 맞닥뜨린 것이다. 물가 때문에 살기 어렵다는 지적이 곳곳에서 나오자, 결국 당시 정부는 성장 촉진책을 버리고 물가 안정에 집중할 수밖에 없었다. 담합을 통해 가격을 인상하는 의혹이 있는 업체에 대해 세무조사를 하겠다는 압박을 넣었고, 주요 곡물과 원자재에 대한 품목별 가격 모니터링을 강화해 상시 점검 체계를 가동시키기도 했다.

또한 특별히 'MB 물가'란 것을 만들어 50개 품목을 별도로 관리하면서, 해당 물건을 생산하는 기업들이 가격을 올리지 못하도록 통제했고, 명절이 끼면 평소 정부 차원에서 비축해둔 농산물을 시중에 공급해 물가 상승을 제어하기도 했다.

하지만 당시 물가 상승 원인이 원자재 등 수입물가 상승에 있어 정부 정책에는 한계가 많았다. 그나마 쓸 수 있는 수단이 관세 인하 정도였다. 원유, 밀, 옥수수, 사료용 곡물 등 원자재 품목에 부과되는 관세를 인하하면 인하분만큼 가격을 안정시킬 수 있다. 그러나 수

140

입물가가 폭등하면서 관세 인하분 이상으로 가격이 크게 올라 정책 효과는 희석되고 말았고, 관세 수입이 줄어드는 부작용만 낳았다.

결국 수입물가 상승은 제어하기 무척 어려워 앉아서 당하는 경우가 많다. 할 수 있는 정책이라고는 국민 부담이라도 줄여주고자 수입 사료를 쓰는 농가에 구매자금을 지원하거나, 저리의 정책자금을 빌려주는 정도에 그친다. 근본적인 대응이 되지 않는 것이다.

이에 대해 환율 하락을 추천하는 경우가 있다. 환율을 하락시키면 원화로 환산한 수입품목 가격이 내려가는 효과가 있어 물가 안정에 기여할 수 있다. 하지만 환율 하락은 달러로 환산한 수출가격을 올려 수출 경쟁력을 약화시키는 문제점이 있다. 또 은행들의 외화 차입 부담을 완화시켜 무분별한 외화 차입을 부추길 수 있다. 따라서 환율 하락도 쉽게 쓸 수 있는 정책이 아니다.

물가 상승이 경기침체와 겹치면 최악이다

이처럼 수입물가 상승은 정부 입장에서 무척 어려운 상황이라고 할 수 있다. 그런데 이보다 더 곤란한 상황이 있다. 바로 스태그플레이션이다. 보통 경기가 활성화되면 물가가 오르고, 경기가 침체되면 물가가 내려가지만 이 가운데 2가지 안 좋은 상황만 합쳐낸 것이 스태그플레이션이다.

교과서적인 스태그플레이션은 경제성장률이 마이너스를 기록하면서 물가가 크게 오르는 상황을 말하지만 이 같은 경우는 거의 없다. 즉 물가 상승률이 경제성장률보다 크게 높으면 스태그플레이션으로 본다.

〈도표 5-3〉 스태그플레이션의 악순환

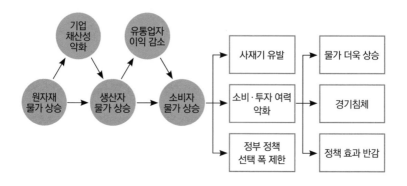

스태그플레이션은 주로 원자재가격이 오르거나 임금이 급격하게 인상될 때 발생한다. 생산 측면에 문제가 생기면서 물가 급등과 경기침체가 함께 발생하는 것이다. 스태그플레이션 상황이 발생하면 정부는 사실상 거의 손쓸 방법이 없다. 경기 진작책(振作策)을 사용하면 경기는 다소 나아지겠지만 물가는 더욱 오르고, 그렇다고 긴축정책을 실시하면 물가는 안정되겠지만 경기가 더 악화되기 때문이다.

한국 경제는 2008년 초 스태그플레이션을 경험했다. 글로벌 금융위기 초기 영향을 받아 경제가 좋지 못한 상황에서 국제 유가 급등으로 물가가 크게 올랐기 때문이다. 당시 정부는 거의 손을 쓰지 못했고, 2008년 말 글로벌 금융위기가 심각해지면서 경기가 극도로 나빠진 영향으로 물가가 안정되자, 겨우 스태그플레이션 상황을 빠져나왔다. 하지만 극심한 경기침체에 따른 물가 안정은 당시 그 누구도 반가워하지 않았다.

한국은행이 물가를 올릴 때도 있다?

인플레이션 목표관리정책

한국은행의 지상 과제는 물가 안정이다. 그런데 물가를 일부러 크게 올릴 때도 있다. 왜 그럴까?

2010년부터 2012년까지 적용되는 한국은행의 중기 물가 목표가 '3±1%'로 확정되었다. 지난 2007년부터 올해까지 적용된 중기물가 목표의 변동 허용범위 '0.5%포인트'를 '1%포인트'로 2배 확대한 것이다. 이로 인해 한국은행의 소비자물가 중기 목표는 현행 2.5~3.5%에서 2~4%로 넓어졌다.

이데일리(2009. 11. 26.)

물가가 너무 낮으면 경기침체를 유발한다

물가 상승률이 너무 낮으면, 특히 물가가 하락하면 경제 활력이 떨어진다. 물가가 계속 떨어지는 상황을 가정해보자. 이렇게 되면 지금 소비하는 것보다 미래에 소비하는 것이 유리하다. 미래에는 더 싼값에 물건을 살 수 있기 때문이다. 모두가 이런 생각을 갖게 되면 누구나 지금은 최소한의 소비만 하려 들게 된다. 웬만해선 소비하지 않고 물가가 계속 떨어지기만을 기다리는 것이다.

결국 소비가 침체되고 기업은 물건을 만들어도 팔 수 없는 상황에 직면하면서 실적이 악화된다. 그러면 고용 문제가 심각해진다. 기업은 실적 악화로 고용을 주저하는데, 물가 하락에 따라 실질임금의 가치가 올라가면서(같은 돈으로 더 많은 물건을 살 수 있으므로) 취업하려는 사람은 늘기 때문이다. 고용 악화를 막기 위해서는 물가가 내려가는 만큼 임금을 깎아 기업의 임금 부담을 완화해야 한다. 하지만 임금을 깎는 것은 쉬운 일이 아니다. 어쩔 수 없이 고용상황은 계속 악화될 수밖에 없고, 그러다 극심한 경기침체가 벌어지게 된다. 1990년대부터 2010년대까지 일본 경제가 크게 고전한 것은 부동산가격 급락과 함께 이런 물가 하락 함정에 빠져버렸기 때문이다.

결국 지나친 물가 안정은 경제에 큰 독이 될 수 있다. 한국은행은 이 같은 상황을 막기 위해 물가 상승률이 너무 낮을 때는 더 낮아지지 않도록 높이는 정책을 구사하게 된다.

한국은행은 구체적으로 물가 조정 목표를 갖고 있다. 현재 목표는 2%다. 한국 경제 물가 상승률이 2%는 밑돌지 않도록 제어하겠다는 뜻이다. 만일 물가 상승률이 2% 밑으로 떨어지면 경기가 침체될 가능성이 있으니 금리 인하 기조를 갖게 된다. 반면 2%를 크게 웃돌면 지나친 물가 상승에 따른 폐해가 우려되니 금리를 올려 물가를 안정시키게 된다(금리를 올리고 내림에 따른 물가 영향 등 경제 영향은 챕터 7 참조).

이처럼 일정한 목표 내에서 물가가 움직일 수 있도록 기계적으로 금리를 조절하는 중앙은행의 정책 방식을 '테일러 준칙(Taylor rule)'이라 한다. 준칙이 잘 작동하면 경기긴축과 과열을 자동으로 막아 물가와 경기를 모두 정상화시킬 수 있다. 이처럼 물가 상승률 목표를 정해 이를 달성하는 전략을 '인플레이션 목표관리정책(inflation targeting)'이라 한다. 한국은행은 경제상황에 따라 정기적으로 목표를 변경하며 관리하고 있다.

경제에 큰 문제가 없는 한 목표를 지키는 것은 어려운 일이 아니다. 하지만 실패할 때도 있다. 2004~2006년 사이에 그랬다. 한국은행은 이 기간 물가 상승률을 2.5~3.5% 수준에서 안정시킨다는 목표를 세웠지만, 3년간 물가 상승률은 2.4% 수준에 그쳤다. 목표 하한선인 2.5%보다 낮은 것이다. 이는 곧 이 기간 물가 상승률이 너무 낮았다는 것을 뜻한다. 사정이 이랬다면 한국은행은 금리를 낮춰 경기를 부양할 책임이 있었다.

지난 3년간 실제 평균 물가 상승률이 한국은행의 중기 물가목표치 하한선을 벗어난 것으로 나타났다. 이는 국제유가 상승 등으로 수입단가가 큰 폭으로 올랐으나 경기둔화로 수요가 부진하면서 물가 상승 압력을 상쇄했기 때문이다. 한은은 2일 '2004~2006년 중 중기 물가안정목표 운영성과에 대한 평가'를 통해 지난 3년간 평균 물가(근원인플레이션 기준) 상승률이 2.4%에 그쳐 중기 물가 목표 범위(2.5~3.5%)를 벗어났다고 밝혔다. 이것은 2001~2003년 물가 상승률(근원 기준) 3.2%보다 현저하게 낮은 수치다.

연합뉴스(2007. 1. 2.)

하지만 한국은행은 그렇게 하지 않았다. 당시 부동산가격 급등이 큰 문제가 되던 시절이라 금리를 내릴 경우 부동산 대출을 부추겨 부동산가격을 더욱 올릴 위험이 있었다. 또 당시 물가 안정은 경기 침체의 영향보다는 '세계의 공장'이라 불리던 중국에서 저가의 물건이 대량 수입된 영향이 컸다. 이에 한국은행은 경기를 부양하면서 물가 상승률을 목표 범위 내로 올리기 위한 금리 인하를 시행하지 않았다.

한국은행은 당시 "2005년 6월 이후 물가 상승률이 목표 범위를 지나치게 밑돈 것은 사실이지만, 저금리 기조로 인한 부동산가격 급등 등 부작용이 큰 상황에서 물가 상승률을 높이기 위해 금리를 낮추는 정책 대응은 필요하지 않았다"고 설명했다. 또 "물가 상승률이 1%를 밑돌면 디플레이션(저성장·저물가) 위험이 커져 확장정책이 필요하지만, 물가가 하한 목표를 약간 밑도는 상황에서는 유연하게 통화정책을 집행하는 것이 옳다고 판단했다"고 말했다. 테일러 준칙을 기계적으로 적용하기보다 경제상황에 맞게 유연하게 대응하는 것이 적절했다는 설명이다.

당시 한국은행은 목표를 못 지킨 데 대해 특별히 처벌은 받지 않았다. 반면 중앙은행의 물가 안정 목표 준수에 대해 제재 조치를 실시하는 나라도 많다. 캐나다, 영국 등은 공개 해명 의무가 있으며, 뉴질랜드에서는 총재 해임이 가능하다.

수시로 바뀌는 물가 목표

물가 목표는 경제상황에 따라 계속 바뀐다. 2004~2006년에는 근원물가 기준 2.5~3.5%이었다. 근원물가는 농산물과 에너지가격이 포함되는 소비자물가보다 안정적이다. 이후 2007~2009년에는 2.5~3.5%로 범위는 같지만 지표가 농산물과 에너지가격이 포함되는 소비자물가로 바뀌었다. 소비자물가 상승률은 일반적으로 근원물가 상승률보다 높다. 가격이 지속적으로 오르는 에너지가격이 포함되기 때문이다.

이에 물가 목표 기준을 근원물가에서 소비자물가로 바꾼 것은 결과적으로 목표 범위를 낮춘 결과를 가져왔다. 근원물가가 소비자

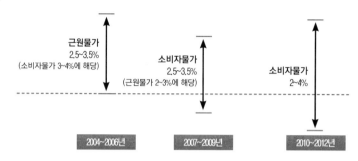

근원물가
2.5~3.5%
(소비자물가 3~4%에 해당)

소비자물가
2.5~3.5%
(근원물가 2~3%에 해당)

소비자물가
2~4%

2004~2006년

2007~2009년

2010~2012년

자료: 한국은행

물가보다 0.5%포인트 정도 낮다고 한다면, 소비자물가 2.5~3.5%는 근원물가 기준의 2~3% 수준이기 때문이다. 결국 근원물가 기준으로 2.5~3.5%인 목표를 2~3%로 변경한 셈이다. 이 같은 목표 설정은 2004~2006년 사이 물가가 너무 낮아서 목표를 지키지 못한 영향이 컸다. 그래서 지속적인 저물가에 대비해 목표 기준을 바꿨다.

또 이 기준은 다시 2010~2012년 소비자물가 기준 2~4%로 바뀌었다. 범위 폭이 커진 것이다. 이는 금융위기 등의 영향으로 물가를 비롯한 경제지표가 불안하게 움직인 영향이 컸다. 이에 목표 범위를 넓힘으로써 경제상황에 보다 탄력적으로 대응하고자 했다.

더불어 경기가 침체되면 물가가 낮아지고, 경기가 활성화되면 물가가 오르는 과거 경제 상식이 잘 통하지 않는 사정도 반영했다. 경기가 침체되는 상황에서 중동 사태로 유가가 오르면 이에 따라 물가도 오를 수 있다. 이 같은 상황이라면 물가 상승을 용인해서라도 금리를 내려 경기를 활성화시킬 필요가 있다.

반면에 경기가 좋아 부동산 거품이 생길 지경인데도, 저가제품 수입 영향으로 물가 상승률은 떨어질 수 있다. 이런 경우라면 물가 상승률이 더욱 떨어질 것을 각오하고, 금리를 올려 부동산가격을 안정시킬 필요가 있다. 이 같은 상황에 대비하기 위해서는 물가 목표 범위가 넓어져야 했고, 이에 따라 정책으로도 반영되었다.

이후 물가 안정 목표는 경기가 안정화된 2013~2015년 사이 2.5~3.5%로 좁아졌다가, 2016년부터 2018년까지는 2%의 단일 목표로 변경되었다. 경기부양이 강조되면서 물가 상승률을 2% 이상으로 유지하자는 정책 판단이 작용했다. 하지만 정부 의도와 다르게 부동산을 제외하면 경기가 제대로 살아나지 않으면서 이 기간 물가 상승률은 1%대에 그쳤다.

이처럼 물가 안정 목표는 경제상황을 반영해 변화하는 경우가 일반적이다. 하지만 너무 잦은 목표의 변경은 물가 안정 자체를 한국

은행이 '해야 하는 것'이 아니라 '할 수 있는 것'으로 전락시킬 위험
이 있다. 이 과정에서 경제주체들의 한국은행에 대한 신뢰가 저하될
수 있다.

현실에서 물가정책은 세부적으로 추진되기도 한다. 농수산물·교
육·공산물 등 분야별로 따로 물가지수를 산출해 어떤 품목 때문에
물가가 오르고 있는지 점검해, 문제 되는 품목에 대해 집중 점검을
벌이는 식이다.

물가를 두고 정부기관 간에
알력 싸움이 일어나는 까닭은?

　2008년 초 기획재정부는 물가가 천정부지로 치솟는 데 대해 시중유동성 증가가 상당 부분 기여했다고 판단했다. 실제 2008년 5월 전년동기 대비 유동성 증가율 추이를 보면, 15.8%로 2005~2007년과 비교해 증가 폭이 가팔라졌다. 이에 기획재정부는 시중유동성을 줄이기 위해 은행대출을 규제해야 한다고 주장했다. 그런데 대출 규제는 금융위원회(이하 '금융위')의 영역이다. 금융회사들의 영업을 감시·감독하고, 이를 위한 정책을 수립하는 것은 금융위의 업무다. 금융위는 기획재정부의 주장에 대해 "유동성 증가는 관리 가능하며, 아직 규제할 상황이 아니다"라는 입장을 발표했다.

　왜 이렇게 차이가 난 것일까? 이는 권한 싸움 때문이다. 보통 정부부처는 다른 부처가 소관 업무에 대해 참견을 하면, 의견이 옳더라도 반대 입장을 내는 경우가 많다. 그렇지 않으면 비판을 듣기 때문이다. 또 장기적으로는 존립 기반에 위협을 받을 수도 있다. 이에 따라 금융위는 계속 다른 입장을 고수했다. 그러면서 금융위는 은근슬쩍 책임을 다른 기관인 한국은행으로 떠넘겼다. 유동성이 문제라면 이는 금리 조절 권한을 갖고 있는 한국은행의 소관 사항이라는 언급을 한 것이다.

사실 기획재정부가 대출 규제 발언을 한 것 자체가 책임을 금융위에 넘긴 것이었다. 물가 관리는 금융위 설명대로 근본적으로 한국은행의 책임이지만, 정부부처 내에서는 기획재정부와 가장 관련이 크다. 당시 기획재정부는 50개 품목을 별도 지정해 집중 관리하는 등 정책을 폈지만 물가 관리에 성공하지 못했다. 그러자 기획재정부는 금융위가 제대로 시장을 감시하지 못해 대출이 크게 늘면서, 결과적으로 물가 불안이 발생했다는 뉘앙스의 언급을 했다. 책임을 떠넘긴 것이다.

보통 정부는 물가에 큰 신경을 쓰지 않는다. 물가가 다소 오르더라도, 경기가 좋은 것이 표를 얻는 데 더 유리하기 때문이다. 반면에 한국은행은 물가 안정이 목표이므로 여기에 집착할 때가 많다. 다만 2008년 초는 물가 상승세가 워낙 심각해 정부까지 물가 안정에 나섰다. 하지만 가장 강력한 방법인 금리 인상은 경기에 악영향을 미칠 가능성이 커서, 가급적 금리 인상을 제외한 가격 통제 등 다른 수단을 쓰고 싶어 하는 것이 정부의 속내다. 그래서 당시 기획재정부는 금리 조절 권한을 가진 한국은행이 아닌 금융위에 화살을 돌린 것으로 전해졌다.

물가 상승 관련 용어에는
어떤 것들이 있을까?

- 디스인플레이션(disinflation): 물가가 지속적으로 상승하지만 상승률이 안정되는 상황을 말한다. 경기 호조세와 함께 오는 디스인플레이션을 '골디락스(goldilocks)'라 하는데, 최고의 경기상황이 될 수 있다. 반면 경기침체와 함께 오는 디스플레이션은 주의가 필요하다. 정책적으로 디스인플레이션은 물가 상승률을 낮추기보다 더 이상 상승률이 높아지지 않도록, 현재의 상승률을 유지할 정도의 긴축 정책을 실시하는 상황을 의미한다.

- 하이퍼인플레이션(hyperinflation): 수십, 수백%에 이르는 통제 범위를 넘어선 엄청난 물가 상승을 말한다. 하이퍼인플레이션 상황에서는 임금을 올리지 못하도록 함으로써 임금 상승이 물가를 다시 상승시키는 일을 막고, 가격을 완전히 통제하는 등 강제적인 방법이 동원되기도 한다. 또 정부는 어떤 일이 있더라도 물가를 잡겠다는 강력한 의지 표명을 하면서, 경제주체들의 인플레이션 기대를 디플레이션 기대로 바꾸려는 노력을 한다. 하지만 대개는 정책이 성공하지 못해 경제가 극단적인 어려움에 빠질 때가 많다.

- 리플레이션(reflation): 경기침체로 디플레이션 상태에 있다가 경기가 회복되면서 물가가 서서히 상승하는 상황을 뜻한다. 초기 물가 상승과 하락이 번갈아 나타날 수 있고, 경기회복의 조짐으로 볼 수 있다. 정책적으로 이를 유도하기 위해 적정 수준의 통화 공급을 실시한다. 이후 본격적으로 물가가 상승하면 인플레이션 기조로 접어든다.

- 디플레이션(deflation): 물가가 하락하면서 경기가 침체되는 상황이다. 물가가 하락하지 않더라도 상승률이 매우 미미한 수치를 기록하면서 경기가 침체될 때도 디플레이션이란 표현을 쓴다. 경기가 좋은데 물가가 하락하는 상황은 디플레이션이라 하지 않는다. 이 같은 상황은 '골디락스'의 일종이다.

- 인플레이션(inflation): 물가가 지속적으로 상승하는 상황이다. 보통 상승률이 계속 높아져 정책적인 대응이 필요하다. 물가가 상승한다고 해서 모두 인플레이션이 아니며, 상승률이 계속 높은 수준을 유지할 때 인플레이션이라 한다.

CHAPTER
6

유동성,
과해도 부족해도 문제다

돈은 시장경제를 움직이는 윤활유다. 돈이 부족하면 제대로 거래가 이루어질 수 없어 경제활동이 위축된다. 돈은 개인 입장에서도 큰 의미를 갖는데, 자산 축적의 근간이 되기 때문이다. 그런데 시중에 돈이 너무 많아도 문제다. 그 문제를 챕터 6에서 알아본다. 시중에 돈이 얼마나 흘러 다니는지 감지할 수 있는 방법을 알아보고, 정부와 한국은행이 돈의 총량을 조절하기 위해 펼치는 정책을 소개한다. 정책별 장단점과 효과를 살펴보고, 그 과정에서 정부와 한국은행이 어떤 충격을 받는지 살펴본다.

시중에 돈이 너무 많아도 골칫거리

시중유동성

경제가 원활하게 돌아가려면 각종 거래의 매개체가 되는 돈의 양이 적정해야 한다. 돈은 다른 말로 '시중유동성'이라고도 한다. 유동성과 경제는 어떤 관계를 갖고 있을까?

볼프강 쇼이블레 독일 재무장관이 세계적 부채와 유동성 증가가 새로운 글로벌 금융위기를 초래할 가능성이 있다고 경고했다. 쇼이블레 장관은 8일(현지 시간) 영국 파이낸셜타임스(FT)와 인터뷰에서 중앙은행들이 시장에 쏟아부은 수조 달러 자금 때문에 '새로운 거품(new bubbles)'이 형성될 위험이 있다고 지적했다. 쇼이블레 장관은 "전 세계 경제학자들이 점점 더 많은 유동성 축적과 공공 및 민간 부채 증가에서 오는 위험이 커지는 데 대해 우려하고 있다"며 "나 자신도 이를 우려한다"고 말했다. 그는 글로벌 금융위기가 남긴 무수익 여신으로 은행의 재무 부담이 늘어나 유로존 안정도 위협받을 수 있다고 경고했다.

전자신문(2017. 10. 9.)

'예금-대출' 과정 거치며 크게 증가하는 유동성

시중유동성이란 한마디로 경제주체들이 보유하고 있는 자금이다. 형태는 다양하다. 지갑 속 현금뿐 아니라 통장에 들어 있는 예금, 적금, 채권 등 현금화가 가능한 금융자산도 포함한다. 예를 들어 A씨가 예금 1천만 원, 적금 500만 원, 국공채 5천만 원어치를 보유하고 있다면, A씨가 갖고 있는 유동성은 6,500만 원이 된다.

유동성 공급의 원천은 중앙은행인 한국은행이다. 한국은행이 돈을 공급하는 경로는 여러 가지다. 시중은행에 대한 대출, 시중은행이 보유한 어음 구입, 정부 대출, 은행으로부터의 달러 구매 등이다. 이렇게 하면 한국은행이 발행한 화폐가 시중에 풀리게 된다.

이 같은 과정을 거쳐 A라는 주체에게 1천만 원이 돌아갔다고 가정해보자. 이때 A는 1천만 원을 한꺼번에 쓰지 않고 은행에 예금해 둔다. 결국 A는 수중에 현금이 남아 있지 않은 대신 은행 예금을 1천만 원 갖게 되었다. 이 경우 시중유동성은 1천만 원으로 한국은행이 발행한 현금 규모와 일치한다.

A는 은행에 돈을 맡긴 후 한꺼번에 찾아 쓰지 않고, 필요할 때만 인출해 사용한다. 이를 알고 있는 은행은 1천만 원이란 예금을 기초로 수익을 내려 한다. 그래야 A에게 이자를 지급하면서 은행도 돈을 벌 수 있기 때문이다. 이에 은행은 A의 인출 수요에 대비해 10%(100만 원)만 적립해둔 후 나머지 900만 원을 B에게 대출해준다. 900만 원을 대출받은 B는 이 돈을 당장 수중에 갖고 있지 않는다. 이를 은행에 맡겨둔 후 필요할 때 인출해 사용한다. B는 결국 900만 원을 해당 은행 혹은 다른 은행에 예치한다. 이때 B는 대출 900만 원을 갖고 있지만, 역시 예금자산 900만 원을 보유하게 된다.

은행은 A의 예금 1천만 원을 바탕으로 B에게 900만 원을 대출해 주었지만, 그렇다고 해서 A의 은행 잔고가 100만 원으로 줄어드는 것은 아니다. A는 여전히 예금 1천만 원을 보유하고 있다. 이러한 상황에서 B가 대출금을 바탕으로 900만 원의 예금자산을 추가로 만들었다. 결국 A와 B가 갖고 있는 예금자산을 합하면 1,900만 원이 된다. 최초 시작점은 화폐 1천만 원이지만, 대출이라는 과정을 거치면서 시중유동성은 1,900만 원으로 늘어났다. 한국은행이 발행한 현금은 1천만 원에 불과하지만 유동성이 그 이상 커진 것이다.

이 같은 상황을 경제주체가 1,900만 원의 현금을 갖고 있다는 것으로 오해해서는 안 된다. A와 B는 자신의 예금을 모두 현금화할 수 있다. 하지만 B는 예금 900만 원을 현금화더라도 언젠가는 그만큼의 대출을 상환해야 한다. 즉 B는 900만 원의 유동성을 갖고 있지만, 반대급부로 900만 원의 빚을 지고 있어 단 한 푼의 실질현금자산을 갖고 있지 않은 상황이다. 결국 유동성은 1,900만 원으로 늘어났지만, 시중에 풀린 현금은 1천만 원 그대로다. 이 예에서는 현금을 모두 은행이 갖고 있다. A의 인출 수요에 대비해 은행이 따로 적립해둔 100만 원과 B가 은행에 넣어둔 900만 원이 그것이다.

이야기를 좀 더 진전시켜보자. B에게서 900만 원을 예치받은 은행은 B의 인출 수요에 대비해 90만 원을 적립해둔 후 810만 원을 C에게 대출해준다. 그리고 C는 810만 원을 일단 은행에 예치시킨다. 그러면 은행은 81만 원을 인출 수요에 대비해 적립한 후 다시 729만 원을 D에게 대출한다. 이런 과정을 통해 각 경제주체들이 갖는 예금자산은 기하급수적으로 증가한다. 한국은행이 시중에 공급한 현금은 1천만 원에 불과하지만, 이를 기초로 파생되는 예금자산(시중유동성)은 큰 폭으로 늘어나는 것이다.

이처럼 현금자산에서 파생되는 시중유동성의 비율을 '통화승수(money multiplier)'라고 한다. 한국은행이 추정하는 우리 경제의 통화승수는 2017년 기준 17 정도다. 한국은행이 1천만 원을 공급하면 시중유동성이 1억 7천만 원으로 늘어난다는 뜻이다. 경기가 좋을수록 대출이 활발해져 통화승수가 커진다. 따라서 통화승수는 경기를 관찰하는 지표 중 하나로 사용할 수 있다.

시중에 풀린 돈이 얼마나 잘 도는지 보여주는 지표들은 최악의 수준으로 얼어붙었다. 2010년 24배 수준이던 '통화승수'는 지난해 12월 16.8배로 떨어졌다. 통화승수는 한은이 공급한 돈이 금융회사 등을 통해 몇 배로 불어나는지 보여주는 지표로, 수치가 낮을수록 돈이 잘 돌지 않는다는 뜻이다.

동아일보(2017. 2. 23.)

시중유동성 공급의 창구들

시중유동성이 늘기 위해서는 은행들이 대출을 활발하게 하면 된다. 앞의 예에서 대출의 연쇄고리가 길어질수록 시중유동성은 풍부해진다. 최근의 유동성 증가는 이와 관련이 깊다.

여기에 기업과 외국인 투자자들도 경제에 유동성을 공급한다. 기업들은 무역흑자를 통해 해외에서 자금을 유입시키고, 외국인 투자자는 직간접투자를 통해 자금을 국내에 공급한다. 금융회사들은 또 예금에 기반을 둔 대출 외에, 해외에서 자금을 직접 차입해 국내에 공급한다. 채권을 발행해 민간에서 잠자는 유동성을 흡수한 뒤 이를 대출 형태로 유통시키면서 유동성을 키우기도 한다.

개인들도 주식, 보험 등에 투자하기보다 은행 예금을 늘리는 방식으로 유동성 공급에 영향을 줄 수 있다. 주식, 보험에 투자해도 유동

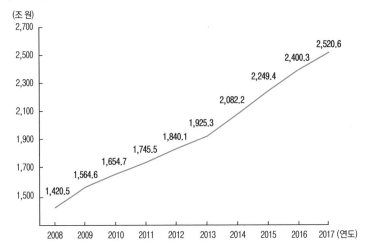

〈도표 6-1〉 급증하는 한국 경제 시중유동성

(조 원)

2,700
2,500
2,300
2,100
1,900
1,700
1,500

1,420.5
1,564.6
1,654.7
1,745.5
1,840.1
1,925.3
2,082.2
2,249.4
2,400.3
2,520.6

2008 2009 2010 2011 2012 2013 2014 2015 2016 2017 (연도)

자료: 한국은행

성은 증가하지만, 은행 예금을 늘리면 은행의 대출 재원으로 활용되면서 유동성 증가율을 더욱 키운다. 은행 예금은 시중은행들이 고금리 예금 특판 경쟁을 실시하면 대폭 증가하곤 한다.

유동성 공급에는 정부도 어느 정도 역할을 한다. 정부가 채권을 발행하면 민간은 보유하고 있던 유동성으로 채권을 구입하는데, 이 과정에서 민간에 잠자고 있던 유동성이 정부로 들어간 뒤에 재정지출 등의 형식으로 시장에 유통되어 시중유동성을 키우게 된다. 정부 채권이 발행되지 않았다면, 움직이지 않고 잠재해 있었을 유동성이 정부를 통해 유통되는 것이다. 정부 채권은 통상 계획에 없었던 추가 재정지출 수요가 벌어질 때 신규 발행된다. 세수 등 재정수입이 한정된 상황에서 갈수록 증가하는 재정수요에 대응해야 할 필요성은 계속 커지고 있어, 채권발행은 지속적으로 증가하는 추세다.

한국은행은 직접적으로 현금 발행량을 늘려 유동성을 키울 수 있다. 반대로 한국은행이 유동성을 줄이고 싶다면 채권을 발행한다. 채권을 발행해 민간 유동성을 흡수하는 것이다. 그리고 한국은행은 정부와 달리 이를 유통시키지 않고 창고에 저장해둔다. 이는 돈의 유통을 억제한다는 점에서 유동성을 줄이는 효과를 낳는다. 이같은 목적으로 한국은행이 발행하는 채권을 '통화안정증권(monetary stabilization bond)'이라 한다.

2010년대 중후반 정부와 한국은행은 각종 정책을 통해 유동성공급을 크게 늘렸다. 생각대로 경기가 살아나지 않으면서 통화승수가 작아 시장에서 유동성이 배가되는 효과는 별로 없었지만, 정부와 한국은행이 경기를 살린다면서 워낙 많이 유동성을 늘려 막대한 돈이 풀리게 되었다.

유동성 급증의 부작용

그렇다면 시중유동성 급증은 어떤 부작용을 유발할까? 가장 문제가 심각했던 2006년 말 사례를 통해 알아보자.

2006년 9월 시중유동성 잔액은 1,112조 6천억 원에 달했다. 당시 GDP를 훨씬 상회하는 수치로, 증가 속도가 무서웠다. 2006년 8월 8.2%였던 전년동월 대비 증가율이 9월 들어 10.8%로 커졌다. 1년 전에 비해 10%가 넘는 유동성이 신규 창출되었다는 뜻이다. 당시 9월 한 달 사이에 새로 늘어난 유동성은 26조 3천억 원에 달했다. 이 같은 증가는 역시 대출 때문이었다. 당시 금융회사들은 기업과 개인에게 총 9조 3,703억 원의 순대출(신규 대출-대출상환액)을 실시행다. 8월 5조 6,247억 원에 비해 크게 늘어난 수치다. 이처럼 대출이 폭발적으로 늘면서 시중유동성의 증가 속도는 당시 경제성장률(4%대 후반)의 2배를 상회했다.

시중유동성이 크게 늘면 경제주체들의 지출 여력이 커진다. 개인은 소비를 하거나 부동산·주식 등에 자금을 투입할 수 있고, 기업은 설비투자를 할 수 있다. 그러면 경기가 진작된다. 당시 정부는 이 효과를 노려 유동성을 크게 늘렸다.

그런데 경제는 꼭 의도대로 흘러가지 않는다. 우선 생산물이 한정된 상황에서 시중유동성이 지나치게 늘면 물가가 올라간다. 생산물은 그대로인데 유동성만 늘면 생산물의 상대적인 가치가 높아지기 때문이다. 또한 시중유동성이 적절히 배분되지 않고 한곳에 집중되면 특정 부문의 가격을 지나치게 상승시킬 수 있다.

2006년 경제상황은 후자에 해당했다. 물가 상승률은 2%대에서 안정을 보였지만, 부동산가격만 급등한 것이다. 유동성이 늘어남에 따라 경기가 나아지면서 각종 자산가치가 고르게 올라야 했는데, 유동성이 부동산에만 집중되면서 부동산가격만 급등한 것이다. 특히 당시 유동성 증가는 당장 현금화할 수 있는 단기유동성이 급증했다는 데 문제가 있었다. 한국은행 자료에 따르면 528조 8천억 원에 달하는 단기유동성이 우리 경제에 잠재해 있었다. 이들은 만기 6개월 미만인 금융상품과 현금으로 구성되어 있어 언제든지 현금으로 돌변해 시장을 교란할 준비가 되어 있었다.

최근 상황도 이와 비슷하다. 정부는 경기를 살리기 위해 유동성을 풀었는데, 생각만큼 경기는 살지 않고 부동산가격만 급등한 것이다.

그런데 이런 상황이 언제까지고 지속될 수는 없다. 특히 지나친 유동성은 경제위기가 발생할 때 큰 짐이 된다. 앞선 예에서 B, C, D가 각자 받은 대출을 기반으로 집을 샀다고 가정해보자. 그런데 경제위기가 터지면서 은행이 대출 회수에 들어갔다고 하면, 각자 빚을 내 집을 산 B, C, D는 집을 팔아 빚을 갚아야 하거나, 집이 안 팔려 빚을 못 갚는 상황에 처한다. 그러면 은행은 최초 예금자인 A에게 예금을 돌려주지 못해 결국 은행도 파산할 수 있다. 이 과정에서 서로 집을 팔려고 하면 부동산가격 급락 현상도 벌어질 수 있다.

이 같은 사태를 막으려면 정부와 한국은행이 시중유동성을 줄이기 위한 노력을 해야 한다. 유동성을 줄이는 방법으로는 크게 2가지가 있다. 우선 유동성 창조의 바탕이 되는 현금 공급 자체를 줄이면 된다. 이는 한국은행이 화폐를 덜 발행하면 된다는 뜻이다.

그리고 금융회사가 대출을 줄이도록 하면 된다. 대출을 줄이는 방법은 또 3가지로 나뉘는데, 우선 정부가 금융회사를 상대로 대출을 줄이도록 규제하면 된다. 다음으로 한국은행이 금리를 올리면 된다. 금리를 올리면 대출에 대한 부담이 늘어 대출이 줄어든다. 한국은행은 이를 위한 수단으로 모든 금리의 바탕이 되는 기준금리 조절 권한을 갖고 있다. 마지막으로 한국은행의 지급준비율 인상이 있다(이는 뒷장에서 알아본다). 2018년 정부와 한국은행은 3가지 방법 중 대출규제에 집중했다. 금리와 지급준비율 인상은 경기를 위축시킬 위험이 있어서 부동산가격 안정만 타깃으로 하는 대출 규제에 나선 것이다. 그러나 부동산 담보대출을 조이면 규제를 받지 않는 신용대출이 증가하는 식으로 정책 효과가 제대로 발휘되지 않았다.

도대체 부동자금이 뭐길래
큰 문제가 될까?

단기유동성은 '부동자금(浮動資金)'이라고도 불린다. 부동자금은 말 그대로 이리저리 흘러 다니는 자금을 의미한다. 좋은 투자처가 있으면 바로 그쪽으로 움직일 수 있는 자금으로, 대기성 자금이라고 볼 수 있다.

부동자금은 언제든지 현금화할 수 있는 수단으로 구성되어 있다. 대표적인 것이 요구불예금, 6개월 미만 금융상품 등이다. 언제든지 은행에서 찾아 아무 곳에나 투자할 수 있다. 다른 상품들은 만기 전에 찾으려면 이자에 큰 손해를 봐야 해서 곧바로 현금화하기 어렵지만, 요구불예금은 제약 없이 현금화가 용이하다.

부동자금의 증가는 경제에 큰 짐이 될 수 있다. 일단 이것이 늘어난다는 것은 현재 돈이 제대로 돌고 있지 않다는 것을 의미한다. 채권 등에 시중유동성이 들어간 뒤 직간접적으로 기업에 흘러들어가 경제 활력을 높이는 역할을 해야 하는데, 단기유동성으로 남아 있으면 유동성의 선순환 효과를 내지 못하는 것이다.

이렇게 부동자금이 잠자고 있다가 갑자기 쏠림 현상과 결부되면 큰 문제를 일으킨다. 부동자금이 부동산시장으로 쏠려 부동산 버블을 만들거나, 비트코인 같은 투기성 상품에 몰리는 것이 대표적인 예다. 이 같은 일을 막기 위해서는 금리를 올려서 부동자금이 은행 예금 등으로 들어가도록 해야 한다. 그래야 특정 분야로 돈이 급격히 쏠리는 일을 막을 수 있다. 반대로 금리가 낮게 유지되면 은행 상품 등에 매력을 못 느낀 자금이 대거 부동화되면서 결국에는 부동산가격 급등 등의 문제를 일으키게 된다.

현재 한국 경제에 잠재해 있는 부동자금은 1천조 원을 훌쩍 넘는다. 전체 유동성에서 차지하는 비중은 30%를 상회한다. 통상 20% 미만으로 떨어져야 경제에 큰 왜곡이 없는데, 현재 수치는 지나치게 높은 것이다. 오랫동안 저금리 기조가 유지된 데다 부동산, 주식 등 자산시장이 전반적으로 불안해 투자처를 잃고 헤매고 있는 것으로 보인다.

부동자금이 많으면 이것이 자산시장을 돌아다니며 쏠렸다가 빠져나오는 과정이 반복되면서, 곳곳에서 거품이 생겼다 꺼지는 일이 계속될 수 있으므로 꾸준한 관리가 필요하다.

돈이 움직이는 데도
속도가 있다

  현금에서 파생되는 시중유동성의 배율을 의미하는 통화승수와 비슷한 개념으로 '유통 속도(velocity of money)'란 것이 있다. 하지만 그 쓰임새는 전혀 다르므로 기억해둘 필요가 있다. 유통 속도란 돈이 회전하는 속도를 의미한다.

  속도가 올라가는 경우는 크게 3가지다. 첫째, 경기가 좋아져 각종 거래가 활발할수록 돈의 손바뀜이 많아지면서 유통 속도가 올라간다.

  둘째, 경제주체들이 가급적 돈을 덜 보유할수록 유통 속도가 올라간다. 예를 들어 매일 10만 원 정도 쓰는 사람이 지갑에 100만 원을 갖고 있다면 지갑 속에 많은 돈이 잠자고 있는 것인데, 90만 원은 통장에 두고 10만 원만 갖고 다니게 되었다고 하자. 그러면 이전보다 많은 돈이 은행 계좌 속에 있게 되고, 이 돈이 은행을 통해 대출 등 거래에 쓰이면서 돈의 활용도가 높아져 유통 속도가 올라가게 된다. 이자율이 크게 올라 가급적 많은 돈을 은행에 넣어두는 것이 유리하거나, 입출금하는 데 큰 불편이 없고, 휴대폰 페이 등 대체 결제 수단 이용이 보다 보편화될수록 지갑 속에 돈을 덜 넣어도 되면서 유통 속도가 올라간다.

셋째로 대출이나 투자 행태와 관련이 있다. 대출이 빈번하게 이루어져 은행이 갖고 있는 돈이 활발하게 유통되면 유통 속도가 올라간다. 또 재테크가 활발해져 이곳저곳으로 돈이 자주 돌아다니면 돈의 유통 속도가 올라간다.

경기가 침체될 때는 유통 속도가 떨어지는 것이 일반적이다. 거래할 일이 줄어 돈의 손바뀜이 별로 발생하지 않기 때문이다. 또 은행이 대출을 줄이면서 대출을 통한 유통이 잘 일어나지 않고, 불안심리에 따라 재테크가 침체되면서 금융상품 거래를 통한 경로로도 돈이 움직이지 않으면 유통 속도가 떨어진다. 이 같은 상황에서는 정부가 경기를 살리기 위해 아무리 많은 돈을 공급해도 거래에 쓰이지 않고 경제주체의 수중에 남게 된다. 특히 경제위기가 발생하면 자금 회전이 급속도로 침체되면서 유통 속도가 크게 떨어진다. 이는 정부의 확장정책의 유효성을 크게 떨어트린다.

반대로 유통 속도가 지나치게 커지면, 대출 등으로 인한 돈의 손바뀜이 무척 많아졌다는 것을 뜻하므로 거품의 전조로 해석할 수 있다. 그래서 경기지표의 척도 중 하나로 유통 속도를 보는 경우가 많은 것이다. 한국 경제의 통화 유통 속도는 장기적으로 떨어지는 추세다. 이는 한국 경제 활력이 장기적으로 떨어지고 있다고 해석할 수 있다.

그런데 이에 대한 반론이 있다. 유통 속도가 떨어지는 것은 지속적으로 늘어나는 시중유동성의 영향이 크다는 의견이다. 예를 들어 시중에 풀려 있는 유동성이 1조 원에서 100조 원으로 늘었다고 하자. 1조 원으로 유동성이 적을 때는 그 돈의 상당 부분이 거래에 쓰인다. 그러면 유통 속도가 빨라진다. 반면 유동성이 크게 증가하면 쓸 수 있는 돈이 많아 돈을 빨리 유통시켜야 할 필요가 적어진다. 그러면 유통 속도가 내려간다. 현재 경제상황을 일정 부분 반영하는 설명이다.

　유통 속도를 통해 경기를 볼 때는 전체적인 하향 움직임 속에서 급격하게 하락 속도가 심해지는 등의 움직임이 있는지를 보는 것이 좋다. 내려가는 자체에 주목하기보다는, 갑자기 속도가 큰 폭으로 떨어질 때 경제에 활력이 줄어든 것으로 해석하는 식이다.

한국은행이 16년 만에
해묵은 정책을 꺼내든 이유

지급준비율

'지급준비율(cash reserve ratio)'이란 무엇일까? 지급준비율에 대해 알기 위해서는 우선 지급준비금의 개념부터 알아두어야 한다. 은행은 예금자가 맡긴 돈을 대출해줌으로써 수익을 낸다. 그런데 예금자는 돈을 언제라도 찾을 수 있으므로 은행은 이에 대비하고 있어야 한다.

만일 은행이 예금자에게 인출해줄 돈을 준비하지 않고 있다가 그 사실이 알려지면, 해당 은행에 돈을 맡겨놓은 사람들은 자기 돈을 찾을 수 없을지도 모른다는 불안감에 휩싸이게 된다. 그러면 은행에 달려가 돈을 돌려달라고 요구하게 되는데, 이를 '뱅크런(bank run)' 이라 한다.

뱅크런이 발생하면 해당 은행은 갑자기 몰려드는 인출 수요로 인해 큰 어려움을 겪게 되고, 인출 요구자들에게 돈을 돌려주기 위해 대출 회수에 나서게 된다. 그러면 채무자들은 상환할 돈을 급하게 마련해야 한다. 하지만 당장 돈을 갚기 어려워 파산하고, 그 영향으로 은행도 파산할 수 있다. 결국 경제 전체가 큰 곤경에 빠져버릴 수도 있다.

중국 중앙은행인 인민은행이 올 들어 세 번째 지급준비율 인하를 단행했다. 인민은행은 다음 달 5일부터 5개 대형국책은행과 12개 중소형은행을 대상으로 지준율을 0.5%포인트 내린다고 24일 온라인 성명을 통해 밝혔다. 인민은행은 "이번 지준율 인하로 대형은행 지준율은 기존 16%에서 15.5%로, 중소형은행은 14%에서 13.5%로 낮아지면서 5,000억 위안 규모의 유동성이 투입될 것"이라고 했다. 또 신용등급이 나쁜 중소기업 대출을 늘리기 위해 중소형은행에 2,000억 위안 규모의 자금을 제공할 것이라고 덧붙였다.

서울경제(2018. 6. 24.)

효과가 강력한 지급준비율 조정

이 같은 일을 막기 위해 중앙은행은 은행들에게 인출 수요에 대비할 수 있도록 일정량의 현금을 쌓아두라고 강제하는데, 이를 '지급준비금'이라고 한다. 지급준비율은 예금총액에 대한 지급준비금의 비율이다. 예를 들어 100억 원의 예금을 유치한 상황에서 10억 원을 지급준비금으로 따로 쌓아두면 지급준비율은 10%다. 남은 90억 원을 대출에 활용하면 된다.

중앙은행은 법적으로 지급준비율(이하 '지준율')을 조절할 수 있다. 이 비율을 올리면 은행들은 더 많은 지급준비금을 쌓아두어야 한다. 지준율을 올리면 어떤 일이 벌어질까? 우선 지준율을 올리면 은행들이 의무적으로 쌓아두어야 하는 현금이 늘어난다. 이는 그만큼 대출에 쓸 수 있는 돈이 줄어드는 것을 의미한다. 결국 실제 대출이 줄면서 시중에 흘러 다니는 자금의 양은 곧바로 감소한다.

예를 들어 지준율을 10%에서 20%로 올리면, 은행은 1천만 원을 예금받은 상태에서 기존에는 900만 원을 대출할 수 있었지만 이제는 800만 원만 대출해줄 수 있다. 이렇게 하면 시중유동성이 줄어든다. 이 과정을 금리 인상과 비교하면 금리 인상은 이자 부담을 키워 간접적으로 대출을 줄이는 정책인 데 반해, 지준율 인상은 직접 대출에 쓰이는 재원을 줄인다는 점에서 보다 직접적인 정책이될 수 있다.

지준율 인상은 간접적으로 이자율 인상 효과를 낸다. 지준율이 인상되어 대출이 줄면 시중에는 자금이 덜 풀린다. 즉 시장에 흘러 다니는 자금이 감소한다. 이렇게 자금이 감소하면 수요와 공급 원리에 따라 자금의 가치(값)를 뜻하는 이자율이 올라가게 된다. 이자율 인상은 은행들의 수익보전 노력에 따라 더욱 배가된다. 대출을 예전만큼 많이 할 수 없으면 은행들은 수익을 덜 낼 수밖에 없다. 그래서 은행들은 대출 이자율을 올려 수익을 보전하려고 한다. 줄어든 대출로 예전만큼의 수익을 올리기 위해 이자율을 올리는 것이다. 결국 지준율 인상은 이자율 인상으로 직결된다.

또한 지준율 인상은 시장심리에도 영향을 미친다. 한국은행이 유동성을 줄일 강력한 의지를 갖고 있다는 신호로 지준율 인상을 사용하면, 시장은 이에 대해 심각하게 반응할 수 있다. 즉 시장은 한국은행이 앞으로 유동성을 계속 줄여나갈 것으로 생각하게 되고, 결국 유동성 확보 경쟁이 생기면서 이자율 인상으로 이어질 수 있다. (반대로 지준율을 인하하면 앞서 소개한 전개가 반대 방향으로 일어나면서 시중유동성이 늘고 이자율이 하락한다. 이는 경기 확장, 물가 상승, 부동산가격 상승 등의 결과를 유발한다. 이런 이유로 금융위기 기간에 지준율 인하를 고려한 바 있다.)

이처럼 지준율 인상의 효과는 강력하지만 거의 사용하지 않는다.

대출 가능액을 직접 줄임으로써 은행에 심한 규제로 작용하기 때문이다. 그래서 불가피한 경우에만 간혹 사용한다. 한국은행은 부동산가격 상승이 정점으로 치닫던 2006년 12월 지준율을 인상한 바있다. 16년 만의 조정으로, 기존 5%에서 7%로 2%포인트 올렸다. 이를 통해 은행들은 원래 유치한 예금 대비 5%만 현금으로 갖고있으면 되었는데, 이후부터는 7%를 현금으로 확보해야 했다. 언뜻 2%포인트 차이가 작은 것 같지만, 시중은행으로서는 큰 부담이다. 관련 예금을 10조 원 갖고 있다면, 바로 2천억 원의 현금을 추가로 확보해야 한다는 이야기였기 때문이다.

실제로 당시 은행권 전체적으로 5조 원의 현금을 바로 확보해야하는 상황이 유발되었다. '현금'이 5조 원 줄면 시중유동성은 더 큰폭으로 줄어든다. 5조 원에 (앞서 설명한) 당시 통화승수 26을 대입하면 130조 원가량 시중유동성을 줄이는 효과가 발생했다. 5조 원이그대로 있었다면 반복적인 대출을 통해 130조 원의 시중유동성이창출되었을 텐데, 지준율 인상으로 그 가능성이 차단되었다.

2006년 당시 지준율 인상은 부동산가격 안정에 초점이 맞춰져있었다. 지준율 인상을 통해 은행 대출을 줄임으로써 빚내서 부동산사는 일을 막으려 한 것이다. 또 시장이자율 인상 효과를 통해 대출수요를 줄이겠다는 의도도 작용했다.

지급준비율 조정의 부작용

그런데 지준율 인상은 결과적으로 여러 부작용을 유발한다. 우선 이자율 상승을 통해 빚을 지고 있는 서민과 중소기업의 부담을 키운다. 또 단기적으로 환율 하락을 촉발한다. 지준율 인상으로 시중 자금 공급이 감소하면 우리 경제에 풀려 있는 달러화에 비해 원화량이 감소하게 된다. 달러화에 비해 원화가 부족해지면 원화가치가 오르고, 이에 따라 환율이 하락한다. 2006년의 경우 환율 하락이 큰 문제가 되던 시절이었다. 그래서 정책을 비판하는 시각이 많았다.

시중 자금 흐름을 왜곡한다는 문제점도 발생한다. 자금의 가격인 금리를 조절하면 가격 변동에 따라 자금 수급이 자연스레 조절된다. 하지만 지준율을 인상해 일방적으로 자금 수급 자체를 조절하면서 시장이 큰 충격을 받을 수 있다.

정책 효과가 의도와 달라질 가능성도 있다. 은행 반응에 따라 정책이 아무런 효과를 발휘하지 못하는 것이다. 시중은행이 주택대출은 그대로 둔 채 중소기업 대출 등 다른 대출만 줄이는 식이다. 이렇게 되면 부동산시장에 대한 영향은 거의 없고, 애꿎은 중소기업만 피해를 당할 수 있다.

은행은 또 지급준비금이 늘어난 만큼 외화 차입 등 다른 경로로 자금을 끌어올 수 있다. 이렇게 하면 지준율 인상에도 불구하고 대출액이 커질 수 있다. 여기에 지준율 규제는 은행에게만 해당할 뿐 보험, 카드, 저축은행 등 제2금융권에게는 적용되지 않는다. 은행 대출이 줄어든다고 하더라도, 사람들이 2금융권으로 몰리면서 주택대출이 오히려 증가할 수 있는 것이다. 이를 '풍선효과'라 한다. 풍선의 한쪽을 누르면 반대쪽이 커지는 상황에 빗댄 표현이다. 이런 정책상 어려움과 부작용 때문에 2006년도 지준율 인상은 시장에 준 충격만큼의 효과는 내지 못했다.

반면에 한국은행은 이점이 있었다. 은행들은 증가한 지급준비금을 자체 보관하지 않고 한국은행에 예치하는데, 당시 조치로 약 5조 원의 자금이 한국은행으로 들어왔다. 한국은행은 갖고 있는 자산을 투자해 이익을 내는데, 자산총액이 증가하는 효과를 낸 것이다.

이러한 관점에서 당시 한국은행은 부동산시장과 자기 이익 증대를 겨냥해 지준율을 인상했다는 비난을 들었다. 외국을 보면 선진국은 지준율 인상을 거의 하지 않는다. 영국, 뉴질랜드, 캐나다 등 관련 정책이 이미 폐지된 곳도 많다. 금융시장이 정부 통제에 있는 중국 정도만 지준율을 자주 조정한다.

한편 금융회사가 파산해 가진 자산을 모두 팔아도 예금자에게 이자는 물론 원금도 주지 못할 상황에 이르면, 예금보험공사가 이를 대신 지급한다. 이를 위해 예금보험공사는 금융회사들로부터 평소에 예금보험료 명목으로 수수료를 받는다. 예금보험공사는 수수료를 적립해 기금을 만든 뒤 실제 사고가 터지면 기금에서 예금을 돌려준다.

중소기업 대출을 줄이면 돈이 덜 풀릴까?
총액한도대출, 예대율 규제, 재할인율 조절

한국은행은 지준율 인상에 이어 2007년 초 '총액한도대출'을 축소했다. 총액한도대출이란 한국은행이 시중은행에 일정 자금을 배정하면, 이를 통해 은행이 중소기업에 저리로 빌려주는 자금을 뜻한다. 중소기업 지원을 위해 지난 1994년에 도입되었다. 총액한도대출 등 한국은행의 다양한 시중유동성 조절 수단에 대해 알아본다.

한국은행이 최근 지준율을 인상한 데 이어 시중은행에 대한 총액한도대출을 축소할 예정이다. 한은 금융통화위원회는 21일 총액한도대출을 2조~3조 원 줄이는 안건을 심의 의결하고 은행별로 새로 배정된 한도를 통보할 예정이다. 한국은행은 주택가격이 급등했던 2002년에도 총액한도대출을 2조 원 줄인 바 있어 이번에도 축소 규모는 2조 원가량이 유력시되며 적용금리도 소폭 인상될 것으로 보인다.

매일경제(2006. 12. 20.)

총액한도대출과 재할인율

당시 시중은행에 풀려 있는 총액한도대출 총량은 9조 6천억 원 수준이었다. 그런데 한국은행이 총액한도대출을 축소하면서 은행들은 9조 6천억 원 가운데 일부를 한국은행에 반납해야 했다. 해당 자금은 2조~3조 원가량이었다.

당시 한국은행은 총액한도대출 축소를 통해 지준율 인상과 동일한 효과를 노렸다. 대출 원천을 2조~3조 원 줄임으로써 여기에 통화승수 26을 곱한 최대 78조 원의 시중유동성 감소 효과를 노린 것이다. 한국은행은 이 조치로 시중금리 실질 인상 효과도 노렸다. 대출 가능 자금이 줄면 자금의 가치가 올라 돈의 가격인 이자율이 오르기 때문이다. 또 대출 축소에 따라 수익이 줄면 은행들이 대출이자 인상으로 대응할 것이란 예상도 했다.

당시 조치는 부동산시장 안정의 목적이 컸다. 시중유동성 축소와 대출 이자 상승을 통해 부동산시장으로 흘러들어가는 유동성을 조금이라도 막아보려 했던 것이다. 하지만 이로 인해 애꿎은 중소기업만 피해를 보게 되었다며 비난하는 목소리가 적지 않았다.

중앙은행이 시중유동성에 영향을 미칠 수 있는 또 다른 방법으로 '재할인율' 조정이란 것이 있다. 여기서 할인이란 '어음 할인'을 의미하고, 어음 할인은 은행이 어음을 담보로 대출해주는 것을 뜻한다. 예를 들어 A기업이 B기업에 3개월 후 1천만 원을 주는 것을 내용으로 하는 어음을 발행했다고 하자. B기업은 이 기간 돈이 필요하면 은행에서 어음을 담보로 대출을 받을 수 있다. 이때 은행이 B기업에게 부과하는 금리가 '할인율'이다. 3개월 후 A기업이 B기업에 실제 1천만 원을 지급하면 B기업은 은행에 대출을 갚게 된다.

은행은 B기업이 제출해서 3개월간 갖게 된 어음을 담보로 한국은행에서 다시 대출을 받을 수 있다. 이를 '어음 재할인'이라 한다. 담보로 잡은 어음을 재차 담보로 제공하고 대출을 받는 것이니, 재할인이란 명칭이 붙었다. 이때 한국은행이 시중은행에서 받는 금리를 재할인율이라 한다. 만일 한국은행이 재할인율을 올리면 대출금리가 올라가는 것이니 시중은행의 한국은행에 대한 이자 납입액이 늘고, 그만큼 돈이 덜 풀리는 효과가 발생한다.

현재 한국은행의 어음 재할인은 거의 사문화되었지만 재할인율은 남아 있다. 시중은행은 한국은행으로부터 수시로 대출을 받는데, 이때 금리로 재할인율을 적용하기 때문이다. 재할인율을 올리면 시중은행이 중앙은행에 내야 하는 대출 이자가 많아지고, 그만큼 한국은행으로 돈이 유입되는 효과가 발생한다. 또 재할인율을 올리면 시중은행이 중앙은행으로부터 대출을 받겠다는 유인이 줄어 그만큼 유동성이 줄어드는 효과를 낼 수 있다.

이러한 재할인율 역시 시중금리에 영향을 미친다. 중앙은행이 재할인율을 올리면 시중은행들은 수익을 보전하기 위해 그에 맞춰 금리를 올리게 되고, 이는 시중이자율 상승으로 이어진다.

예대율 규제

이 같은 방식 외에 한국은행이 시중은행의 대출 가능액을 제한하고, 기업과 개인에 적용하는 대출 이자율을 올리도록 강제하는 방법이 있을 수 있다. 이를 위해 은행 창구를 직접 돌며 지도를 하거나 은행의 협조를 당부한다. 하지만 이 같은 행위는 민간 영역을 지나치게 침범하는 것이므로 잘 쓰지 않는다.

직접 규제는 금융감독원 등 금융당국이 한국은행을 대신한다. '예대율(loan-deposit ratio)' 규제가 대표적이다. 예대율이란 예금총액 대비 대출총액을 의미한다. 금융감독원은 금융위기 영향이 극심하던 2009년 예대율을 '100%'로 규제한 바 있다. A은행이 총 1천만 원어치 예금을 받았다면 대출을 1천만 원 내로 하라는 뜻이다. 이 규제가 있기 전까지 한국은행들의 예대율은 130%를 넘기도 했다. 예금총액과 비교해 대출총액이 30%나 많았던 것이다. 부족분은 은행의 차입으로 충당되었다. 즉 예금이 부족해 대출할 수 없는 부분은 은행이 외국 은행 등에서 빌리거나 채권을 발행해 충당했다. 이에 따라 예금의 일부를 지급준비금으로 예치하면서도 예금 이상으로 대출하는 것이 가능했다.

〈도표 6-2〉일반 은행의 예대율 추이

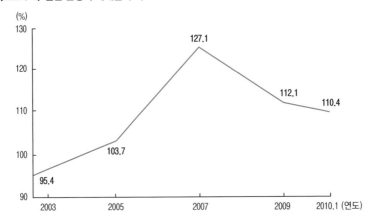

주: 평잔 기준
자료: 금융감독원

〈도표 6-3〉주요 시중은행의 예대율 현황(2009년 기준)

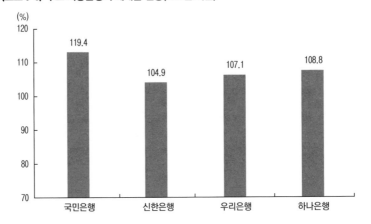

자료: 금융감독원

지나치게 높은 예대율은 은행 건전성에 독이 될 수 있다. 외국 은행 등을 통한 무리한 빚을 기반으로 하기 때문이다. 예를 들어 A 은행이 외국 은행에서 빌린 돈으로 부동산 담보대출을 대거 실시했다가 이게 부실화되면, 외국 은행에 돈을 갚지 못해서 A은행이 파산하는 일이 벌어질 수 있다. 이때 금융당국이 예대율을 100%로 낮추면, 시중은행은 예금 이상으로 대출을 할 수 없어서 대출 공급을 줄이게 된다.

또 예대율을 규제하면 은행들은 예금을 늘리는 선택도 하게 된다. 예금을 늘리면 '대출/예금' 산식에서 분모가 커지면서 예대율이 낮아진다. 예대율 규제에 따라 예금의 비중이 늘면, 은행은 외국 은행 등에서 돈을 빌릴 필요가 없어 자금 조달을 안정적으로 관리할 수 있다.

예대율 규제는 은행 건전성을 담보하기 위한 정책으로 쓰일 때가 많다. 다만 예대율 규제는 이점이 많으면서도 민간 경제를 지나치게 간섭하고, 중소기업 대출을 줄일 위험이 있어 사용에 주의해야 한다. 대기업이나 가계 대출에 앞서 중소기업 대출부터 줄일 수 있기 때문이다.

금융위기가 한국은행에 흑자를 안겨준 이유
통화안정증권

한국은행이 유동성을 흡수하기 위해 발행하는 것이 '통화안정증권(이하 통안증권)'이다. 금융사가 자금운용 목적으로 통안증권을 구입하면 해당 금액이 한국은행으로 유입되면서, 이 금액에 통화승수를 곱한 금액만큼 시중유동성이 줄어든다. 반면 시중에 유동성이 부족하다고 판단되면 한국은행은 다시 통안증권을 사들여 돈을 풀게 된다. 그런데 통안증권이 한국은행 재정에 막대한 부담을 끼친다고 한다. 왜 그럴까? 2006년 이후 금융위기 때까지 사례를 통해 알아본다.

시중유동성 관리와 관련, 한국은행은 "지난주부터 유동성 관리를 여유 있게 하고 있으며, 앞으로도 여유 있게 하려고 한다"고 말했다. 유동성 부족이 현실화하면 통화안정증권(통안증권) 발행을 통한 초과 유동성 흡수를 자제하는 등의 조치를 단행하겠다는 뜻으로 해석된다.

헤럴드경제(2010. 5. 25.)

재정까지 위협하는 통안증권 이자

통안증권에 따른 한국은행의 부담은 한마디로 이자가 지불되기 때문이다. 한국은행은 2006년 말 기준 155조 2,350억 원어치 통안증권을 누적 발행해, 2006년 한 해에만 6조 1,440억 원의 이자를 지급했다. 시중유동성이 늘어 부동산가격이 계속 올라가자 이를 제어할 목적으로 통안증권을 발행해 유동성을 빨아들이는 과정에서 생긴 일이었다. 통안증권뿐만이 아니다. 비슷한 기능을 하는 환매조건부 매각증권 발행 물량도 같은 해 22조 원에 달했다. 환매조건부 매각증권이란 환매, 즉 일정 기간 내에 다시 사주는 것을 조건으로 판매하는 채권을 뜻한다. 이 채권 역시 구매자에게 이자를 지급해야 한다.

연간 6조 원이 넘는 이자는 한국은행에 큰 부담이었다. 매년 2조 원 전후에 달하는 적자의 주범이었다. 한국은행은 이 같은 적자를 내부에 적립되어 있는 적립금으로 충당한다. 적립금을 헐어 통안증권 이자를 지급하는 상황으로 이해하면 된다.

한국은행은 일반 기업과 달리 자본금이 없다. 즉 '무자본특수법인'이다. 대신 매년 흑자가 발생할 때마다 이 가운데 일부를 적립금으로 쌓아둔다. 한국은행 적립금은 2004년 말 5조 9,676억 원에 달했지만, 적자가 누적되면서 2006년에는 1조 원대를 위협받기도 했다. 1년만 더 적자가 지속되면 적립금이 완전히 바닥날 상황에 이른 것이다.

실제 이 같은 상황에 이르면 한국은행은 정부재정에 손을 벌려야 한다. 돈을 찍어 충당하면 된다고 생각할 수 있지만, 중앙은행의 화폐 발행은 통화정책에 의한 필요에 의해서만 가능하다. 자체 적자를 메우기 위한 화폐 발행은 불가능하다. 이것이 허용되면 시중에 화폐 공급량이 임의로 늘면서 물가를 크게 올릴 수 있기 때문이다. 따라서 적자 보전을 위한 화폐 발행을 제한하고 있다.

결국 한국은행의 적자는 정부재정에 의해서만 해결될 수 있고, 이는 정부재정에 큰 타격을 미칠 수 있다. 가뜩이나 세수 부족으로 어려움을 겪고 있는 마당에 한국은행 적자까지 메워줘야 하기 때문이다. 한국은행은 사실 2003년까지만 하더라도, 각종 이자수익이나 자산운용을 통해 연간 3조 원 이상 흑자를 내며 정부에 1조 원 이상 법인세를 납부해왔다. 삼성전자 등 모든 기업을 통틀어 법인세 납부 2, 3위에 해당하는 실적이다. 법인세 납부 후 이익은 10%가량만 적립금으로 쌓고, 나머지는 정부에 반납해왔다. 3조 원의 이익을 거두었다면 1조 원을 법인세로 낸 뒤, 나머지 2조 원에 대해서도 2천억 원만 적립금으로 쌓은 후, 남은 1조 8천억 원도 국고로 반납하는 것이다. 연간 3조 원에 가까운 수입은 정부재정에 큰 도움이 되어왔다. 하지만 2006년 이것이 사라지는 것은 물론 정부가 보조까지 해야 하는 위기에 몰리게 되었다.

당시 대규모 적자는 주로 막대한 통안증권 발행 때문이었다. 이로 인한 막대한 이자 부담이 대규모 손실을 안긴 것이다. 또 미국 저금리 기조가 이어지면서 외환보유고 등으로 구매한 미국 채권의 수익률이 좋지 않은 점도 적자에 큰 영향을 미쳤다. 2007년까지 환율이 계속 하향 안정세를 타면서 원화로 환산한 해외투자 수익은 더 형편없어졌다.

이 밖에 한국은행은 금융위기 이전까지 부동산가격 안정을 위해 기준금리를 인상시키면서 통안증권 이자율까지 뛰게 만들었다. 이에 따라 스스로 더 많은 이자를 지급하게 만들었고, 이는 비용 부담을 가중시켰다.

이 같은 이자 부담이 너무 커지면 통화정책의 유효성까지 떨어뜨린다. 이자가 통화를 늘리는 효과를 낳기 때문이다. 즉 통화량을 흡수하기 위해 채권을 발행해 자금을 끌어모았는데, 채권 보유자에게 이자가 지급되면서 그만큼 돈이 풀리는 반대의 효과를 유발하는 것이다. 이자를 통한 효과가 얼마나 되겠냐고 생각할 수 있지만, 연간 6조 원 이상의 이자가 지급되고 있는 상황을 감안하면 그 효과는 결코 무시할 수 없다. 통화승수 26을 곱하면 무려 156조 원의 유동성 증가 효과를 낳기 때문이다.

이자 지급을 통한 유동성 증대 효과를 막기 위해서는 다시 채권을 발행해 이자만큼의 자금을 추가로 흡수해야 하는데, 이는 통안증권의 지속적인 발행을 유발하는 악순환을 낳는다.

통안증권의 과다 발행은 다른 문제도 발생시킨다. 시중통화량이 급격히 늘어 통안증권을 발행해 통화량을 흡수할 필요가 정말 커졌을 때, 기존 이자 부담 때문에 적정한 수준의 통안증권을 발행하지 못하면서 통화정책에 실패하는 것이다. 결국 평소 적자 관리를 제대로 하지 못하면 통화정책에 부작용을 주어 한국은행 자체 문제를 넘어 국가 경제정책에도 악영향을 미칠 수 있다.

금융위기를 계기로 흑자 전환

이러한 부작용은 지속될 수 없다. 이제 남은 길은 통안증권 발행을 줄이거나 중단하는 것뿐이다. 그래야 기존 통안증권을 상환해 나가면서 이자 부담을 줄이고, 적자도 줄일 수 있다.

그 위기를 자연스럽게 극복하게 해준 일이 있었다. 아이러니하게도 금융위기였다. 2008년 금융위기로 환율이 천정부지로 치솟았다. 이는 원화로 환산한 해외투자수익을 키웠다. 또 금융위기로 시중에 돈을 풀어야 할 상황이 되면서, 한국은행은 통안증권 등 기존에 팔았던 채권을 다시 사들이기 시작했다. 그래야 채권 소유자에게 현금이 공급되면서 자금이 풀리기 때문이다. 이렇게 되자 채권 잔량이 줄면서 이자 지급 부담도 함께 줄었고, 이는 한국은행 수지에 큰 도움을 주었다.

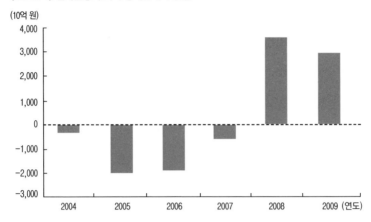

〈도표 6-4〉 한국은행의 과거 당기순이익 현황

(10억 원)

자료: 한국은행

　　한국은행은 결국 2008년 3조 4,029억 원의 당기순이익을 올
렸다. 한국은행은 이 가운데 1조 5천억 원을 법인세 등으로 정부에
납부했다. 그리고 나머지는 모두 한국은행에 그대로 쌓았다. 이익의
10%가량만 적립금으로 쌓는 것이 기존 관행이었지만, 이때는 특별
히 기존 적자를 감안해 많은 금액을 적립금으로 쌓은 것이었다. 한
국은행은 이후 다시 쌓인 적립금을 통해 금융시장 안정을 꾀하면서,
앞으로 다시 발생할 수 있는 적자에 대비하고 있다.

14일 한국은행에 따르면 지난해 한국은행은 2조 원대 후반의 당기순이익을 거두어, 2년
연속 흑자를 기록한 것으로 추정된다. 한국은행은 지난 2004년부터 4년 연속 적자를 기록
한 뒤 지난 2008년 5년 만에 3조 4,030억 원 흑자를 냈다.

이데일리(2010. 1. 14.)

간혹 통안증권을 국채로 전환해야 한다는 목소리가 있다. 국채는 각종 필요에 의해 정부가 발행하는 채권으로, 세수가 부족할 때 주로 발행된다. 통안증권이 국채로 전환되면 이자 지급 부담이 정부로 이관되어, 한국은행은 더 이상 손실을 보지 않을 수 있다. 이와 함께 정부가 관리하는 통화기금 역할을 확대해야 한다는 주장도 있다. 통화기금 관리를 위한 채권발행을 늘리면 통안증권의 발행 필요성이 줄어든다.

하지만 그렇다 하더라도 근본적인 문제 해결에는 기여하지 못한다. 이자 부담 주체가 한국은행에서 정부로 바뀌는 것에 불과하기 때문이다. 전체적인 시각에서 국가재정 결손에 끼치는 영향은 매한가지다. 또 발행주체와 부담주체를 놓고 정부와 협의가 필요하고, 한국은행이 자유롭게 통안증권을 발행하는 데 제약이 생기면서 통화정책에 지장을 초래할 수 있어 이 같은 주장은 수용되지 않고 있다.

CHAPTER
7

금리와 경제와 부동산,
그 얽힌 실타래를 푼다

돈의 가격을 뜻하는 금리는 경제상황을 종합해 보여주는 종합지표로, 경기상황과 앞으로 경제가 어떻게 움직일지를 예측해 즉각적인 움직임을 보인다. 이 챕터에서는 경기와 금리가 어떻게 상호작용하는지 소개한다. 금리는 정부와 한국은행이 경기를 조절하는 중요한 수단이 되기도 하는데, 그와 관련한 메커니즘을 살펴본다. 소비 및 부동산 가격과도 밀접한 관계를 맺는 금리가 주요 경제활동에 어떤 영향을 미치는지 구체적으로 소개한다.

경기가 금리를 결정할까, 금리가 경기를 결정할까?

금리의 경제 영향, 기준금리

금리는 물가 및 유동성과 밀접한 관계를 맺고 있다. 금리가 오르고 내리면 경제는 어떤 영향을 받을까?

'운명의 7월'이다. 한국은행 금융통화위원회가 추후 통화정책의 큰 방향성을 판단해야 할 시점이 다가오고 있다. 한은 안팎은 추후 기준금리 변동의 방향은 인상이라는 쪽에 기울고 있을 뿐, 그 외에는 불확실성으로 점철돼 있다. 특히 물가 둔화에 고용 부진까지, 고려해야 할 변수들이 많은 상황이다. 한은은 과거 어느 때보다 어려운 결정을 내려야 할 처지다. 2일 한은과 금융시장 등에 따르면 한은 금통위는 오는 12일 기준금리를 결정하는 본회의를 연다. 이번 달 금통위가 주목되는 건 '수정경제전망'이 함께 나오기 때문이다. 한은은 매년 1·4·7·10월 수정경제전망을 통해 경제성장률과 물가 상승률 전망치 등을 내놓는다.

이데일리(2018. 7. 2.)

경기 변화와 직결되는 금리 움직임

금리 움직임은 간명하다. 경기가 침체될 때 내려간다. 소비와 투자심리가 악화되면서, 돈을 빌리는 수요가 줄면서 내려간다. 돈의 가격인 금리가 수요 감소에 따라 내려가는 것이다. 반대로 경기가 좋아지면 금리는 올라간다.

이 같은 금리의 움직임은 경제가 스스로 균형을 찾게 하는 데 결정적인 역할을 한다. 경기가 침체되면서 금리가 하락세를 나타낸다고 하자. 이렇게 되면 경제주체들은 돈을 빌리기 용이해진다. 이자 부담이 줄어들기 때문이다. 이에 따라 대출이 늘어 시중에 돈이 풀리면 생산과 소비가 늘어 경기를 진작시킨다. 또 이미 돈을 빌리고 있는 기업이나 개인들은 이자 부담이 줄어들어 투자와 소비를 늘릴 수 있다.

주가가 오르는 효과도 낳는다. 경기가 나아질 것이란 기대와 함께 금리가 낮아진 예적금보다는 주식의 가치가 부각되면서 주식을 사려는 수요가 늘어 주가 상승을 유도하는 것이다. 주가가 상승하면 '자산효과(wealth effect)'에 따라 소비를 더욱 크게 키울 수 있다. 자산효과는 자산이 증가하면서 소비심리를 개선시켜 소비를 늘리는 효과를 의미한다. 이 밖에 재원 부족으로 실현되지 않고 있던 투자는 돈을 빌리기 쉬워지면서 재개되는 효과가 발생할 수 있다. 금리가 아무리 내려가도 투자심리 자체가 얼어붙어 있는 경우라면 효과는 제한되지만, 대개는 투자가 늘어난다.

이처럼 금리 인하는 경제에 각종 긍정적인 효과를 유발한다. 경기 침체에 따라 금리가 내려가자, 이것이 경기를 회복시키는 효과를 내는 것이다. 그러면 경제는 침체 이전의 균형으로 돌아올 수 있다. 그런데 금리 하락이 꼭 긍정적인 효과만 있는 것은 아니다. 경기가 좋아지면서 반대급부로 물가가 크게 상승할 수 있기 때문이다. 금리 하락의 부작용이다.

금리 상승의 경우는 금리 하락과 반대라고 보면 된다. 경기가 좋아 소비와 투자심리 개선이 이어지고 있다고 하자. 그러면 돈을 빌리려는 수요가 늘면서 돈의 가격인 금리가 오르고, 기존에 돈을 빌린 경제주체들에게 이자 부담을 발생시킨다. 이는 소비와 투자를 줄여 경제를 위축시키고, 결국 금리 상승 이전의 균형으로 돌아온다. 물가 상승세도 안정세를 나타낸다.

이처럼 금리는 경기 영향을 받아 움직이고, 이것이 다시 경기에 영향을 주는 연쇄작용을 한다. 금리가 경제 안정화 장치 역할을 하는 것이다. 한국은행은 나아가 강제로 금리를 조정해 경기 균형을 앞당긴다. 경기가 침체 상태라면 시장금리 하락에 앞서 한국은행이 먼저 자체 금리 인하에 나서 경기회복을 추구하고, 경기가 너무 좋은 상태라면 강제로 금리를 올려 물가 안정을 추구한다.

한국은행의 이 같은 행위는 앞으로 물가가 상승하거나 내릴 것이라는 경제주체들의 기대를 형성할 때 힘이 배가된다. 한국은행이 금리를 올리면 앞으로 물가가 안정될 것이라는 기대가 생기면서 실제 물가가 빠르게 안정되는 식이다.

이 구조에서 벗어날 때도 있다. 일반적으로 경기가 침체되면 금리가 내려가지만, 경기침체 이상으로 경제위기가 오면 오히려 시장금리가 오를 수 있다. 위기를 맞아 상황이 다급해지면서 서로 돈을 빌려주지 않고 확보하려고만 들면 돈의 가격이 오르는 것이다. 반대로 경제가 지나친 호황 상태라면 시중에 돈이 넘쳐흐르면서 돈의 가격인 금리가 떨어진다. 이때 한국은행은 시장금리를 매우 큰 폭으로 인하 혹은 인상하는 방식으로 대응한다.

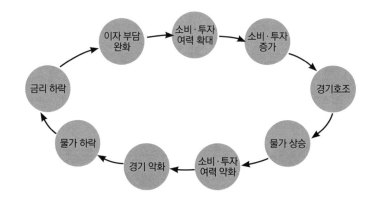

한국은행이 조절하는 금리는 기준금리

한국은행이 조절하는 금리를 '기준금리(base rate)'라 한다. 보통 만기 7일 이내, 즉 7일 안에 빌리고 갚는 거래가 종료되는 초단기 금융상품에 적용되는 금리를 뜻한다. 한국은행은 매달 한 차례(둘째 주 목요일) 금융통화위원회를 열어 그 달의 정책 목표를 결정하고 있다. 이때 '결정'이란 표현을 쓰지만, 엄밀히 말해서 라면 값을 정하는 것처럼 수치가 정확하게 고정되지는 않는다. 해당 목표에 최대한 가까워지도록 시장을 조율하는 것이다.

예를 들어 만기 7일짜리 금융상품 금리가 한국은행 목표보다 올라가 있으면 해당 시장에 돈을 풀어 금리를 낮춘다. 돈의 공급이 늘면 돈의 가격인 금리는 떨어진다. 한국은행 목표보다 금리가 내려가 있으면 풀었던 돈을 거둬들여 금리를 올린다. 한국은행은 항상 관련 시장을 주시하면서, 금리가 한국은행의 목표 수준에서 움직이도록 조절한다.

구체적인 자금 조절은 주로 채권(정해진 이자율로 돈을 빌려준 뒤에 받은 증서)을 통해 이루어진다. 한국은행이 자체 채권을 발행해 내다 팔거나(돈을 빌리고 증서를 주거나) 미리 사둔 다른 채권을 팔면(증서를 타인에게 넘기고 해당하는 금액을 받으면) 돈이 한국은행으로 들어와 돈의 공급이 줄어든다. 반대로 한국은행이 판 채권을 사들이면(돈을 갚아주고 증서를 거둬들이면) 돈이 풀린다. 채권을 갖고 있던 사람에게 돈이 들어가기 때문이다.

그렇다면 한국은행은 수많은 금리 중에서 왜 하필이면 초단기 금리를 조절하는 것일까? 이는 상대적으로 조작하기가 쉽기 때문이다. 초단기 자금 거래 시장은 주로 금융기관들만 참여하므로 참가자 수가 매우 적다. 한국은행이 예금금리를 조절하는 상황이라고 가정해보자. 수많은 사람들이 예금 거래에 참여하는 만큼 어디부터 손대야 할지 가늠하기 쉽지 않다. 전체 예금액 통제는 사실상 불가능하다. 반면에 금융기관만 참여하는 초단기 거래는 참가자가 소수에 불과하고 자금 규모도 크지 않다. 그러므로 더 쉽게 한국은행이 통제할 수 있다.

이러한 단기금리 조절을 통해 한국은행이 궁극적으로 노리는 목표는 전체 금리의 조절이다. 단기금리가 0.5%포인트 올랐다고 가정해보자. 이렇게 되면 단기자금 시장에서 돈을 빌리는 금융기관들은 이전보다 더 높은 이자를 지급해야 한다. 이 같은 상황에서 금융기관이 손해를 보지 않기 위해서는, 개인이나 기업에 자금을 빌려줄 때 적용하는 금리를 인상해 예전보다 더 많은 이자를 받아내야 한다. 이러한 방식으로 단기금리 인상은 대출금리 등 중기금리 인상으로 연결되고, 연쇄적으로 장기금리와 채권금리에도 영향을 미친다. 결국 한국은행의 기준금리 인상은 시장금리 인상으로 연결되는 효과를 낳는다.

금리 조절은 대출금리뿐만 아니라 수신금리에도 적용된다. 대출금리가 올랐는데 수신금리가 제자리를 유지한다면, 국민들은 예금 대신 다른 자산에 투자하거나 은행을 비난할 것이다. 이렇게 되면 은행은 위기를 맞을 수 있다. 이에 은행들은 기준금리가 오르면 수신금리도 인상시킨다. 결국 기준금리를 시작으로 시장의 모든 금리가 오르게 된다. 반대로 기준금리가 떨어지면 모든 금리가 떨어지는 효과가 발생한다.

기준금리를 내리는데 장기금리가 내려간다?
장단기 스프레드, 신뢰

그런데 최근 경제상황을 보면, 기준금리 조절이 장기금리 조절로 잘 이어지지 못하고 있다. 오히려 기준금리를 올렸는데 장기금리는 내려가는 경우도 있다. 이에 대해 한국은행은 채권시장의 미성숙을 이유로 든다. 장기 채권시장이 단기 금융시장과 제대로 연계되지 못하고, 유통 과정의 투명성이 낮아 통화정책이 제대로 파급되지 않고 있다는 것이다. 또 시장 사이의 독립성이 강해 한국은행의 정책이 파급되기에 한계가 많다는 지적도 나온다.

미국 장단기 국채 수익률 스프레드(금리 격차)가 더욱 줄어들고 있다. 2일(이하 현지 시간) 기준으로 미국 10년물과 2년물 국채 사이의 금리 격차는 31.8bp를 기록하면서 지난달 29일 기록한 32.8bp보다 더욱 축소됐다. 시장에서 장단기 국채의 금리 격차가 줄어드는 것은 무역전쟁이 향후 물가 상승과 전 세계 경제성장에 부정적인 영향을 미칠 것이라는 우려가 더 커졌기 때문이라고 로이터 통신이 2일 전했다.

아주경제(2018. 7. 3.)

경기 따라 결정되는 장단기 스프레드

일반적으로 장기금리는 단기금리보다 높다. 장기로 돈을 빌려주면 떼일 위험성이 더 커서 보다 많은 대가를 받으려 하기 때문이다. 그래서 장기금리와 단기금리에는 차이가 발생하고 이를 '장단기 스프레드'라 한다.

일반적으로 경기가 좋아질 것이라고 예상될 경우에는 장단기 스프레드가 커진다. 앞으로 경기가 좋아지면 시장금리가 계속 상승하면서 미래 시점에서는 현재보다 시장금리가 높아져 있을 가능성이 크다. 여기에 경기가 계속 좋으면 물가가 올라서 한국은행이 기준금리 인상을 단행할 것으로 예상해볼 수 있다. 그러면 미래 금리는 지금보다 더 올라 있을 가능성이 크다. 장기금리는 이런 미래의 금리에 대한 기대를 반영한다. 그러면서 단기금리와의 격차가 더욱 벌어진다.

반면에 경기가 나빠질 경우에는 이 영향을 받아 시장금리가 계속 하락할 가능성이 크다. 여기에 경기가 계속해서 좋지 않으면 한국은행이 경기를 회복시키기 위해 강제적인 금리 인하를 단행할 것으

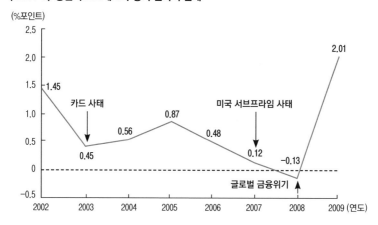

〈도표 7-2〉 장단기 스프레드와 경기 변화의 관계

(%포인트)

- 카드 사태 0.45
- 1.45
- 0.56
- 0.87
- 0.48
- 미국 서브프라임 사태
- 0.12
- −0.13
- 글로벌 금융위기
- 2.01

2002 2003 2004 2005 2006 2007 2008 2009 (연도)

주: 만기 5년 국고채와 만기 91일 CD의 금리차
자료: 한국은행

로 예상해볼 수 있다. 이러한 2가지 기대가 장기금리에 반영되면 금리는 낮게 형성된다. 그 결과 장단기금리 격차가 줄어들며, 심지어 장기금리가 단기금리보다 낮아지기도 한다. 이를 '장단기 금리역전'이라 한다.

정리하면 장단기 스프레드가 커지면 앞으로 경기가 좋아질 것으로, 장단기 스프레드가 작아져 심지어 역전될 때는 경기가 악화될 것으로 예상해볼 수 있다(물론 채권시장 수요·공급 움직임에 따라 경기 전망과 다르게 스프레드가 변할 여지는 있다).

경제주체 반응에 따라 어려움을 겪는 통화정책

한국은행의 기준금리 조절이 장기금리와 제대로 연결되지 않으면서 장단기 스프레드가 왜곡되는 경우가 나온다. 앞서 설명했듯이 한국은행이 기준금리를 올리면 장기금리도 올라야 한다. 그런데 한국은행의 금리 인상은 장기적으로 경기둔화로 이어진다. 이런 전망이 매우 강해지면, 즉 경기둔화가 예상보다 빨리 올 수 있다는 전망이 형성되면 장기금리는 내려갈 수 있다. 단기금리인 기준금리는 올라가지만 장기금리는 내려가는 것이다.

이렇게 현실에서 기준금리와 장기금리가 다르게 결정되는 상황이 발생하면, 한국은행은 통화정책을 수행하는 데 큰 어려움을 겪게 된다. 기준금리를 결정한 것에 맞춰 시장금리가 움직여줘야 원하는 효과를 낼 수 있는데, 시장금리가 미리 움직여버리거나 오히려 반대로 움직이는 현상까지 벌어지면서 통화정책의 약발이 떨어지고 마는 것이다.

이런 현상을 억제하기 위해서는 한국은행이 더 정교한 시스템을 만들어야 하는데, 이는 쉬운 일이 아니다. 이에 대해 시장에서는 한국은행 기준금리 결정의 시장 지배력이 약화된 것이 아니냐는 분석도 내놓는다.

이때 한국은행이 계속 금리를 올리겠다고 이야기하면 사정은 달라진다. 계속 금리를 올리면 먼 미래의 금리는 아주 높은 수준까지 도달할 가능성이 있다. 그러면 장기로 돈을 빌려주는 사람은 지금부터 금리를 아주 높여 받아야겠다는 생각을 하게 된다. 그래야 계속해서 단기금리로 돈을 빌려주는 것과 비교해 손해를 막을 수 있기 때문이다. 이렇게 되면 기준금리 인상은 장기금리 인상으로 연결될 수 있다.

오래갈 수 없는 의도된 정책 미스

한국은행은 때로 기준금리를 움직이지 않으면서 실질적인 금리 조절 효과를 낼 수도 있다. 예를 들어 한국은행 기준금리가 적용되는 초단기 시장의 실제 금리가 한국은행 기준금리보다 0.5%포인트 높게 설정되어 있다고 하자. 초단기 시장에 돈이 부족해 금리가 올라간 것이다. 상황이 이와 같다면 한국은행은 이 시장에 돈을 풀어 금리를 낮춤으로써, 기준금리대로 시장이 움직이도록 해야 한다. 그렇지 않으면 시장으로부터 기준금리 정책에 대한 신뢰를 잃게 된다.

그런데 이때 한국은행이 평판 리스크를 감수하고, 일부러 돈을 풀지 않을 수 있다. 이는 보통 한국은행이 어떤 이유에서든 금리를 올리고 싶지만, 여러 압박으로 인해 금리를 올리지 못할 때 사용하는 방법이다. 물가 상승이 문제 되는 상황이라 금리를 올려야 하는데, 금리 인상에 따른 경기위축을 우려해 정부 등이 금리 인상에 제동을 거는 경우가 대표적이다. 이때 실제 금리가 높게 설정되도록 함으로써 금리 인상 효과를 낼 수 있다. 하지만 한국은행 평판 리스크가 커지면서 시장 반발도 생길 수 있어 오래 사용할 수 있는 방법은 아니다.

통화정책이 갈수록 어려워지면서 일부 학자들은 중앙은행이 수시로 시장에 개입할 필요 없이 정해진 원칙에 따라 시중에 유동성을 공급하는 역할만 하면 된다고 주장하기도 한다. 중앙은행의 시장 개입은 시장에 혼란만 부추길 뿐 효과를 낼 수 없으니 적극적인 역할을 하지 말라는 의견이다. 특히 경기침체기에 중앙은행이 실시하는 금리 인하를 통한 경기 확장정책은 경기 진작보다는 물가 상승이라는 부작용만 낳는다는 비판도 있다. 하지만 급작스러운 경기변동에 대한 대대적인 정책 개입의 필요성은 여전히 존재한다. 이에 따른 한국은행의 면밀한 대응이 필요하다.

한편 다른 나라 중앙은행 중에는 금리가 아니라 통화량을 조절함으로써 경기에 대응하는 경우도 볼 수 있다. 경기를 진작시키는 것이 목표라면 시중에 통화량 공급을 늘리고, 물가 안정이 목표라면 시중에 풀려 있는 통화량을 흡수하는 식이다. 그런데 통화량은 조절하기 무척 어렵다. 중앙은행이 아무리 통화량을 흡수해봤자, 그 이상으로 시중은행이 대출을 늘려 돈을 공급하면 전체 통화량은 되레 증가할 수 있기 때문이다. 이에 통화량보다는 금리가 그나마 조절하기 쉬운 편에 속해, 최근에는 통화량을 조절하는 중앙은행은 거의 사라졌다.

금리가 오르면 소비가 늘까?
금리의 소비에 대한 영향, 자산효과, 역자산효과

두 사람이 있다. 은행에 거액을 예치해두고 이자를 받으며 사는 A씨와 반대로 생활이 어려워 빚을 지고 사는 B씨다. 금리가 오르면 두 사람의 소비는 어떻게 변할까? 또 경제 전체적으로는 어떤 영향이 있을까?

금리 인상은 민간소비에 대한 긍정적·부정적 효과를 함께 갖고 있다. 금리가 인상되면 이자소득자들의 이자수입을 늘려 소비를 진작시킨다. 반대로 채무자들은 이자 부담이 늘어 소비가 감소하게 된다. 이러한 두 효과 중에서 긍정적 효과보다는 부정적 효과가 더 크다고 알려져 있다.

최근 미국과 유럽연합(EU) 등 선진국들의 통화긴축 움직임이 스스로 감당할 수 없는 경기침체를 유발할 수 있다는 우려가 제기됐다. 블룸버그통신의 보도에 따르면 로런스 서머스 전 미 재무장관은 18일(현지시간) 포르투갈 신트라에서 열리고 있는 유럽중앙은행(ECB) 주최 국제컨퍼런스에서 현재 선진국들은 경제적으로나 정치적으로나 모두 새로운 경기침체를 감당할 수 있는 상황이 아니라면서 경기위축을 부를 수 있는 금리 인상에 신중을 기해야 한다고 경고했다.

뉴시스(2018. 6. 19.)

소비 감소로 이어지는 금리 인상

일반적으로 고소득층에 속하는 이자소득자들은 일정 수준의 소비를 계속 유지하려는 성향이 있다. 그래서 이자율이 올라 소득이 늘어나도 갑자기 소비를 늘리는 일이 별로 없다. 증가한 소득은 저축으로 이어질 때가 많다. 반면에 지출 계획이 빡빡한 채무자들은 이자 부담 증가가 가처분소득 감소로 이어져 소비를 바로 줄이는 경우가 많다.

이는 지난 1997년 IMF 구제 금융위기 당시 경험이 증명한다. 당시 시중이자율은 30%를 넘나들 정도로 천정부지로 치솟아 이자수입이 크게 늘었지만 고소득층은 소비를 늘리지 않았다. 이자율 상

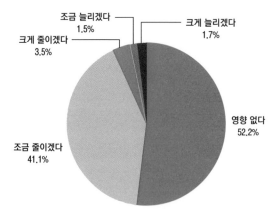

〈도표 7-3〉 금리 인상에 따른 소비심리

조금 늘리겠다
1.5%

크게 줄이겠다
3.5%

크게 늘리겠다
1.7%

영향 없다
52.2%

조금 줄이겠다
41.1%

자료: 삼성경제연구소(2010년 7월 5~8일 전국 1천 가구를 대상으로 조사함)

승은 오히려 고소득층의 예금 의욕을 더 고취시키기도 한다. 예금에 따른 수익이 증가하니 이전보다 저축을 더 많이 하는 것이다. 이 과정에서 고소득층의 소비는 오히려 줄어들 수 있다. 반면에 채무자들은 엄청난 이자 부담에 소비를 철저히 줄였고, 이는 극심한 경기침체로 이어졌다.

이 같은 현상은 설문조사를 통해 증명된다. 삼성경제연구소가 2010년에 발표한 '금리 인상과 관련한 가계 소비성향 설문결과'에 따르면 조사대상 가구의 44.6%가 금리가 상승하면 소비를 줄인다고 답했다. 반면 이자수입 증가로 소비를 늘린다는 응답은 3.2%에 불과했다. 특히 우리 경제에서 가장 큰 부분을 차지하는 연봉 2천만~5천만 원 사이 중간소득 계층이 소비를 많이 줄이는 것으로 나타났다. 금리 인상이 소비 증가보다는 감소로 이어질 가능성이 큰 것이다.

특히 금리 상승이 장기화되면 주식가격과 주택가격 하락으로 이어질 수 있다. 금리 상승은 기업채무 이자 부담 증가로 이어져 기업활동을 위축시킨다. 이는 당연히 주가 하락으로 이어진다. 또 금리가 올라가면 빚을 내서 집을 사는 일이 어려워져 주택 수요가 줄면서 주택가격 하락을 유발한다. 주가와 주택가격 하락은 경제주체의 자산가치를 떨어뜨려 소비심리를 위축시키는데, 이를 '역자산효과'라 한다. 소비의 근간이 되는 자산이 줄면서 소비가 감소하는 현상을 뜻한다.

이 같은 소비 감소는 산업생산 위축으로 이어진다. 특히 소비자들이 가장 먼저 소비를 줄이는 분야를 위주로 생산이 위축된다. 삼성경제연구소 조사에 따르면 소비자들은 금리 인상시기에 의류비, 교양오락비, 내구재 구입비, 교통통신비 등의 순으로 소비를 줄인다고 한다. 금리 인상에 따라 이들 산업이 가장 큰 피해를 입을 것이라고 예상해볼 수 있다.

자산효과를 가져오는 금리 인하

반대로 금리를 내리면 경제 전체적으로 유동성이 공급되면서 경제주체들의 자산가치가 올라가는 효과가 발생한다. 이렇게 되면 재산이 늘었다는 생각에 따라 소비가 증가할 가능성이 있다. 이를 자산효과라 한다.

한편 역자산효과가 클수록 정부 시장 개입의 효과는 떨어진다. 예를 들어 경기가 매우 침체된 상황이라고 하자. 그러면 정부는 경기확장을 위해서 국채 발행을 통해 정부지출을 실시한다. 그런데 이 과정에서 금리가 오를 수 있다. 금리 상승에 따라 주택과 주식가격이 내려가면 역자산효과에 따라 소비가 위축되고, 이는 정부의 시장 개입 효과를 반감시킨다.

부동산 거품의 70%는 낮은 금리 때문?
저금리 유동성과 부동산

한국은행이 금리를 조절하는 이유 중 하나는 부동산가격 안정이다. 금리를 올리면 이자 부담이 늘면서 빚을 내서 집을 사려는 수요가 줄어 가격이 안정될 수 있다는 논리다.

금리가 낮은 수준으로 유지되면 반대 일이 벌어진다. 빚내서 집사는 일이 수월해져 집값이 상승하는 것이다. 여기에 이미 집을 갖고 있는 사람까지 빚을 내 투기적인 목적으로 집을 사겠다고 하면 거품이 끼게 된다.

저금리 시대 투자 대안으로 부상했던 해외 리츠와 부동산펀드가 미국 금리 인상 파고에 부딪혀 수익률이 급하강하는 등 경고등이 켜졌다. 해외 부동산펀드 중 대표적인 글로벌리츠재간접펀드는 올 들어 수익률이 마이너스 8%대로 국내외 펀드를 통틀어 꼴찌의 수모를 당했다. 6일 금융정보사이트인 에프앤가이드 등에 따르면 글로벌리츠재간접펀드의 올 들어 누적 수익률은 −8.04%로 같은 기간 국내외 펀드 수익률 중 최하위에 이름을 올렸다.

서울경제(2018. 3. 6.)

집값과 금리조절 논쟁

빚내서(leverage, 레버리지) 집 사는 일은 주택가격이 꾸준히 오를 때 큰 수익을 발생시킨다. 이런 일이 널리 알려지면 무주택자들의 불안 심리가 커지고, 결국 보다 많은 사람이 부동산시장에 진입하면서 거품이 커지게 된다.

이와 관련한 실증 분석은 많다. 한 경제연구소에 따르면 2015년 상반기를 기준으로 전국 주택가격에는 약 32%의 거품이 끼어 있는데 이 중 2/3가 저금리로 인해 발생했다. 아파트만 놓고 분석할 경우 거품 크기는 52.4%까지 올라가며, 이 가운데 70%가 저금리 때문인 것으로 나타났다.

실제로 2000년대로 들어서면서 저금리는 유동성이 부동산시장으로 몰리는 데 지대한 영향을 미쳤다. 주택가격 상승률이 이자율을 훨씬 상회하면서 예금이나 적금 대신에 부동산시장으로 자금이 몰렸고, 부동산 담보대출까지 활성화되면서 부동산가격이 급등하게 된 것이다.

이 같은 일을 제어하려면 금리를 올려 부동산 대출 수요를 줄여야 한다는 게 대체적인 주장이다. 그러나 경기침체 상황에서 갈 곳 잃은 유동성이 부동산에만 몰리는 상황이라면, 금리를 올려 부동산가격을 잡는 것은 어리석은 일이 될 수 있다. 오로지 부동산가격만 잡기 위해 금리를 올리지만, 그 부작용은 경제 전반에 영향을 미치면서 경기침체를 더욱 가중시킬 수 있기 때문이다. 또 금리 인상은 가계부채 문제를 폭발시킬 가능성이 있다. 가계 이자 부담이 늘면서 가계에 큰 충격을 주는 것이다.

공급 증대가 대안이 될까?

이런 금리 인상의 부작용 때문에 다른 대책을 내놓는 경우가 많다. 금융당국을 통한 대출 직접 규제, 부동산 보유자에 대한 과세 강화 등이 대표적이다. 그중에서도 부동산 공급 확대가 가장 좋은 대안이란 주장이 많다. 공급이 늘면 가격은 자연스레 안정된다는 논리에서다.

하지만 수급 조절을 통한 부동산가격 안정 대책은 별로 효과가 없다는 지적도 만만찮다. 어차피 원흉은 금리란 것이다. 삼성경제연구소가 2000년대 금리와 아파트가격 사이의 연관성을 분석한 보고서를 보면, 2001년과 2004년 사이에 두 차례의 경기확장기가 있었는데도 불구하고 이 기간 동안 일곱 차례나 금리가 인하되었다. 이때 유동성이 과도하게 풀렸고, 결국 2005년 10월부터 몇 차례 금리를 올렸음에도, 기존에 풀려 있는 유동성이 워낙 많았기에 2006년 말까지 계속된 부동산가격 급등을 막지 못했다는 게 보고서에서 말하는 결론이다.

이와 같은 상황이라면 공급 확대 정책은 부동산시장의 양극화만 유발할 위험이 있다. 서울에 남는 땅이 없어서 지방에만 아파트 공급을 늘리다가 대규모 미분양 사태로 이어지는 경우가 대표적인 예다.

결국 부동산가격을 안정시키기 위해서는 금리 인상이 필수적이라는 지적이 많다. 경기에 부담이 간다는 이유를 들어 금리 인상을 통한 시장 안정화를 미루다 보면 거품만 계속 커지고, 결국엔 거품이 터지면서 경제가 끝을 알 수 없는 불황에 빠져들 위험이 있기

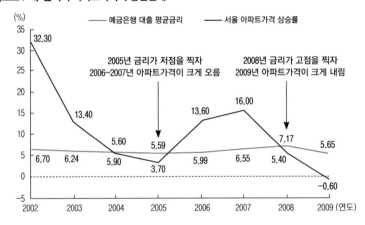

〈도표 7-4〉 금리와 아파트가격의 상관관계

(%)

—— 예금은행 대출 평균금리 —— 서울 아파트가격 상승률

2005년 금리가 저점을 찍자
2006~2007년 아파트가격이 크게 오름

2008년 금리가 고점을 찍자
2009년 아파트가격이 크게 내림

자료: 한국은행

때문이다.

　2018년 하반기 부동산시장을 보면 이미 거품 붕괴의 전조가 나타나고 있다. 지방에서 부동산가격이 크게 떨어지더니 서울도 약세로 접어들고 있는 것이다. 한국은행은 2018년 11월 한 차례 0.25%포인트 금리를 올렸지만 본격적인 인상 기조는 주저하고 있다. 앞으로도 계속 본격적인 인상을 미룰 경우 시장 혼란만 유발했다는 책임론이 불거질 수 있다. 이런 일을 막으려면 경제주체들이 충분히 대비할 수 있도록 금리를 점진적으로 올리면서, 당분간 계속 올려갈 것이란 시그널을 주는 것이 좋다.

한국은행의 다른 대책들

　한국은행은 금리 인상 외에도 부동산가격을 안정시킬 수 있는 여러 수단을 갖고 있다. 크게 유동성 흡수 정책과 미시적 규제 정책으로 구별된다.

우선 미시적 규제 정책을 보면 대출총량규제, 대출사전승인, 은행 창구지도 등 3가지가 있다. 대출총량규제는 시중은행이 대출할 수 있는 총액을 설정한 뒤 이를 넘어서지 못하도록 규제하는 것이다. 대출사전승인은 대출에 대해 건별로 사전 승인해 무분별한 주택대출 증가를 막는 정책이다. 은행창구지도는 시중은행의 각 지점창구를 직접 단속해 대출을 규제하는 정책이다. 주택대출의 최고액을 설정해 이를 넘지 못하도록 지도하거나, 특정담보로는 주택대출을 하지 못하도록 막는 것이다.

하지만 이 같은 정책들은 '국민경제상 간절할 경우'로 사용이 제한되어 있다. 특히 창구지도의 경우 강제성이 없다는 것이 가장 큰 문제다. 지도는 말 그대로 지도일 뿐 은행들이 따르지 않아도 특별히 처벌할 방법이 없다.

유동성 흡수 정책은 시중 자금을 흡수해 부동산시장으로 자금이 흘러들어가는 것을 막기 위한 정책이다. 시중유동성을 줄이면 자금수요에 비해 자금 공급이 부족해져 대출금리가 올라가는 효과가 생기므로 빚내서 집 사는 일을 줄일 수 있다. 유동성 흡수 대책 중 가장 대표적인 것이 총액한도대출 축소다. 총액한도대출은 은행들이 중소기업들에게 낮은 이자율로 자금을 빌려줄 수 있도록 한국은행이 은행에 특별 지원하는 자금이다. 이를 줄이면 시중유동성이 줄어드는 효과가 있다.

하지만 이 방법을 사용하면 부동산시장을 잡기 위해 중소기업을 옥죈다는 비판에 직면할 소지가 있다. 여기에 앞서 설명한 지준율 인상 정책도 있는데, 활용하기가 용이하지 않다. 결국 한국은행이 부동산 안정을 위해 행사할 수 있는 가장 유효한 카드는 금리 인상 이라는 것이 대체적인 견해다.

물가지수에 부동산가격을
포함시키자는 배경은?

한국은행은 부동산가격이 급등하면 금리를 올리는 등 긴축정책을 하고 싶어 한다. 부동산가격이 오르면 경제에 거품이 생기고, 추후 큰 부담이 될 수 있기 때문이다. 또 집값 상승은 유동성이 급증했다는 신호일 수 있어, 미리 긴축정책을 사용하면 앞으로 물가가 과도하게 인상되는 것을 막는 선제적인 대책이 될 수 있다.

그런데 물가가 안정된 상황에서 집값만 오르는 상황이라면 의도대로 긴축정책을 하기 어렵다. 물가를 안정시키는 것이 책무인 한국은행 입장에서 지표로 나타나는 물가가 안정되어 있는데, 부동산가격이 오른다고 해서 금리를 인상시키는 건 근거가 부족한 것이다. 물가만 잡으면 되었지, 왜 괜한 일에 나서냐는 비판도 들을 수 있다.

이 같은 경우에 대응하기 위해 부동산가격의 변화가 포함되는 새로운 CPI(소비자물가지수)를 만들어야 한다는 견해가 나오고 있다. 현재의 CPI에는 부동산가격 동향이 빠져 있다. CPI에 부동산가격 움직임을 반영하면 자산가치 변동률과 물가 상승률의 괴리를 줄일 수 있다. 부동산가격이 올라가면 물가지수도 올라가는 것이다. 이렇게 하면 한국은행은 적절한 통화정책을 펼 수 있다. 부동산가격이 포함된 CPI가 크게 올랐다는 이유로 긴축정책을 실시하는 식이다.

물론 여기에 모두가 동의하는 것은 아니다. 자산가치는 변동 폭이 너무 커 CPI에 반영하면 물가지표가 크게 왜곡될 수 있기 때문이다. 이에 자산가치 변동을 반영한 CPI는 보조지표로 활용하는 게 좋다. 물가 상승 추이를 더 현실적으로 점검하기 위해, 물가지수 구성 요소를 좀 더 다양하게 하기 위해 활용하는 것이다. 정확한 지표를 만들기 위해서는 자산가격이 전반적 물가수준과 어떤 관계에 있는지 실증적으로 규명하는 작업이 선행되어야 한다.

CHAPTER
8

환율,
그 변동성의 이유를 밝힌다

환율은 한국 경제가 외부에서 어떤 평가를 받고 있는지 알 수 있는 중요한 지표로, 한국 경제의 실력과 안정성을 반영하는 것이다. 그래서 금리와 함께 경제를 읽는 데 가장 유용한 지표다. 환율은 어떻게 움직이며 경제에 어떤 영향을 미치는지 알아보고, 금리 등 다른 지표와 어떤 상관관계를 갖고 있는지 살펴본다. 정부와 한국은행이 환율 안정을 위해 어떤 메커니즘으로 정책을 하는지, 환율과 관련한 각종 제도 및 국제적 논의를 소개한다.

환율 하락은 경제에 독일까, 약일까?

환율의 정의, 환율 하락의 영향

환율이 오르고 내려감에 따라 우리 경제는 큰 영향을 받고, 때로는 위기를 겪기도 한다. 환율은 무엇이고, 어떤 경로로 우리 경제에 영향을 미치는 것일까?

현대자동차(005380)의 올 1분기 영업이익이 지난해 같은 기간에 비해 크게 감소한 것으로 나타났다. 올들어 원화가치가 강세를 보이면서 수출 실적이 악화됐기 때문인 것으로 풀이된다. 현대차는 26일 서울 양재동 본사에서 '경영실적 컨퍼런스콜'을 갖고 지난 1분기 영업이익이 6,813억 원으로 전년동기대비 45.5% 감소했다고 밝혔다. 매출액은 22조 4,366억 원으로 4% 줄었고 당기순이익은 7,316억 원을 기록해 48% 감소했다.

조선비즈(2018. 4. 26.)

환율의 의미

환율은 미국 달러나 일본 엔화 등 외국통화와 비교한 우리 화폐의 가치를 뜻한다. 달러당 환율이 1천 원이라면 1달러와 1천 원이 같은 가치를 지니고 있다는 뜻이다.

환율이 1천 원에서 900원으로 떨어지면 1천 원을 주고 1달러를 얻을 수 있는 상황에서, 900원만 주면 1달러를 얻는 환경으로 변화했으므로 원화가치가 올라갔다고 볼 수 있다. 즉 환율 하락은 원화가치의 상승을 뜻한다. 반대로 900원이던 환율이 1천 원으로 변하면 1달러를 얻기 위해 900원이 아닌 1천 원을 지불해야 하기 때문에 원화가치가 떨어졌다고 볼 수 있다. 즉 환율 상승은 원화가치의 하락이다.

환율이 오르고 내리는 과정은 간단하다. 달러 공급이 늘면 상대적으로 달러가치가 내리는 반면에 원화가치가 올라 환율이 떨어지고, 달러 공급이 줄면 상대적으로 달러가치가 올라 환율이 오른다.

환율 하락과 경상수지

환율이 하락하면 더 적은 돈으로 달러를 사들일 수 있다. 달러 구입 부담이 그만큼 줄어든 셈이다. 이는 우리의 화폐가치가 올랐다는 뜻이니 반가워해야 할 일이다. 그런데도 환율 하락은 우리 경제에 큰 부담이 된다고 한다. 이유는 경상수지와 기업수지 악화에 있다.

환율이 1천 원에서 500원으로 떨어졌다고 가정해보자. 예전에는 1달러를 얻기 위해 1천 원을 주어야 했지만, 이제는 500원만 지급하면 된다. 해외여행자에게 반가운 소식일지 모르지만, 수출 기업에는 엄청난 부담으로 돌아온다.

예를 들어 A라는 회사가 1달러짜리 옷을 미국에 수출한다고 하자. 환율이 1천 원일 때는 옷 한 벌을 수출해 1천 원을 벌어들일 수 있었다. 그런데 환율이 500원으로 내려가면 1달러짜리 옷을 수출해도 500원밖에 벌지 못한다. 달러 기준 옷 가격은 그대로지만, 원화로 환산해보니 가격이 절반으로 떨어진 것이다.

여기서 A기업의 생산단가가 800원이라고 가정해보자. 수출로 손해를 보지 않기 위해서는 옷 가격이 최소한 800원은 되어야 한다. 하지만 환율 하락으로 옷 가격이 500원으로 떨어지는 결과가 발생하면서 수출로 손해를 보게 되었다.

그렇다면 A기업이 수출을 지속하려면 어떻게 해야 할까? 당연히 달러표시 가격을 올려야 한다. 환율이 500원으로 떨어진 상황에서 예전처럼 옷 한 벌을 수출해 1천 원을 벌기 위해서는 2달러로 제품가격을 올려야 한다. 그래야 원화로 환산해 1천 원을 손에 쥘 수 있다. 하지만 이는 쉽지 않은 일이다. 해외에서 치열하게 가격경쟁을 벌이는 상황에서 달러표시 제품가격을 크게 올리면 제품이 판매될 리 만무하다. 이에 따라 환율 하락분을 달러표시 수출가격에 반영하기는 거의 불가능하다.

결국 A기업은 제품가격을 1.6달러로 올리게 된다. 옷 한 벌을 1.6달러에 수출해 800원을 받으니 그나마 손해는 안 보는 수준이다.

〈도표 8-1〉 경상수지와 환율의 관계

자료: 한국은행

하지만 이만큼만 올려도 제품 판매가 줄어들 수밖에 없다. 아무리 A 회사 제품의 품질이 우수하다 하더라도, 가격이 비싸면 해외시장에서 외면받는다.

반면에 수입 기업들은 대폭 유리해진다. 1달러짜리 물건을 수입하기 위해 예전에는 1천 원이 들었지만, 지금은 500원만 있어도 되기 때문이다. 이 경우 수입 기업은 같은 돈으로 수입을 최대 2배까지 늘릴 수 있다. 결국 환율 하락은 수출을 감소시키고 수입을 늘린다. 이에 따라 경상수지가 악화된다.

경제에 부담되는 환율 하락

원화로 환산한 수출단가 하락은 수출 감소뿐 아니라, 달러표시 가격 인상에도 불구하고 기업수익성 악화를 유발한다. A기업의 경우 수출단가를 1.6달러로 올려 800원을 받으면, 달러표시 가격을 올렸음에도 원화 환산 가격이 기존 1천 원에서 800원으로 떨어져 예전보다 수익이 200원 줄어든다. A기업은 그나마 사정이 낫다. 장기 공급 계약을 맺어 계약 기간 동안 달러표시 수출단가를 올릴 수 없는 기업들은 손해를 감수하며 수출을 해야 하는 상황을 맞기도 한다. 그야말로 손해 보는 장사를 하는 것이다(이 때문에 신용 악화를 감수하더라도 수출 계약을 중단하는 경우가 발생하기도 한다).

이처럼 기업수익성이 악화되면 국민소득 감소가 불가피하다. 국민소득이 줄면 소비가 침체되고, 기업 생산 의욕을 꺾어 투자 부진으로 이어진다. 총체적인 경기침체를 유발하는 것이다.

환율 하락은 서비스수지에도 영향을 미친다. 서비스수지는 상품 수출입이 아닌 서비스 수출입을 나타낸다. 의료, 관광, 교육, 법률 등이 대표적이다. 환율이 하락해 달러를 싼값에 살 수 있으면 여행 경비가 저렴해지면서 씀씀이를 키울 수 있다. 달러당 환율이 1천 원에서 500원으로 내려가면서 100만 원 환전액이 기존 1천 달러에서 2천 달러로 늘어나는 것이다. 그러면 해외 씀씀이를 크게 늘릴 수 있다.

반면에 우리나라로 여행 오는 외국인들은 환율이 1천 원이면 1천 달러만 갖고 와도 100만 원을 받을 수 있었지만, 환율이 500원으로 떨어지면 100만 원을 받기 위해 2천 달러를 갖고 와야 한다. 그만큼 한국 여행 부담이 커지는 것이다. 이는 외국인의 한국 여행 수요를 줄이면서 씀씀이도 줄이는 효과를 갖는다. 결국 환율 하락은 서비스 수지 적자 폭까지 키우면서 한국 경제를 무척 어렵게 할 수 있다.

환율 하락이 도움이 될 때

그렇다고 환율 하락이 항상 경제에 독이 되는 것은 아니다. 물가를 안정시키는 효과가 있기 때문이다. 달러당 환율이 1천 원에서 500원으로 떨어지면 1달러짜리 수입물품 가격도 그만큼 떨어질 여지가 있다. 소비자가격의 구체적인 인하 폭은 수입업자 마음에 달려 있지만, 가격 인하 효과가 있는 것만큼은 분명하다.

2000년대 중후반 국제유가가 급등했음에도 불구하고 우리 경제가 그나마 버텼던 것은 환율이 낮은 수준을 유지하면서 체감 유가가 그만큼 오르지 않았기 때문이다. 원유가격이 배럴당 50달러에서 100달러로 크게 오르더라도, 이 기간 환율이 1천 원에서 500원으로 떨어지면 원화로 환산한 1배럴 가격은 5만 원으로 같다.

특히 환율 하락으로 원유 등 수입 원자재의 원화 환산 가격이 아예 내려가버리면, 기업의 원가 부담이 줄어 채산성이 개선될 수 있다. 그래서 환율 하락이 경제에 얼마나 큰 영향을 미치는가를 알기 위해서는 수출 이익 감소와 원가 부담 감소 가운데 무엇이 더 큰지를 살펴봐야 한다.

현상이 기대를 몰고 오면 상황은 더욱 심화된다
연쇄적인 환율 하락의 과정

화폐도 일종의 자산인 만큼 수요와 공급 원리에 따라 가격이 결정된다. 그래서 환율은 달러화 공급이 넘칠 때 떨어진다. 즉 달러가 많을 때 달러가치가 떨어지면서 상대적인 원화가치는 오르고, 환율이 떨어진다.

환율 하락에 김동연 경제부총리 겸 기획재정부 장관은 지난 3일 "원화 강세 속도가 과도해 면밀하게 예의 주시하고 있다"며 구두 개입에 나섰다. 정부 당국자가 외환시장에 구두 개입한 것은 문재인 정부 출범 이후 처음이다. 김 부총리의 발언이 효력을 발휘해 5일 원·달러 환율은 6거래일 만에 처음 소폭 반등해 1,115원으로 마감했다. 하지만 미국이 환율 조작에 눈을 부릅뜨고 있는 상황이라 앞으로 더 '큰일'이 벌어져도 구두 개입 외에는 뾰족한 방법이 없다는 것이 외환 당국의 고민이다.

조선비즈(2017. 11. 7.)

환율 하락은 경제주체 선택의 결과

달러화 공급 증가의 1차 원인은 외환위기 이후 누적된 경상수지 흑자에 있다. 수출을 통해 외국에서 지속적으로 달러가 공급되고 있다. 이 영향으로 외환위기 이후 환율은 하향 안정화 추세를 보여 왔다.

여기에 수출 기업들의 투기적 예상이 부가되면 환율 하락이 배가 된다. 장기적으로 환율이 계속 하락할 것으로 예상되면 기업들은 어떻게 해야 할까? 당연히 하루라도 빨리 달러화를 내다 팔아야 한다. 현재 환율이 1천 원인데, 6개월 뒤 500원으로 떨어질 것으로 예상 되는 상황에서 달러를 계속 갖고 있으면, 앉아서 500원을 손해 보게 된다. 이에 기업들은 적극적으로 수출 대가로 받은 달러를 내다 팔려고 한다. 그러면 시장에는 필요 이상의 달러 매물이 나오게 되고, 이에 따라 달러가치는 더욱 떨어지며 상대적으로 원화가치는 올라 간다. 이러한 예상은 비단 수출업자들만이 갖고 있는 것이 아니다. 대다수 외환시장 참가자들이 환율 하락을 예상해 달러화 매도에 치중하면, 달러 공급이 더욱 늘면서 환율 하락세가 커진다.

국내 은행들의 행태가 문제를 심화시키기도 한다. 글로벌 금융위기 직전 그 문제가 심각했다. 2006년 국내 은행들은 해외에서 400억 달러가 넘는 해외 단기 차입을 실시했다. 이 가운데 일부는 대출자금으로 활용하기 위한 것이었다. 이때 은행은 운이 좋으면 봉이 김선달 식 수익을 낼 수 있다. 그 과정은 다음과 같다.

1년 뒤 환율이 1천 원에서 500원으로 떨어질 것으로 예상되는 상황에서, 해외에서 만기 1년짜리 100만 달러를 들여와 원화로 바

꾸면 10억 원을 마련할 수 있다. 이를 기업에 빌려주고 이자수입을 벌다가, 1년 뒤 다시 100만 달러를 갚을 때는 5억 원만 마련하면 된다. 환율이 500원으로 떨어졌으니 5억 원만 있으면 100만 달러로 바꿔 외국에 갚을 수 있는 것이다. 결국 이 은행은 1년간 돈을 빌려주면서 얻은 이자수익 외에 환전하고 남은 5억 원을 앉아서 추가로 벌게 되었다. 엄청난 수익이다. 이 같은 기대가 만연하면서 글로벌 금융위기 직전 은행들은 적극적인 단기 해외 차입을 실시했다. 이렇게 들어온 달러는 당시 환율 하락을 배가시켰다.

환율이 하락하면 외국인들의 자본 유입도 증가한다. 1년 뒤 환율이 1천 원에서 800원으로 내려갈 것으로 예상된다고 하자. 지금 당장 1달러를 환전하면 1천 원을 얻을 수 있다. 그리고 1년 뒤 환율이 실제 800원으로 내려가면 외국인이 가진 1천 원의 달러 환산 가치는 1.25달러(1천 원÷800원)로 올라간다. 환전하면 25%의 수익을 낼 수

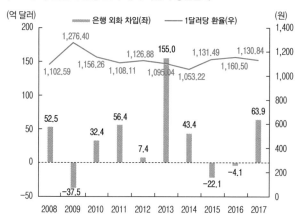

〈도표 8-2〉 환율과 은행 단기 해외 차입의 상관관계

자료: 한국은행

있는 것이다. 많은 외국인이 이런 기대를 하게 되면 여러 형태로 외국인의 국내 투자가 늘어난다. 이는 국내 달러 공급을 늘리고 환율을 더욱 떨어트린다.

반대로 환율이 오를 것으로 예상될 경우, 지금 투자하면 추후 환전을 거쳐 지금보다 적은 달러를 얻게 되므로 외국인 투자는 감소한다. 결국 외국인들의 국내 투자는 앞으로 환율이 어떻게 변할지에 대한 예상으로부터 큰 영향을 받는다.

이 밖에 경제가 성장하면서 세계 경제에 대한 영향력이 커지면 환율은 하락한다. 우리 경제가 강해지는 만큼 통화가치도 따라서 강해지고, 더 적은 우리 돈으로 더 많은 외국 돈을 살 수 있게 된다. 그러면 환율이 하락한다.

외부적으로는 달러화의 국제적인 위상이 흔들릴 때 환율이 내려간다. 과거 금융위기 때 미국 경제에 대한 회의적인 시각이 늘면서 달러가치가 약세를 면치 못한 바 있다. 이에 따라 당시 원화 등 다른 통화들은 상대적으로 강세를 보였다.

엔화 환율 하락의 문제

환율 하락과 관련해 우리 경제만의 문제가 하나 더 있다. 엔화와 비교한 원화가치의 상승(엔화 대비 원화 환율 하락)이다. 전 세계적으로 달러가치가 약세를 보인다면 엔화와 원화 모두 달러화에 대해 공통적으로 강세를 보여야 한다. 그런데 원화의 강세 폭이 엔화보다 훨씬 더 커지는 경우가 많다. 일본 경제가 의도적으로 엔화 약세를 유도하고 있기 때문이다. 이에 따라 엔화와 비교한 원화의 가치가 올라가게 된다. 엔화 대비 원화 환율이 내려가는 것이다.

그러면 해외시장에서 한국 제품은 일본 제품과 비교해 경쟁력이 떨어지게 된다. 환율의 움직임에 따라 일본은 상대적으로 싼값에 물건을 팔 수 있는 반면, 한국은 상대적으로 비싼 값에 물건을 팔아야 하기 때문이다. 한국과 일본이 IT 제품과 자동차 등에서 치열한 경쟁을 벌이고 있는 상황이라, 이는 우리 경제에 큰 치명타가 될 수 있다. 엔화 대비 원화가치가 1% 오르면 우리나라 수출이 0.821% 감소한다는 실증 결과가 있다. 또 일본시장 자체와 관련해서도 엔화 대비 원화 환율이 내려가면서 대일 수출이 줄어들고 수입이 늘어나게 된다.

엔화 약세는 서비스수지에도 치명적이다. 2000년 이후 엔화 대비 원화가치가 지속적으로 올라가면서 일본인들의 한국 여행 부담은 급증했다. 반면 한국인의 일본 여행 부담은 크게 줄게 되었다. 이에 따라 대일 여행수지가 지속적인 적자를 기록하고 있다. 이 밖에 가치 하락으로 도입 부담이 줄어든 엔화가 국내에 지속적으로 유입되면서 시중유동성이 늘고, 부동산가격이 올라가는 문제가 발생하고 있다.

문제가 심각해질 때 정부는 여러 조치를 취한다. 은행들에게 엔화 대출 자제를 권고하는 것이 대표적이다. 이렇게 되면 국내에 공급되는 엔화가 줄어 엔화가치가 추가로 떨어지는 것을 막을 수 있다. 하지만 이 정도로는 대세를 거스르기 어려워 엔화 가치 하락은 두고 두고 우리 경제를 괴롭히고 있다.

환율이 상승하면 무조건 반갑다?

환율 상승의 문제점

환율 하락은 일반적으로 경제에 큰 부담이다. 이에 정부는 가급적 환율을 높게 유지하려고 애쓴다. 은행의 외화 차입을 규제해 국내에 유입되는 외환을 줄이는 정책이 대표적이다. 그렇게 해서 환율이 상승하면 환율 하락 때와는 반대로 경상수지 개선, 수출 기업 이익률 개선, 물가 상승, 대외 차입 축소 등의 효과가 발생해 전체적으로 경기를 확장시키는 데 도움이 된다. 그런데 꼭 좋은 결과만 낳는 것은 아니다.

그동안 환율 상승을 용인해온 정부 정책이 물가 상승과 수출 기업의 환 손실 등 각종 부작용을 유발했다는 비판이 제기되고 있다. 파생상품 키코(KIKO)는 수출 기업들이 환 위험 회피를 위해 가입했다가 갑작스런 환율 상승으로 큰 손실을 본 상품이다. 이런 막대한 손실의 책임을 놓고 수출 기업과 은행권은 현재 날카롭게 대립하고 있다.

노컷뉴스(2008. 5. 24.)

경제에 부담 주는 환율 상승

우선 기업들의 부품 수입 부담이 커진다. 특히 금융위기 때 이 문제가 심각했다. 100만 달러어치 부품을 수입하는 기업이라면 달러당 936.1원이던 2007년 말에는 원화로 9억 3,610만 원만 준비하면 되었다. 그런데 금융위기 기간 환율이 1,500원을 넘어서자 같은

100만 달러어치 부품을 수입하기 위해 준비해야 할 돈이 15억 원으로 크게 늘었다.

또 외화부채를 갖고 있는 기업들의 상환 부담이 커진다. 100만 달러 빚을 갖고 있는 기업이 10%인 10만 달러를 이자로 지급한다면 환율이 936.1원일 때는 9,361만 원을 준비하면 된다. 하지만 환율이 1,500원으로 오르면 준비해야 할 이자는 1억 5천만 원으로 급증한다. 특히 이자만 내지 않고 채무 전체를 상환해야 할 지경에 이르면 그 부담은 천정부지로 높아진다.

금융위기 당시에는 '키코' 계약 기업들에게 큰 고통이 발생했다. 키코는 계약 환율보다 실제 환율이 약간 내려가면 기업이 돈을 벌고 크게 내려가면 없던 계약이 된다. 반면 환율이 오르면 은행이 기업으로부터 큰 이익을 보면서 기업은 돈을 잃는 일종의 도박성 금융상품이다. 이 같은 계약을 한 상황에서 금융위기가 오자 환율이 크게 올랐고, 결국 해당 기업들이 엄청난 손실을 보면서 큰 사회문제가 되었다.

기러기 아빠들은 갑자기 송금해야 할 돈이 크게 증가하는 어려움을 겪었다. 금융위기 당시 월 1천 달러를 보내던 기러기 아빠들은 한 달에 생활비로 93만 6,100원을 보내던 것에서 150만 원 이상을 보내는 수준으로 부담이 크게 늘었다.

환율 상승이 국가 경제 자체를 위태롭게 할 때도 있다. 앞서 살펴봤듯이 환율은 그 나라 화폐가치를 뜻한다. 국가 경제가 얼마나 건강한지를 나타내는 중요한 지표인 것이다. 국가 경제가 잘 운영될 때는 자연스럽게 다른 나라와 비교해 화폐가치가 올라가면서 환율이 하향 안정된다. 반면에 경제가 불안하면 화폐가치가 떨어지고 이에 따라 환율이 급등한다. 그 나라 경제가 위험하다는 신호가 될 수 있는 것이다. 이렇게 되면 급격한 외국인 투자자금 이탈이 발생하면서 국내 외환 부족 사태를 유발한다.

예를 들어 현재 환율이 달러당 1천 원인데 앞으로 2천 원으로 오를 것 같다고 하자. 1달러를 들여와 1천 원을 갖고 있는 외국인이 환율이 2천 원으로 오른 후 환전하면 0.5달러(1천 원/2천 원)밖에 손에 쥐지 못해 원래 투자했던 것과 비교해 큰 손실을 보게 된다. 너도나도 이런 우려를 하게 되면 환율이 오르기 전에 서로 자금을 빼려고 한다. 그러면 환율은 더욱 오르고, 해당국에 돈을 빌려준 외국인들은 돈을 돌려받을 수 없게 될 것이란 두려움을 갖게 된다. 결국 외국인들은 해당국으로 몰려와 돈을 돌려달라는 압박을 넣는다. 하지만 이미 극심한 외환 부족 사태가 발생한 상황이라 이 같은 요구에 응하기는 어렵고, 결국 외화 빚을 갚지 못하면서 외환위기가 발생할 수 있다.

외국인들의 투기적 공격을 조장

여기에 외국인들의 투기적 공격이 가세할 때도 있다. 외국인들이 우리 외환시장에 들어와 대량으로 원화를 매도하고 달러를 사들이는 공격을 실시하면서, 1달러당 원화 환율이 1천 원에서 2천 원으로 급등했다고 하자. 이때 외국인들은 다시 달러를 팔아 원화를 얻는 전략을 취할 수 있다. 1달러를 팔아 2천 원을 얻는 것이다. 이후 1달러당 원화 환율이 정상 수준으로 떨어지기를 기다린다. 실제 환율이

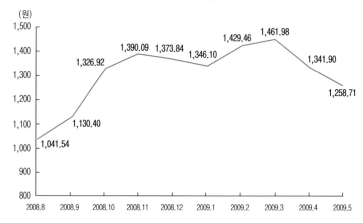

자료: 한국은행

1천 원으로 떨어졌다고 하자. 그러면 외국인들은 갖고 있던 2천 원을 외환시장에서 2달러로 바꿀 수 있다. 원래 투자금과 비교하면 환전만 했을 뿐인데 1달러가 2달러로 커지게 되었다. 한 순간에 100% 수익률을 내는 것이다. 이 같은 수익을 노린 외국인들은 환율이 불안할 때면 투기적 공격을 감행하고, 이는 외환시장에 큰 혼란을 불러일으킨다.

2008년 말 국내시장에서 달러화 환율이 급등한 데는 이 같은 배경이 있었다. 외화 빚을 갚지 못하는 상황까지 이르지 않았지만, 빚이 많은 한국 상황을 불안하게 본 외국인 투자자들이 자금을 유출시키고, 일부 투기적 공격까지 겹치면서 환율이 급등한 것이다. 이에 따라 한국 경제는 큰 피해를 봤다. 결국 일정 수준의 환율 상승은 경제에 도움이 되지만 지나친 상승은 경제에 큰 독이 될 수 있다.

미국과 일본이 금리를 움직이면 환율이 춤춘다

금리 조절과 환율의 역학관계

환율은 금리와 밀접한 관계를 맺는다. 국가 간 자본이 이동하기 때문이다. 환율과 금리의 역학관계를 통해 우리 또는 주변국의 금리 조정에 따른 환율 변화를 예측할 수 있으므로 숙지해두면 좋다.

미국 금리 인상과 미·중 무역분쟁에 더해 북한발 훈풍이 약해진 여파로 원화가치가 위기 신흥국 못지않은 속도로 떨어졌다. 대외 불확실성이 워낙 큰 시기여서 정부 당국은 금융시장 상황을 예의주시하고 있다. 한은도 하반기 첫 기준금리 결정을 앞두고 고민이 깊어진다.

한국경제(2018. 7. 1.)

금리를 내리면 단기적으로 환율이 상승한다

한국은행이 기준금리를 내리면서 시장이자율이 떨어졌다고 예를 들어보자. 이자율 하락은 투자수익 하락으로 이어진다. 이에 따라 외국인들은 한국에 투자하려 하지 않고, 오히려 투자했던 돈을 빼내 간다. 이는 국내 달러화 공급을 줄인다. 달러화 공급이 줄면 달러가치는 올라가고 원화가치는 내려간다. 즉 환율이 올라간다.

환율이 오르면 원화로 환산한 수출가격이 올라 수출에 따른 이익이 늘고, 이에 따라 수출이 증가하면 경상수지는 흑자를 기록하고 경기는 확장된다. 경상수지 흑자를 통해 달러 공급이 늘면 달러가치가 상대적으로 떨어지면서 환율은 다시 내려가 제자리를 찾는다.

이를 종합하면 금리가 내려갈 경우 환율은 단기적으로 올라가고 장기적으로는 내려간다. 때로는 장기 영향이 일시적으로 반영되면서 금리를 내림에 따라 환율이 바로 떨어지기도 한다. 반대로 금리를 올리면 국내 투자가 늘면서 달러 공급이 늘어 단기적으로 환율이 내려가고, 이에 따라 수출이 감소하면 장기적으로 환율은 다시 올라간다.

미국 연방준비제도이사회(FRB), 유럽중앙은행(ECB; European Central Bank), 일본 중앙은행 등 다른 나라 중앙은행의 금리 조절도 우리 경제에 큰 영향을 미친다. FRB가 어느 날 기준금리를 크게 내리면서 미국 시중금리가 1%에 불과해졌다고 가정해보자. 한국의 시중금리는 4%고, 달러당 환율은 1천 원이다. 이때 미국 은행에서 1%의 이자율로 1달러를 빌린 뒤에 한국으로 들여와 원화로 바꿔 이자율이 4%인 예금에 넣었다고 하자. 그리고 1년이 흘렀다. 은행은 나에게 이자를 합쳐 1,040원을 내어준다. 이후 1,010원을 1.01달러로 바꿔서 미국 은행에 갚고 나면 30원이 남는다. 빌린 돈을 환전해 예금했을 뿐인데, 한국과 미국의 금리 차이를 이용하니 돈을 벌 수 있는 것이다.

국가 간 자본 이동이 자유로워 이 같은 일은 순식간에 일어난다. 기준금리 인하에 따라 금리가 내려간 미국 채권을 팔고, 상대적으로 금리가 높은 한국 채권을 사는 식이다. 결국 미국을 비롯한 주변국 금리가 내려가면 한국 채권 수요가 늘게 된다.

하지만 이 같은 거래는 지속될 수 없다. 한국 채권 수요가 늘면 한국 채권의 가치가 올라간다. 이는 곧 채권을 찍어 돈을 조달하는 사람이 예전보다 더 낮은 금리를 주어도 돈을 조달할 수 있게 됨을 의미한다. 이자율이 내려가는 것이다. 그래서 미국을 비롯해 주변 금리 인하는 한국 시중금리 인하로 연결된다. 이러한 금리 인하는 경기를 확장시키는 효과가 있다.

미국이 금리를 내리면 환율이 하락한다

미국 금리 인하는 환율에도 영향을 미친다. 미국 채권을 팔고 한국 채권을 사겠다는 사람이 증가하면 한국으로 돈이 유입된다. 이때 돈은 달러 형태로 유입되면서 시중에 달러 공급을 늘린다. 이는 달러가치 하락, 즉 환율 하락으로 이어진다. 그래서 주변국 금리 인하는 환율 하락으로 연결된다. 환율 하락은 앞서 설명했듯 수출가격 경쟁력 약화로 이어진다. 이는 경기를 긴축시키는 효과를 낸다.

요약하면 미국의 금리 인하는 한국 경제에 이중의 효과를 낳는다. 한국 금리 인하에 영향을 미치면서 경기를 확장시키는 동시에, 환율을 떨어트려 수출을 줄여 경기를 긴축시킨다. 어떤 영향이 더 큰지에 따라서 경제에 최종적으로 미치는 영향이 달라진다.

주변국이 금리를 올리면 반대 현상이 벌어진다. 미국이 금리를 올리면 미국 내 수익률이 좋아지니 미국으로 자금이 몰리면서 한국에는 자금이 모자라게 된다. 이에 따라 한국 채무자들은 더 높은 금리를 주어야 자금을 구할 수 있게 되고, 이는 시중금리 상승으로 연결된다. 한편으론 달러가 유출되면서 달러가치 상승, 즉 환율 상승 현상이 발생하면서 수출 경쟁력은 좋아진다. 여기에 달러가 다시 미국으로 돌아가는 과정에서 달러가 투자되었던 자산이 매물로 나오는 일이 증가하면 자산가치 하락 현상이 발생할 수 있다. 결국 주변국 금리 인상은 우리나라의 금리와 환율 상승으로 이어질 수 있다.

얼핏 보면 다른 나라 금리가 우리보다 높은 게 좋을 것 같다. 주변국 금리가 높으면 우리 환율이 상승해 수출 경쟁력이 좋아지기 때문이다. 이 같은 상황에서 우리만 금리를 더 내리면 환율 상승 효과를 더욱 배가시킬 수 있다. 이런 이유에서 모두가 금리를 낮게 유지하려는 금리 인하 전쟁이 벌어질 때가 있다.

하지만 반대의 분석도 가능하다. 주변국이 금리를 올리면 해당국의 경기가 침체되면서 소비가 줄어 수출이 감소할 수 있다. 이렇게 되면 주변국 금리 인상이 수출에 되레 독이 된다.

결과적으로 주변국 금리 조절이 수출에 얼마나 득이 될지는 환율 효과와 경기 효과 중 무엇이 더 큰지에 따라 결정된다. 일반적으로 환율 효과가 더 큰 것으로 알려져 있다. 그래서 대개는 주변국이 우리보다 금리가 높은 상황을 원하게 된다.

하지만 2008년 글로벌 금융위기처럼 경기가 극도로 침체될 때는 경기 효과가 더 크게 작용한다. 이때는 주변국이 금리를 내려 경기

〈도표 8-4〉 금리 인하와 환율의 역학관계

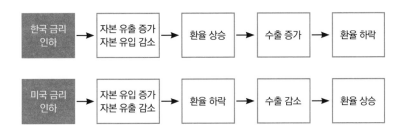

진작에 따른 수출 증대를 유발하는 것이 더 유리하다. 이에 각국은 서로 금리를 내려주기를 바랐고, 아예 대부분 나라 중앙은행이 공조를 통해 금리를 함께 내리는 협력 분위기가 조성되기도 했다.

환율 안정을 위한 정부의 곳간
외환보유고, 외국환평형기금, 외평채 가산금리

정부는 환율 안정을 어떻게 추구하는 것일까? 한국은행은 외환보유고를, 정부는 외국환평형기금을 활용한다.

아르헨티나가 통화가치 급락과 자금 이탈 등의 위기에 직면해 국제통화기금(IMF)에 구제금융을 요청하기에 이르렀으나 알고 보면 외환보유액을 충분한 수준으로 유지하고 있던 것으로 드러났다. 이에 따라 IMF가 권유하는 외환보유액을 채운다고 해서 신흥국이 통화 위기에서 100% 안전을 보장받는 것은 아닐 수도 있다고 월스트리트저널(WSJ)이 10일(이하 현지 시간) 진단했다.

연합뉴스(2018. 5. 11.)

외환보유고와 환율

우선 한국은행은 '외환보유고(foreign exchange holding)'를 활용한다. 수출 등을 통해 기업들이 외환을 유입시키면 한국은행은 이를 흡수하는 대신 원화를 지급한다. 즉 환전을 해준다. 한국은행은 이렇게 흡수한 외환을 외환보유고로 쌓은 뒤, 추후 경상수지 적자 등으로 외환이 부족할 경우 외환보유고에서 외환을 풀어 시장을 안정시킨다(한국은행이 흡수하지 않은 외환은 시장 내에서 유통된다).

현재 외환보유고 적립 기준은 3개월 수출입액 합계에 해당하는 금액을 최소 확보해야 하는 것으로 정해져 있다. 하지만 기준을 한국 경제 유동부채 합계(1년 내 만기가 돌아오는 모든 외채) 수준으로 확대해야 한다는 지적이 있다. 그래야 흔들림 없는 대외지급능력을 확보할 수 있다는 것이다. 현재는 이 기준을 충족시키고 있다.

외환보유고는 클수록 좋다는 견해가 많다. 위기에 대비하는 효과와 함께, 외환보유고 계정을 통해 달러를 계속 흡수해서 시중에 돌아다니는 달러 양을 줄임으로써 환율이 하락하는 것을 막아야 수출 경쟁력을 유지할 수 있다는 것이다.

하지만 꼭 그렇지는 않다. 외환보유고를 확보하는 과정에서 인플레이션이란 부작용이 발생할 수 있기 때문이다. 한국은행이 민간으로부터 달러를 흡수하기 위해서는 그 대가로 원화를 지급해야 한다. 이처럼 공급되는 원화의 양이 많으면 유동성을 키워 인플레이션을 유발한다. 환율 안정을 추구하지 않고 달러 유통을 내버려두면 달러 수급 변화에 따라 환율에는 큰 변화가 생기겠지만, 달러 대신 원화가 공급되지 않아 인플레이션을 유발하진 않는다.

그러나 안정적인 경제운용을 위해 환율 안정은 필수적이다. 환율 하락을 막기 위해 외환보유고를 늘리는 정책은 불가피한 측면이 있는 것이다. 결국 인플레이션은 외환보유고를 운영하는 데 따른 대가로 볼 수 있다. 이러한 외환보유고를 늘릴수록 반대급부로 원화가 빠져나가 인플레이션이 확대된다.

이때 인플레이션을 막을 수 있는 방법이 있긴 하다. 통화안정증권을 발행하는 것이다. 외환보유고를 늘리는 과정에서 풀려나간 원화를 다시 빨아들이는 용도의 채권이다. 그런데 이는 공짜가 아니다. 통화안정증권을 사간 사람에게 이자를 지급해야 하기 때문이다.

이 같은 이자를 지급하기 위해 한국은행은 외환보유고를 운용해 수익을 낸다. 그런데 운용에 제약이 많다. 위험한 곳에 투자했다가 자칫 원금을 잃을 수 있기 때문이다. 결국 한국은행은 미국 국채 등 안전한 자산에 주로 투자할 수밖에 없는데, 수익률이 높지 않은 편이다. 만일 외환보유고 운용 수익률이 통화안정증권 이자율에 못 미친다면 그만큼의 손실을 보게 된다. 손실은 외환보유고가 커질수록 증가하고, 국민 부담으로 전가된다. 결국 외환보유고가 많다고 무조건 좋은 것이 아니다.

〈도표 8-5〉 한국은행 외환보유액 동향

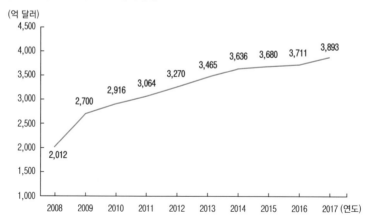

자료: 한국은행

손실이 불가피한 외국환평형기금

정부는 '외국환평형기금(foreign exchange equalization fund, 이하 외평기금)'이란 곳간을 갖고 있다. 농부가 곳간을 채우고 사용하는 것처럼 외평기금을 채우고 사용하는 과정을 통해 환율을 조절한다. 이 과정을 따라가보자.

외평기금은 환율의 급등락을 막기 위해 조성한 기금으로 달러와 원화를 모두 포함하고 있다. 경상수지 흑자 등을 통해 달러가 많이 유입되면서 환율 하락이 문제 되는 상황이라면 외평기금의 원화 계정을 이용해 달러를 매입한다. 이렇게 하면 달러가 기금으로 빨려 들어가면서 유통물량이 줄어 달러가치는 올라가는 반면에 원화가치가 상대적으로 떨어져 환율이 상승한다.

반대로 외국인 이탈 등으로 인해 갑자기 달러가 빠져나가면서 환율 상승이 문제 되면, 외평기금의 달러 계정을 이용해 원화를 사들이는 대신 시중에 달러를 푼다. 이렇게 하면 달러 공급이 늘어 환율을 하락시킬 수 있다.

이 같은 기금을 조성하기 위해 발행되는 채권이 외국환평형기금채권(이하 '외평채')이다. 원화를 확보하기 위해서는 국내에서 원화표시 채권을 발행하고, 달러를 확보하기 위해서는 해외에서 달러표시 채권을 발행한다. 국내에 달러가 무척 부족한 상황이라면, 해외에서 달러표시 외평채를 발행해 달러를 구한 다음 이를 기금으로 편입시킨 뒤 국내에 풀게 된다.

외평기금은 기금 자체는 한국은행이 관리하지만 사용은 기획재정부가 한다. 외환 수급상 필요에 따라 장관이 사용하도록 되어 있다. 즉 한국은행은 관리 대행만 한다.

　외평기금은 속성상 손실을 볼 수밖에 없는 구조를 갖고 있다. 환율 하락, 즉 원화가치가 계속 상승할 것으로 예상되는 상황이라면 달러를 팔고 원화를 사야 이익을 누릴 수 있다. 주식과 비슷하게 생각하면 된다. 그런데 외평기금은 반대로 움직인다. 원화가치 상승을 막기 위해 현재 시장에서 가치가 계속 떨어지고 있는 달러를 사고, 반대로 가치가 계속 올라가고 있는 원화를 파는 것이다. 그래야 원화가 상대적으로 흔해져 원화가치가 떨어지면서 환율 하락을 일정 부분 방어할 수 있다. 하지만 이는 정부 입장에서 가치가 계속 떨어지는 주식을 사고, 가치가 오르는 주식은 파는 것과 같다. 원금 회복 가능성 없이 하염없이 가치가 떨어지는 주식을 사들이다 보면 쪽박을 차는 것은 당연하다.

　주식시장에서 가치가 계속 떨어지는 주식을 사들이다가 추후 주가가 오르면 이를 팔아 이익을 볼 수 있는 상황을 외평기금도 누리는 것 아니냐고 생각할 수 있다. 가치가 떨어질 때 사들인 달러를 가치가 오른 후 팔아 이익을 내면 된다는 것이다. 실제 환율이 상승할 때 정부는 환율의 지나친 상승을 막기 위해 시장에 달러를 내다 판다. 달러 공급을 늘림으로써 환율 급등을 막는 것이다. 이렇게 하면 결과적으로 가치가 떨어질 때 사들인 달러를 가치가 오른 후 내다 파는 것이므로 이익을 볼 수 있다. 하지만 이미 발생한 손실을 메우는 데는 한계가 많다. 결국 외평기금은 환율 안정에 주목적이 있기에 계속 반대 방향으로 거래를 하게 되고, 대개는 손실을 볼 수밖에 없는 구조를 갖고 있다.

간혹 외평기금이 이익을 볼 때도 있다. 경제위기로 환율이 급등할 때다. 환율 급등은 시장에 달러가 매우 부족할 때 벌어진다. 이렇게 되면 정부는 시장에 달러를 내다 팔아야 하는데, 예전에 싼값에 사 들였던 달러를 매우 비싼 값에 팔 수 있다. 달러당 1천 원 할 때 사 들였던 달러를 경제위기로 환율이 오르자 달러당 2천 원으로 시장에 내다 파는 식이다. 이렇게 하면 달러당 1천 원의 이익이 생긴다.

새로 달러를 공급하는 과정에서도 이익이 발생한다. 통상 경제위기 때는 국내 달러가 매우 부족해 외국에서 달러표시 채권, 즉 외평채를 대량으로 발행해 달러를 끌어모아야 한다. 그래야 달러를 끌어와 국내에 공급할 수 있다. 달러당 2천 원일 때 100만 달러를 끌어들여 시중에 풀었다고 하자. 그럼 정부 수중으로 20억 원이 들어온다. 20억 원을 100만 달러로 환전해준 셈이다. 이후 경제상황이 안정되면서 환율이 달러당 1천 원으로 떨어졌다고 하자. 이때 정부가 외평채를 상환하기 위해서는 시장에서 100만 달러를 구한 뒤 외평채를 샀던 외국인에게 갚아주면 된다. 이때 정부에 필요한 돈은 10억 원이다. 환율에 따라 외환시장에 10억 원을 내면 100만 달러를 구할 수 있기 때문이다. 그럼 정부 수중에 결과적으로 10억 원이 남는다. 달러를 시중에 풀었을 때 들어온 20억 원 가운데, 10억 원으로 100만 달러를 사 갚았으니 10억 원의 이익이 생기는 것이다.

하지만 이 경우에도 완전한 이익이 보장되지 않는다. 경제위기 상황이라면 외국인 누구도 우리나라 외평채를 사려 하지 않는다. 이때 외국인이 외평채를 사게 만들려면 매우 높은 이자를 지급해야 한다. 막대한 이자 부담이 생길 경우 이익을 보기 어렵게 된다.

국가 신용도를 반영하는 외평채 가산금리

통상 외평채 금리는 리보(LIBOR; London Inter-Bank Offered Rates)를 기준으로 결정된다. 리보는 런던 중앙은행의 기준금리다. 여기에 가산금리가 덧붙여져 결정된다. 예를 들어 우리나라 외평채 금리를 '리보+4%'라고 하면 리보에 4%포인트가 덧붙여진 금리라는 뜻이다. 리보금리가 3%라면 외평채금리는 7%가 된다. 경제상황이 어려워지면 가산금리가 올라간다. 우리나라가 발행한 외평기금을 외국인이 믿지 못하는 상황이니 많은 금리를 주어야 하기 때문이다.

외평채 가산금리는 2008년 말 제2의 외환위기가 닥칠 수 있다는 우려가 확산될 당시 10%포인트에 육박한 적이 있다. 리보금리에 이 금리를 더해주어야 외평채를 팔 수 있는 것이다. 이처럼 외평채 가산금리는 경제상황에 따라 움직이는 성격이 있어 해당 경제가 얼마나 불안한지를 보여주는 지표 중 하나로 사용된다.

한국의 가산금리는 글로벌 위기가 터질 때마다 주요 선진국은 물론 필리핀, 인도네시아, 말레이시아 등 개도국보다 높아지는 문제가 발생하곤 한다. 개도국보다 더 높은 금리를 주어야 채권을 발행할 수 있는 것이다. 이는 한 번 외환위기를 겪은 한국 경제에 대해 그만큼 불신하는 외국인이 많다는 점을 의미한다. 여기에 한국은 시장 개방도가 높고 외국인 투자금액도 많아, 위기가 발생하면 개도국보다 달러 유출이 훨씬 빠르고 광범위하게 일어난다. 즉 개도국보다 달러가 많이 들어와 있는 만큼 경제위기가 터지면 더 많이, 그리고 더 빨리 빠져나가 경제 위험성이 무척 커진다. 이에 따라 경제체력에 비해 지나치게 가산금리가 높게 결정되기도 한다. 이후 상황은 차츰 안정되어 2018년 6월 기준 가산금리는 0.5%포인트 수준에 불과하다.

결국 경제위기 때면 정부는 시장에 달러를 매우 비싼 값에 팔아 이익을 누릴 수 있지만, 이 같은 달러를 조달하기 위한 비용, 즉 이자율이 매우 높아지기 때문에 큰 이익은 보기 어렵게 된다. 정부가 외평기금을 운영하면서 이익을 보는 일이 매우 어렵다는 말이다. 그럼에도 외평기금은 환율 안정에 꼭 필요한 수단이기 때문에 유지되고 있다.

외환시장은 왜
클수록 좋다는 걸까?

환율 안정을 위한 또 다른 중요 요소는 외환시장 규모다. 외환시장 규모는 '서울외국환중개'를 비롯한 중개회사를 거쳐 은행들끼리 거래하는 현물 거래 규모로 추산한다. 이 거래에서 결정되는 달러가격이 그날의 환율이 된다. 선물환 거래나 은행과 고객 간 거래 등은 환율 산정에서 제외된다. 2018년 말 기준 한국 외환시장 규모는 평시 하루 200억 달러를 넘는다.

그러나 경제위기가 오면 급감한다. 글로벌 금융위기 때인 2008년 4분기 하루 평균 거래량은 38억 달러에 불과했다. 달러 부족 때문이었다. 달러 부족이 심화되면 환율이 급등하고, 이후에도 환율이 지속적으로 오를 것으로 예상되면 아무도 달러를 내놓지 않는다. 나중에 파는 게 훨씬 이익이기 때문이다. 이에 거래량이 급감하게 된다.

거래량은 또 정부 대책에 따라 크게 출렁이기도 한다. 환율이 하락하는 상황에서 정부가 강력한 환율 상승 대책을 내놓겠다고 발표하면, 외환시장 참가자들은 앞으로 환율이 오를 것으로 예측한다. 이는 달러가치 상승을 의미하므로 달러를 미리 확보하기 위한 경쟁을 벌이게 된다. 이에 수요가 늘면서 시장 거래가 따라서 늘어난다.

외환시장이 작을 때는 수억 달러 수준인 일부 기업의 달러 매도에 따라 시장이 크게 출렁인다. 또 환차익을 노린 투기 세력에도 취약할 수밖에 없다. 하지만 외환시장이 커지면 이런 위험이 줄어든다. 이는 환율 안정에 큰 도움이 된다. 일정 수준의 거래로는 시장이 흔들리지 않기 때문이다. 또 시장 확대는 원화의 국제화 및 외환시장 선진화에도 도움이 된다.

외환거래 증가는 한국 대외거래 증가와 관련이 깊다. 수출입이 늘어날수록 달러를 원화로 바꾸거나, 원화를 달러로 바꾸는 수요가 늘기 때문이다. 매년 두 자릿수의 대외거래 성장률을 기록하면서 한국의 연간 대외거래 규모는 1조 달러를 넘어서고 있다. 이에 따라 앞으로 외환시장은 계속 커질 가능성이 크다.

CHAPTER
9

고용,
그 문제와 해법을 밝힌다

전문가들에게 한국 경제의 가장 큰 문제점을 꼽아달라고 질문하면 반드시 돌아오는 답변 중 하나가 고용 부진이다. 일자리는 개인의 행복을 결정하는 가장 큰 요소라는 점에서 한국 경제가 꼭 풀어야 할 지상과제다. 하지만 문제 해결이 쉽지 않다. 고용상황이 왜 부진하며, 고용 관련 통계 해석에 얼마나 많은 오류가 내재되어 있는지 소개한다. 단순히 일자리를 늘리는 데 그치지 않으면서, 더 많은 사람이 좋은 일자리를 얻을 수 있는 방안에 대해서도 살펴본다.

고용 부진, 도대체 무엇이 문제인가?

고용 부진 7대 요인

　　2000년대 들어 한국 경제의 최고 화두는 고용이다. 많은 청년들은 일자리를 구하지 못해 청년 백수로 전락하고 있으며, 40~50대는 이른 퇴직을 종용받고 있다. 2018년 취업자 증가 인원은 10만 명에도 미치지 못하고 있다. 매년 30만 명 정도가 취업시장에 새로 뛰어들고 있음을 감안하면 심각한 수준이다. 시장의 자율성을 신봉하는 경제학자들은 노동의 수요와 공급이 만나는 지점에서 임금과 고용량이 결정된다고 본다. 그들에 따르면 고통받는 실업자는 없고, 일하지 않는 사람 모두 현재 임금이 만족스럽지 않아 일하지 않는 것에 불과하다고 한다. 하지만 현실이 그렇지 않다. 왜 그럴까?

"5월 고용동향 내용은 매우 충격적이다." 김동연 경제부총리 겸 기획재정부 장관은 15일 정부서울청사에서 고용 관련 긴급경제현안간담회를 열고 이같이 밝혔다. 5월 고용동향에 따르면 지난달 취업자 수는 2,706만 4,000명으로 1년 전보다 7만 2,000명 증가하는 데 그쳤다. 고용 부진이 지속되는 이유에 대해 김 부총리는 "생산가능인구 감소나 주력업종 고용창출력 저하로 구조적 일자리 창출이 나아지기 어려운 상황에 더해 일부 경기요인이 겹치면서 일자리에 어려움을 겪고 있다"며 "특히 일부 업종 계층의 어려움이 심화되고 있다. 구조조정 영향으로 제조업이 위축되는 상황"이라고 설명했다.

파이낸셜뉴스(2018. 6. 15)

내수 부진

우선 거시적으로 내수 부진의 영향이 크다. KDI에 따르면 실질소비 증가율이 1%포인트 높아지면, 고용 증가율은 단기적으로 0.13% 포인트, 장기적으로 0.29%포인트 높아진다. 전체 인원 기준으로 실질소비 증가율 1% 상향은 단기적으로 3만 명, 장기적으로 7만 명 고용 증대 효과가 있다. 이 밖에 투자 증가율 1%포인트 상승은 단기적으로 1만 2천 명, 장기적으로 2만 6천 명 고용 증대 효과가 있다.

하지만 2000년대 이후 전반적으로 소비와 투자가 침체되면서 이같은 효과가 발생하지 않고 있다. 주기적으로 찾아오는 경제위기는 고용 충격을 유발한다. KDI에 따르면 경기침체 충격은 1분기 후 임시직으로, 2분기 후 상용직으로 전파된다. 경기침체가 발생하면 1분기 후 임시직 고용이 줄고, 2분기 후에는 상용직 고용까지 줄어든다는 의미다.

짧아진 경기주기

전국경제인연합회가 실시한 대기업 설문조사에 따르면 고용 확대의 가장 큰 장애물로 '예측하기 어려운 경기'가 꼽혔다. 앞으로 경기가 어떻게 될지 예측할 수 없어 사람을 뽑기 어렵다는 설명이다.

삼성경제연구소가 발표한 '짧아진 경기사이클' 보고서에 따르면 경기 확장기는 외환위기를 기점으로 2년 9개월에서 1년 정도로 짧아졌다. 이처럼 경기 확장기가 짧아지면, 경기가 좋을 때 뽑아놓은 인력이 다시 경기가 악화된 후에는 부담으로 작용할 수 있다. 이에 따라 기업들은 인력 계획을 보수적으로 짜고 있다.

1972년 이후 외환위기 이전까지 6번의 경기 확장기 동안 일자리 창출 폭은 49만 4천 개에 달했지만, 외환위기 이후에는 경기 확장기나 수축기 모두 30만 개 전후에서 일정한 흐름을 보이고 있다. 기업들이 경기에 상관없이 항상 일정한 인력을 뽑고 있다는 뜻이다. 이는 곧 경기가 좋아져도 고용을 늘리지 않는다는 뜻도 된다.

이에 따라 고용지표 성격이 많이 변화했다. 고용지표는 일반적으로 산업활동동향 등 경기지표에 후행한다. 즉 경기가 나빠지면 고용이 줄어드는 식이다. 통상 시차는 3~6개월 정도다. 하지만 최근 들어 고용에 선행지표 성격이 많이 부가되었다. 기업들이 경기가 어려워질 것으로 예상해 미리 고용을 조정하는 것이다. 이에 따라 고용이 저조해지면 앞으로 경기가 악화될 것으로 예측할 수 있다. 기업들의 고용에 대한 태도가 얼마나 보수적으로 변했는지 확인할 수 있는 대목이다.

노동 절약적 경제구조로 지속적인 이동

취업계수(매출 10억 원당 유발 취업자 수)를 보면 제조업의 경우 1990년 15.2명에서 2017년 7.4명으로 떨어졌다. 매출 10억 원당 고용 여력이 10명 가까이 줄어든 것이다. 특히 전기전자, 중화학, 통신 등 중상위 일자리가 많이 분포한 업종일수록 취업계수 하락 폭이 크다. 산업 고도화로 장비와 자본이 노동을 빠르게 대체하면서 인력의 필요성이 점차 줄어든 결과다. 즉 한국 경제는 더 이상 사람이 필요하지 않은 노동 절약적 구조로 이행 중이다. 인력이 부족하면 채용

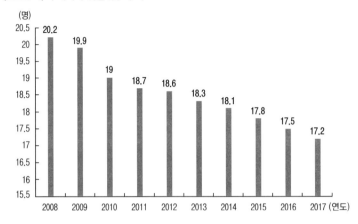

〈도표 9-1〉 우리나라 취업계수 추이

(명)

자료: 통계청

을 늘리는 것이 아니라, 아예 채용이 필요 없는 구조로 체질을 바꾸고 있다는 의미다. 길어지는 경기침체, 노동 보호 확대 추세 등은 이같은 흐름을 앞당기고 있다.

서비스업도 상황이 안 좋기는 마찬가지다. 서비스업 취업계수는 1990년 32.7명에서 2017년 16.7명으로 하락했다. 이는 서비스업 대형화 영향이 크다. 대형할인점이 출현하면서 재래시장의 많은 일자리가 사라지는 경우가 대표적이다. 제조업과 서비스업을 포함함 우리나라 전체 취업 계수는 2009년 19.9명에서 2017년 17.2명으로 내려갔다.

외환위기를 기점으로 제조업과 서비스업은 선순환 고리가 단절되어버렸다. 외환위기 전 제조업과 서비스업의 생산 증가율의 상관계수는 0.68이었다. 제조업 생산이 1% 증가하면 소비 증가 등으로 인해 서비스업도 생산이 0.68% 증가했다는 의미다. 그런데 이 지

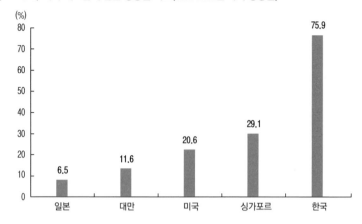

〈도표 9-2〉 각국 제조업의 임금 상승률 비교(1999~2006년 사이 상승률)

자료: 한국생산성본부

수가 외환위기 이후 0.15로 급락했다. 이 기간에 제조업 생산과 고용 증가율의 상관계수는 0.77에서 0.56으로 떨어졌다. 서비스업 생산 증가율과 고용 증가율 상관계수 역시 0.391에서 0.255로 떨어졌다.

예전에는 제조업 생산이 1% 증가하면 제조업 고용이 0.77% 증가하고, 서비스업 생산도 0.68% 늘면서 이에 따라 서비스업 고용이 0.27% 증가했다. 하지만 이제는 제조업 생산이 1% 증가해도 제조업 고용은 0.56%만 늘고, 제조업 생산 1% 증가에 따른 서비스업 생산 증가율이 0.15%에 그치면서 그에 따른 서비스업 고용 증가율은 0.04%에 불과하다. 제조업 생산이 늘면 제조업 고용이 늘고, 이에 따라 소득과 소비가 늘면서 서비스업 생산과 고용이 증가하는 선순환이 이루어지지 않고 있는 것이다.

수출산업은 외국 일자리만 창출한다

일자리 감소는 해외 아웃소싱 및 부품 수입 증가의 영향도 크다. 현재 한국 경제는 수출이 증가하면 그에 따른 수입과 해외 아웃소싱이 급증하는 구조로 되어 있다. 관련한 국내 부품 기반이 취약하기 때문이다.

예를 들어 수출 수요 증가로 휴대폰 생산이 늘자 해외 부품 수입이 증가하는 식이다. 휴대폰 생산 증가가 큰 파급력을 갖기 위해서는, 국내에서 부품이 생산되어 관련 기업의 매출과 고용이 늘어야 한다. 하지만 대부분의 부품을 해외에서 수입하면서 해외 기업의 매출과 고용만 증가하고 있다. 결국 휴대폰 수출이 아무리 증가하더라도 국내 파급효과는 떨어진다.

LG경제연구원은 "수출 과정에서 해외 의존도가 갈수록 높아지면서 수출이 크게 늘어도 정작 국내 파급효과는 감소하고 있다"며 "한국 수출로 인해 국내보다 중국을 비롯한 해외에서 더 많은 일자리가 창출되고 있다"고 지적한 바 있다.

이는 통계로 증명되는데, 2015년 기준으로 일본 수출의 자국 부가가치 유발효과는 0.892에 이르지만, 한국은 0.633에 불과하다. 수출이 1원 늘면 일본은 0.892원의 부가가치가 창출되는데 한국은 0.633원 창출되는 데 불과한 것이다. 차이는 부품 해외 수입 의존도에서 나온다.

이 같은 상황은 당연히 일자리 창출 동력 약화로 이어진다. 이를 가장 잘 나타내는 수치가 바로 수출산업의 취업계수다. 이 지표는 1995년 26.2명에서 2017년 7.8명으로 급감했다. 1995년 수출산업은

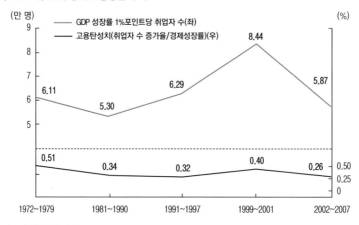

〈도표 9-3〉 한국 경제 고용창출 추이

(만 명)

— GDP 성장률 1%포인트당 취업자 수(좌)
— 고용탄성치(취업자 수 증가율/경제성장률)(우)

(%)

자료: 현대경제연구원

매출 10억 원당 26.2명의 고용을 창출했지만, 2017년에는 10.3명밖에 고용하지 못하고 있다는 의미다.

특히 IT 분야에서 심각하다. 취업계수를 보면 1995년 13.8명에서 2017년 3.8명으로 급전직하했다. 이 기간 우리 경제에서 IT 산업의 산출액 비중이 8.5%에서 11.5%로 늘어났음에도 고용창출 동력은 약화된 것이다. 이것의 가장 큰 원인은 역시 부품의 높은 수입 의존도다.

한국 경제는 지속적으로 수출산업과 IT 산업에 편향된 경제성장을 하고 있다. 그런데 두 산업 모두 고용창출력이 극히 떨어지는 분야다. 그로 인해 우리 경제의 '고용탄성치(elasticity of employment)'가 추락하고 있다. 취업자 수 증감률을 경제성장률로 나눈 것을 의미하는데, 1970년대 0.51에서 2000년대 0.3으로 추락했다. 예전에는 경제성장률 1%포인트당 취업자가 0.51% 증가하던 것에서 불과 0.3% 증가하는 수준으로 바뀌었다는 의미다.

임금 부담 증가가 청년실업 유발

급속한 임금 상승률은 기업의 채용여력을 약화시키고 있다. 2017년 OECD 통계 기준 우리나라 직장인의 평균 연봉은 3만 5,191달러로, 4만 달러 수준인 OECD 평균에 다소 못 미친다.

그런데 상승률이 무섭다. 1990년 2만 586달러와 비교해 71%의 상승률을 기록했다. 같은 기간 미국(35.6%), 일본(1.2%) 등과 비교해 지나치게 높다. 1990년에는 OECD에서 임금이 거의 꼴찌 수준이었지만, 지금은 OECD 평균에 육박하면서 이스라엘보다 높고 스페인과 이탈리아 수준에 거의 근접했다.

경제성장에 따라 임금 수준이 올라가는 것은 당연하다. 다만 그 속도가 너무 빠르면 기업의 고용 여력을 훼손한다. 금융연구원은 보고서를 통해 "지난 20년간 노동생산성 증가율이 임금 상승률을 상회한 것은 단 세 차례에 불과하다"며 "임금 인상 속도가 기업이 부담할 수 있는 선을 넘고 있다"고 설명했다.

내 임금에는 변화가 없는데 도대체 누구 월급이 올라가는 걸까? 우리나라 임금 상승은 대기업의 기존 직원 위주로 이루어지고 있다. 대기업 정규직 임금 대비 중소기업 비정규직 임금 비율은 40.4%에 그친다. 결국 경제 내 대다수를 차지하는 중소기업 노동자들은 물가 상승률에도 못 미치는 임금 상승률로 고통받는 반면, 대기업 노동자들만 지나치게 높은 임금 상승률의 수혜를 입고 있으며, 이것이 대기업의 고용 여력을 떨어트리면서 고용난을 만들고 있다.

청년실업의 문제는 여기에 근거한다. 대기업에 고용되면 높은 임금을 받지만 그렇지 못하면 저소득으로 신음해야 하는 양극화 때문

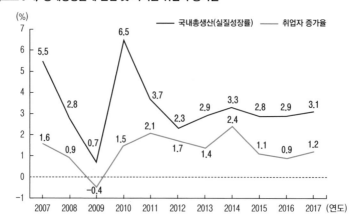

〈도표 9-4〉 경제성장률에 한참 못 미치는 취업자 증가율

자료: 한국은행

에 청년들은 대기업에만 몰린다. 하지만 선택되는 경우는 소수에 그치면서 심각한 고용난이 발생하고 있다.

경직적인 노동시장

비정규직에서 정규직으로, 저임금에서 고임금으로, 중소기업에서 대기업으로 이동이 자유롭다면 고용 문제는 훨씬 간편하게 풀릴 수 있다. 일단 중소기업 등에서 직장을 잡은 후 다른 직장으로 이동하면 되기 때문이다. 그러면 중소기업의 구인난과 청년실업의 동시 발생이란 딜레마를 해소할 수 있다.

하지만 상황이 여의치 않다. 우리나라 직장 이동의 간편성을 나타내는 노동이동 추세율은 2% 수준으로 미국(6.8%) 등에 크게 못 미친다. 우리나라에선 전직이 그만큼 어렵다는 의미다. 그만큼 구직자들은 첫 직장 선택에 신중해질 수밖에 없고, 구직 기간이 장기화되고 있다. 특히 대기업의 좋은 일자리 상황이 계속 부진하다. 중소기업에서 대기업으로의 계층 이동 가능성이 지속적으로 줄어들고 있는 것이다.

경직적인 노동시장 구조는 아이러니하게 1987년 이후 본격화된 민주화와 관련이 있다. 이때를 기점으로 억압받던 노동자의 지위가 많이 개선된 것은 사실이지만, 한편으로는 노동시장 경직성을 강화하면서 스스로 족쇄를 채우고 있다. 이를 두고 노동연구계에서는 '87체제'가 지속되고 있다고 표현한다.

환율 상승과 정부지출 증가가 고용을 줄인다?

정부의 부적절한 경제정책도 고용을 악화시키는 요인이다. 대표적인 것이 수출산업 호황을 위한 환율 상승 정책이다. 정부는 환율이 상승하면 기업 수익성이 개선되어 고용이 증가할 것으로 기대하지만 그렇지 않을 때가 많다.

노동연구원 조사에 따르면 외환위기 이후 환율 상승은 10% 유의수준(有意水準)에서 고용을 감소시키는 것으로 조사되었다. 환율 상승 시 수출 증가에 따른 고용 증대 효과보다는, 수입 부담 증가에 따른 고용 감소 효과가 더 커지기 때문이다.

노동연구원은 "고용 효과가 크지 않은 IT 산업 위주로 수출이 이루어지면서 환율 상승에 따른 수출 증대가 고용에 기여하지 못하고 있다"며 "반면 환율 상승은 물가 상승으로 연결되어 내수 침체를 유발해 서비스업 고용에 부정적"이라고 설명했다.

정부지출을 확대하는 정책도 고용 친화적이지 못한 것은 마찬가지다. 노동연구원이 발표한 '거시경제정책의 고용효과' 보고서에 따르면, 정부지출이 증가할 경우 실업률은 감소하지 않고 오히려 증가하는 것으로 나타났다. 정부가 지출을 확대해서 기업이 할 일을 대신하게 되면, 기업 생산을 위축시켜 고용 여력까지 떨어트린다는 것이다.

우리나라는 내수 침체가 장기화되면서 정부지출과 수출에 대한 의존도가 계속 커지고 있다. 그럴수록 고용 사정은 더 악화될 것이란 게 전문가들의 경고다. 노동연구원은 "고용 친화적인 재정정책을 펴기 위해서는 지출을 늘리는 데 집중하기 보다, 총요소생산성이나 투자효율성을 높이는 쪽으로 정책 방향으로 바꿔야 한다"고 지적했다.

여기저기 백수인데 실업률은 3%?
실업률 통계의 맹점

고용 사정이 좋지 않다면 실업률이 높게 나와야 한다. 그런데 한국 실업률은 3%대로 세계 그 어느 나라와 비교해도 낮다. 금융위기 기간에도 꾸준히 좋은 상황을 유지했다. 빈틈이 많은 실업률 개념 때문이다.

공공 일자리 사업의 공백기로 실업률 고공행진이 두 달 연속 이어졌다. 경기회복에 대한 구직자들의 기대감은 갈수록 높아지고 있지만, 민간 부문 고용시장에서는 아직 냉기가 가시지 않았기 때문이다. 지난달에도 실업률은 4.9%로 1월의 5%에 육박하는 높은 수준을 나타냈다. 세계 금융위기 여파가 두드러졌던 지난해에도 실업률은 3월(4.0%)을 제외하고는 줄곧 3%대를 유지해왔다.

한겨레(2010. 3. 17.)

취업 포기 늘면 내려가는 실업률

실업률은 '경제활동인구(economically active population)' 가운데 실업자가 몇 명인지를 추산한 것이다. 경제활동인구란 '일할 의사'가 있는 사람을 뜻한다.

일할 의사는 무엇으로 판별할까? 크게 2가지다. 우선 현재 일을 하고 있는 사람들은 일할 의사가 있는 사람들이다. 일할 의사가 있으니 직장에 다니거나 자기 사업을 한다(즉 취업자는 피고용인뿐만 아니라 자영업자 등 자기 사업을 하는 사람을 포함한다). 다음으로 현재 일을 하지 않더라도 가고 싶어 하는 직장에 이력서를 넣고 있다면 일할 의사가 있는 것으로 추산한다.

실업률이란 이러한 일할 의사가 있는 인구 가운데 두 번째(이력서를 넣고 있는 사람들)의 비율이다. 예를 들어 한 경제에서 인구 100명 가운데 일할 의사가 있는 사람이 50명인데 실업률이 3%라면, 실업자는 1.5명이다. 일할 의사가 있는 50명 가운데 3%(1.5명)가 여기저기 이력서를 넣고 있으니 이들이 통계에서 말하는 실업자다. 나머지 97%(48.5명)는 일을 하고 있는 사람들이다.

그렇다면 일할 의사가 없는 사람들은 어떤 사람들일까? 통계상 일할 의사가 없는 사람은 '비경제활동인구'로 불린다. 주부, 학생 등이 대표적인 예로, 가사, 학업 등으로 인해 일할 능력이 있으면서도 일할 의사가 없어 일하지 않는 사람들이다. 이뿐만이 아니다. 실제로 일할 의사가 있으면서도 통계에서만 일할 의사가 없는 사람들이 포함된다. 취직을 못해 영어 학원을 다니는 사람, 취직시험에 계속 미끄러지다가 9급 공무원 시험을 준비하는 사람, 실업자라는 소리가 듣기 싫어 대학원에 이름만 등록해놓는 사람들이 대표적이다. 여기에 계속 취업에 실패하자 구직활동을 포기한 사람들도 포함된다. 어디서 불러주기만 한다면 언제든 직장으로 달려갈 사람들이다. 하지만 이들은 현재 '이력서를 넣고 있지 않다'는 이유만으로 취업 의사가 없는 것으로 간주된다. 즉 비경제활동인구는 크게 정말 일할 의사가 없는 사람, 직장을 구하기 위해 학원 등을 다니며 취업을 준비하는 사람, 계속되는 낙방에 아예 취업을 포기한 사람, 이렇게 세 분류로 나뉜다.

통계의 맹점은 이 가운데 정말 일할 의사가 없는 사람을 제외한 나머지 두 분류 때문에 생긴다. 한국 경제의 고용상황을 정확히 표현하기 위해서는 이들도 실업자로 판단해야 하는데, 현재 이력서를 넣고 있지 않다는 이유만으로 경제활동인구에 포함하지 않고 실업자로 간주하지도 않는다. 이 같은 사람들은 수백만 명에 이르는 것으로 추산된다.

이러한 상황을 수치로 해석해보자. 100명으로 경제가 구성된 앞선 예에서 일할 의사가 있는 사람이 50명, 일할 의사가 없는 사람이

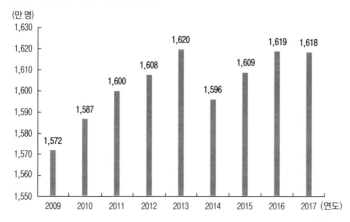

〈도표 9-5〉증가 추세인 비경제활동인구

(만 명)

자료: 통계청

50명이라고 하고, 일할 의사가 있는 50명 가운데 10명이 직장을 얻지 못하고 있다면 이 경제의 실업률은 '(10÷50)×100=20%'가 나온다. 두 자릿수가 넘는 높은 실업률이다.

그런데 10명 가운데 5명이 오랫동안 직장을 구하지 못해 결국 구직활동을 포기하거나 잠정적으로 취업을 포기한 채 학원 수강, 고시준비 등 장기적인 취업 준비에 들어가면 이들은 일할 의사가 없는 것으로 간주된다. 이렇게 되면 이 경제에 일할 의사가 있는 사람은 45명, 일할 의사가 없는 사람은 55명으로 바뀌게 된다. 이에 따라 이 경제의 실업자는 여전히 직장을 구하고 있는 5명으로 줄게 되고, 실업률은 '(5÷45)×100=11.1%'로 줄게 된다. 5명이 구직을 포기함으로써 실업률이 절반으로 줄어드는 것이다.

수치상으로 11.1%의 실업률은 20%의 실업률보다 훨씬 나은 것으로 보이지만, 실제 경제의 건강도는 20%의 경제가 더 좋을 수

Chapter 9 고용, 그 문제와 해법을 밝힌다

255

있다. 적어도 구직 희망이 있어 많은 사람들이 구직 중이기 때문이다. 반면에 11.1% 경제는 구직 가능성이 극히 떨어지면서, 아예 취업을 포기하는 사람이 속출하는 불건전한 경제다.

경직적인 노동시장이 실업률을 낮춘다

이 같은 논리에 따라 2010년 초 일시적으로 실업률이 5%대로 치솟자, 정부와 학계는 오히려 긍정적일 수 있다고 평가했다. 구직에 희망을 품고 시장으로 나오는 사람이 늘었다는 것으로 해석할 수 있었기 때문이다. 물론 실업률 자체가 커진다는 것은 그만큼 실업의 고통을 겪는 사람이 많다는 의미이므로 지표를 주의해서 바라봐야 한다. 비경제활동인구와 실업률이 함께 증가했다면 나쁜 신호일 가능성이 있다.

한국은 다른 나라와 비교해 통계상 비경제활동인구가 지나치게 많다. 이로 인해 외국보다 고용상황이 좋지 못하면서도 실업률이 낮게 나타나는 기현상이 발생하고 있다. 구직 의사가 있지만 포기했거나, 이력서를 내지 않고 준비 중인 사람들을 포함해서 실업률을 계산하면 10%를 훌쩍 넘는다는 것이 경제전문가들의 분석이다.

한국의 낮은 실업률은 경직된 노동시장 구조의 영향이 크다. 경직된 노동시장에 진입하기 위해서는 각종 자격 요건이 필요하고, 이를 갖출 때까지 구직활동을 못하는 경우가 많기 때문이다. 또 취업을 아예 포기하는 경우도 많다. 이들은 실업률 계산에 빠지면서 실업률을 낮춘다. 여기에 어렵게 한번 직장에 들어가면 경직된 구조로 인해 웬만해서는 해고당하지 않는 점도 안정적인 실업률에 영향을 미치고 있다.

통계의 맹점은 또 있다. 실업률을 추산할 때 일을 하고 있다는 기준은, 통계청이 전화로 확인할 때 일주일에 한 시간 이상 일을 하는지 여부다. 즉 취직을 못한 대학 졸업생이 용돈 벌이를 위해 일주일에 2시간짜리 과외를 하고 있거나, 편의점에서 아르바이트를 하고 있더라도 취업자로 분류된다. 또 단순히 아버지가 하는 세탁소 일을 도와도 취업자로 간주된다. 결국 통계상 취업자에 포함된 사람 가운데에도 상당수는 실제 취업자로 보기 어렵고, "나 직장 다닌다"고 말할 수 있는 경우는 다수보다는 소수에 가깝다는 게 일반적인 분석이다.

실업자라고 해서 다 같은 실업자가 아니라 여러 유형으로 분류된다. 노동시장이 비효율적이라 구직자와 구인자가 서로 적절히 만나지 못해 발생하는 마찰적 실업, 특정 산업이 구조조정을 당하면서 양산되는 구조적 실업, 경기불황으로 쏟아져 나오는 경기적 실업, 당장 일할 수 있으나 눈높이가 높아 다른 일자리를 구하는 자발적 실업 등이 대표적이다. 구조적·경기적 실업을 당하면 계속 일하고 싶지만 일자리를 구하기 어려운 비자발적 실업에 빠지기 쉽다.

일자리 창출 통계의 허점

일자리와 관련한 또 다른 통계가 있다. 1년 전과 비교해 취업자 수가 얼마나 증가했는지를 보여주는 '취업자 증가 수' 통계가 그것이다. 이는 정부에 의해 다른 말로 '일자리 창출'로 표현되기도 한다. 이는 실업률 통계의 한계를 극복하기 위한 보조지표로 활용되고 있다. 예를 들어 2008년 취업자 수가 1,430만 명이고, 2009년 취업자 수가 1,460만 명이라면 취업자는 30만 명 증가한 것이 된다. 정부는 이를 두고 30만 개의 일자리가 '새로 창출되었다'고 표현한다.

취업자 증가 수 통계는 매년 얼마나 많은 사람들이 새로운 일자리에 취업되었는지를 총량으로 보여준다. 이에 실업률 등 비율지표와 비교해 고용상황을 더 현실적으로 알려준다. 또 일자리 창출이라는 표현으로 바꿀 수 있어 정부 입장에서 목표로 내걸기도 쉽다. 실업률을 1%포인트 내리겠다는 구호보다 일자리를 10만 개 늘리겠다는 표현이 훨씬 피부에 와 닿기 때문이다.

그런데 취업자 증가 통계를 볼 때는 여러 가지를 주의해야 한다. 우선 기저효과가 있다. 예를 들어 2017년 6월과 7월 취업자 수가 각각 100만 명과 70만 명이고, 2018년 6월과 7월 취업자 수가 80만 명과 90만 명이라고 가정하자. 2017년 7월 큰 경제위기가 찾아와 갑작스럽게 취업자 수가 감소한 상황이다. 이를 보고 2018년 6월 시점에 1년 전과 비교하면 취업자 수가 100만 명에서 80만 명으로 줄었으니 "취업자가 20만 명 감소했다", "일자리가 20만 개나 줄었다"며 최악의 경기 부진이 계속되고 있다고 평가할 수 있다. 반면에 불과 한 달 뒤인 7월에 1년 전과 비교하면 취업자 수가 70만 명에서 90만 명으로 늘었으니 "일자리가 20만 개나 늘었다"며 경기가 급격히 회복되었다고 호들갑을 떨 수 있다.

이 같은 착각을 막기 위해서는 1년 전뿐만 아니라 한 달 전과의 비교도 필요하다. 2018년 5월 취업자 수가 75만 명이라면 2018년 6, 7월의 취업자 수가 각각 80만, 90만 명이니 취업자 수가 견조하게 증가하고 있다고 분석할 수 있기 때문이다.

또 취업자 수 통계를 볼 때는 기술적인 착각에도 주의해야 한다. 예를 들어 2017년 6, 7, 8월의 취업자 수가 각각 100만, 102만, 103만 명이라 하고 2018년 6, 7, 8월의 취업자 수가 각각 110만, 111만, 115만 명이라 하자. 이를 두고 많은 언론은 표를 만들 때 '일자리 증가 추이'라는 제목으로 2009년 6, 7, 8월 시점에 각각 10만, 9만, 12만 명을 기재한다. 모두 현 시점의 숫자에서 1년 전 숫자를 빼준 값이다. 이 표를 보면 6, 7, 8월 한 달간 각각 10만, 9만, 12만 명의 취업자가 새로 생겼다고 생각할 수 있다. 심지어는 이 세 숫자를 합한 31만 개의 일자리가 석 달 사이 새로 생겼다고 생각하게 된다.

물론 이는 완전한 착각이다. 6월에 10만 명 증가라는 것은 1년 전과 비교해, 즉 2008년 6월부터 2009년 6월까지 1년간 6만 명이 증가했다는 뜻이지, 2009년 6월 한 달간 10만 명이 증가했다는 뜻이 아니기 때문이다. 즉 10만, 9만, 12만 명이란 숫자는 모두 1년 전과 비교해 해당 시점에서 파악한 1년 동안의 취업자 증가 수를 의미한다. 따라서 이들 숫자를 더해서 파악해서는 안 되며, 모두 그 자체로 독립적인 의미가 있다.

6, 7, 8월 3개월 동안 증가한 취업자 수를 알기 위해서는 2018년 8월 말 취업자 수에서 2018년 5월 말 취업자 수를 빼서 계산해야 한다. 즉 취업자 수 통계는 1년 전 혹은 한 달 전 등의 특정 시점과 비교할 때 의미가 있다. 그래야 해당 기간 취업자가 얼마나 증가했는지를 알 수 있다.

취업자 '순증'만 알려주는 취업자 증가 수

취업자 수 증가 통계에는 다른 문제도 있다. 통계에 나타나는 취업자 증가와 새로 직장을 얻은 사람의 수가 일치하지 않는다는 것이다. 예를 들어 취업자가 100만 명인 경제를 가정해보자. 1년 뒤 100만 명 취업자 가운데 10만 명이 정년 도래, 결혼 등의 이유로 퇴직했다고 하자. 그럼 기존 취업자 수는 90만 명으로 줄어든다.

이러한 상황에서 학교 졸업 후 30만 명이 취업전선에 뛰어들어 이 가운데 20만 명이 취업에 성공했다고 하자. 그럼 이 경제의 취업자 수는 기존 취업자 90만 명과 신규 취업자 20만 명을 합쳐 110만 명이 된다.

이를 1년 전 취업자 100만 명과 비교하면 10만 명이 증가한 것이 된다. 그러면 이를 두고 정부는 '10만 개의 일자리가 창출되었다'고 표현한다. 여기까지는 맞는 말이다. 새로 취업한 20만 명 가운데

〈도표 9-6〉 연도별 취업자 증가 인원 추이

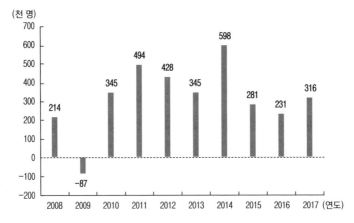

자료: 통계청

10만 명은 퇴직한 10만 명을 대체한 것이고, 나머지 10만 명은 경제 성장 등으로 1년 사이 새롭게 만들어진 일자리에 취업된 것이기 때문이다. 즉 새롭게 만들어진 일자리는 10만 개가 맞다.

그런데 문제는 그다음이다. 많은 사람들이 이 10만 명을 신규 취업자로 착각하는 것이다. 즉 새로 만들어진 일자리에 취업한 사람만 신규 취업자로 여긴다. 하지만 전개에서 보듯 실제 새로 직장을 얻은 사람은 20만 명이다.

이 같은 착각은 고용 통계를 왜곡시킨다. 정년 도래, 결혼 등의 이유로 퇴사한 기존 인력을 대체한 신규 인력 10만 명은 보지 못한 채, 다른 10만 명만 새로 일자리를 얻었다고 혼동하는 식이다.

이런 오해를 피하려면 매년 몇 명이 취업전선에 뛰어들고, 이 가운데 몇 명이 일자리를 얻는지를 파악할 수 있어야 한다. 앞의 예에서처럼 "30만 명이 새로 뛰어들어 20만 명이 직장을 얻었다"는 것을 정확히 파악하는 것이다. 그런데 현실에서 이 같은 통계는 없다. 조사하기 무척 어렵다는 이유 때문이다.

결국 1년 전과 비교해 취업자 총량이 몇 명 늘었는지만 통계청 발표로 알 수 있다. 그래서 통계청이 발표하는 통계는 취업자 '증가' 수(신규 취업자)는 알려주지 못한 채 '순증'(신규 취업자 수-퇴직자 수)만 알려준다. 따라서 취업자 증가 수보다는 취업자 순증으로 표현하는 것이 맞다.

새로 직장을 얻은 사람을 알 수 없다는 것은 당연히 몇 명이 퇴직했는지 파악하지 못한다는 뜻도 된다. 쉽게 말해 '10'이란 숫자가 40(신규 취업자 수)에서 30(퇴직자 수)을 뺀 것인지, 60에서 50을 뺀 것인지는 알지 못한다. 답만 알 뿐 식은 모르는 셈이다.

이를 금융위기 때인 2009년 상황에 대입해보자. 2009년 중반 취업자 수는 1년 전과 비교해 10만 명 감소했다. 이를 두고 많은 언론에서는 "새로 직장을 얻은 사람은 없고, 직장에서 잘린 사람만 생겼다"고 말했지만 이는 틀린 표현이다. 당시 시점에서 지난 1년간 고령·결혼·구조조정 등을 이유로 20만 명이 퇴직한 후에 새롭게 노동시장에 진입한 30만 명 가운데 10만 명만 직장을 얻음으로써, 결과적으로 전체 취업자 수가 10만 명 감소했을 수 있기 때문이다. 엄연히 새롭게 직장을 얻은 사람이 존재하는데도 파악하지 못하는 것이다.

또 다른 착각도 가능하다. 예를 들어 1년 전과 올해 취업자가 각각 10만 명, 30만 명 증가했다고 가정하자. 이를 두고 정부는 올해 30만 개의 일자리가 창출되어 1년 전보다 고용상황이 호전되었다고 표현한다. 그런데 1년 전과 올해 모두 10만 명의 퇴직자가 발생한 상황에서, 1년 전에는 30만 명의 구직 희망자 가운데 20만 명이 일자리를 얻어 전체적으로 취업자가 10만 명 증가한 반면, 올해는 60만 명의 구직 희망자 가운데 40만 명이 일자리를 얻어 전체 취업자 수가 30만 명이 증가한 상황이라면 결코 호전되었다고 하기 어렵다. 1년 전에는 10만 명이 일자리를 얻지 못했지만 올해는 20만 명이 일자리를 얻지 못했기 때문이다. 결국 취업자 증가 수를 일자리 창출로 바꿔 부르면서 고용상황을 관찰하는 데는 한계가 많아서, 이 역시 완벽한 지표로 보기 어렵다.

새로운 지표 개발이 절실하다

취업자 수 증가 혹은 일자리 창출 통계는 인구와 경제가 지속적으로 성장할 때만 그나마 유효하다. 경제가 성장하면서 더 많은 일자리가 만들어지고, 인구 증가에 따라 취업전선에 뛰어드는 사람이 늘면서 취업자 수는 당연히 증가할 수밖에 없기 때문이다.

하지만 성장이 정체되고, 특히 인구가 감소 혹은 정체되는 상황이라면 현실이 왜곡된다. 예를 들어 인구가 10만 명 줄면서 취업자 수도 10만 명 줄었는데, 이를 두고 고용위기가 왔다고 호들갑 떠는 것은 문제다. 인구가 줄어서 취업자 수가 줄었을 뿐, 실업 고통이 새로 커진 것은 아니기 때문이다. 이 같은 상황이라면 고용보다는 경제성장 측면에서 정책을 짜야 한다. 인력이 줄면서 성장 자체에 문제가 생긴 경우이기 때문이다. 고용 문제가 심각해졌다고 착각해 잘못된 정책 대응을 하면 경제는 혼란을 겪을 수 있다.

경제성장이 성숙기에 접어들고 인구 증가가 정체되는 현재 한국 경제상황을 감안하면, 앞으로 취업자 수 증가 통계의 유효성은 계속 떨어질 것으로 보인다. 이에 고용 현실을 더 명확히 파악하기 위해서는 통계청이 매년 몇 명이 취업전선에 뛰어들어 이 가운데 몇 명이 직장을 얻었는지 알 수 있는 지표를 개발해야 할 것으로 보인다.

동전의 양면과도 같은 퇴직자 수의 집계도 반드시 필요하다. 결혼, 정년 도래 등을 이유로 퇴직하는 사람들은 괜찮지만 퇴직자 가운데 상당수는 비자발적으로 퇴직했을 가능성이 있다. 매년 몇 명이 퇴직하고 이 가운데 몇 명이 비정상적으로 퇴직하는지 파악해야, 이들을 위한 정책 수립이 가능하다는 점에서 반드시 필요한 통계다.

예를 들어 2009년 7월 취업자 수가 10만 명 감소했는데, 40만 명이 퇴직하고 30만 명이 신규 취업했기 때문이라고 하자. 그러면 신규 고용 유발보다는 해고를 줄이기 위한 정책이 필요한 상황이다. 정확한 정책 대응을 위해서는 반드시 새 지표 개발이 필요하다.

정리하면 취업자 수 증가 통계는 말과 달리 취업자가 몇 명 '순증' 했는지를 보여주는 것일 뿐, 신규 취업자가 몇 명 '증가'했는지를 나타내지는 못한다. 또 취업자 증가는 일자리를 얻기 원하는 사람 가운데 몇 명이 일자리를 얻었는지를 알려주지는 못한다.

이 밖에 당장 취업할 수 있는 일자리 자체는 50만 개가 새로 생겼지만, 여기에 10만 명만 고용되면서 40만 개는 주인을 찾지 못한 채 남아 있을 수도 있다. 현재의 통계는 이 같은 상황을 '10만 개의 일자리가 창출되었다'고 표현할 뿐 40만 개의 일자리가 비어 있는 것을 보여주지 못한다. 그래서 취업자 증가를 일자리 증가로 바꿔 부르는 데 신중해야 하며, 통계의 맹점을 해결하기 위해 반드시 새로운 지표를 개발해야 한다.

실업률을 보지 말고 고용률을 보라
실업률 통계 맹점을 해결하는 고용률

이처럼 허점이 많은 실업률과 취업자 증가 통계를 보완하기 위해서는 실업률을 보지 말고 고용률을 유심히 살피는 것이 좋다. 고용률은 전체 인구 중 몇 명이 고용되어 있는지를 나타내는 지표다. 실업률이 경제활동인구만 조사하는 반면에 고용률은 전체 인구를 대상으로 하기 때문에 전체 인구 가운데 몇 명이 일을 하고 있는지를 보여준다.

우리나라의 청년고용률이 경제협력개발기구(OECD) 가입국 가운데 거의 꼴찌 수준이고, 청년실업률도 주요국들과 달리 유독 악화 추세를 보이고 있다는 연구 결과가 나와 충격을 주고 있다. 10일 중소기업연구원의 미공개 연구보고서인 '청년고용 현황 국제비교 및 시사점'에 따르면 지난해 우리나라의 15~29세 인구 928만 2,000명 중 취업자가 390만 7,000명에 그쳐 청년고용률이 42.1%에 불과했다. 이는 미국(60.6%), 일본(56.8%), OECD 평균(53.3%)에 크게 못 미치는 결과로 OECD 35개국 중 30위에 해당된다.

매일경제(2018. 7. 10.)

비효율적인 한국의 노동시장

생산가능인구(15~64세 인구)를 토대로 추산한 한국의 고용률은 2018년 기준 66.8%다. 즉 생산가능인구 100명 중 66.8명이 무언가 일을 하고 있다는 뜻이다. 이는 경쟁국과 비교하면 낮은 수치다. 일본(76.3%), 미국(70.6%), 영국(74.7%) 등 많은 나라들이 한국보다 고용률이 높다. 또 OECD 평균(68.2%)과 비교해도 한국 고용률은 낮은 수준에 해당한다.

이는 실업률 통계와 다른 양상이다. 실업률은 OECD 가운데 가장 양호한 수준인데, 고용률은 무척 부진한 편에 속하는 것이다. 이는 우리나라가 실질적으로 실업자이지만 비경제활동인구에 포함되는 사람이 많기 때문이다. 실질적 실업자는 실업률 통계에서는 빠

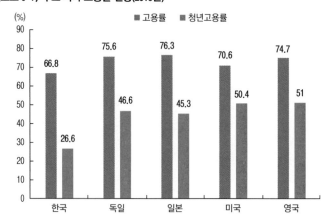

〈도표 9-7〉 주요 국가 고용률 현황(2016년)

(%)

■ 고용률 ■ 청년고용률

한국 66.8 / 26.6
독일 75.6 / 46.6
일본 76.3 / 45.3
미국 70.6 / 50.4
영국 74.7 / 51

자료: OECD

지지만, 고용률 통계에선 고용되지 않고 있는 사람으로 파악된다. 상당수 인력이 취업 의사를 잃고 비경제활동인구로 전락하면서 우리나라 고용률이 좋지 못한 것이다. 이에 대해 경제전문가들은 "한국은 유휴인력이 많아 노동시장이 비효율적이기 때문"이라고 설명한다.

고용 정책 목표를 실업률에서 고용률로

특히 청년층 고용률 문제가 심각하다. 한국의 청년층(국제기준인 15~24세 기준) 고용률은 26.6% 수준이다. 반면에 일본과 독일은 40%를 넘고 미국, 영국, 덴마크는 50%를 넘는다. 이에 따라 고용 정책 목표를 실업률에서 고용률로 바꾸라는 지적이 많다. 증가하는 비경제활동인구는 고용률로만 파악할 수 있기 때문이다. 이렇게 되면 정책당국은 낮은 실업률에 안주하지 않고 정책 동기를 부여받을 수 있다.

한 경제전문가는 "차라리 취업할 수 있다는 희망이 있어 구직활동이라도 하는 사람이 많은 고실업률 사태가 더 긍정적일 수 있다"며 "취업자 증가를 이루기 위해서는 고용률을 정책 목표로 삼아야 한다"고 설명했다.

시간당 임금 1만 원 미만 일자리만 넘쳐난다
갈수록 줄어드는 중간 일자리

그렇다면 일하고 있는 사람들은 행복할까? 그렇지 않다. 이는 다음 퀴즈를 통해 쉽게 이해할 수 있다.

"한 가족이 있다. 정리해고를 당한 후 몇 년째 집에서 놀고 있는 아버지, 반찬 값이라도 벌기 위해 아는 친구네 식당에서 잠깐씩 일하는 어머니, 대학 졸업 후 직장을 잡지 못해 영어 학원을 다니는 첫째, 전문대 졸업 후 임시로 편의점 아르바이트를 하는 둘째, 이 가운데 취업자와 실업자는 각각 몇 명일까?"

답은 '취업자는 2명, 실업자는 없음'이다. 얼핏 모두가 실업자인 것으로 보이지만, 이들은 통계 체계에서 실업자로 분류되지 않는다. 아버지와 첫째는 이력서를 내고 있지 않아 실업자가 아니며, 어머니와 둘째는 얼마가 되었든 일한 대가로 돈을 받고 있으므로 취업자다. 이들 4명 모두 실업자와 마찬가지지만, 통계에서 이들은 실업자가 아니고 실업률도 높이지 않는다.

결국 현재 분류에 기반해 작성되는 실업률과 고용률은 현재 고용되어 있는 사람이 얼마나 완전한 형태의 취업자인지를 보여주지 못한다. 이는 실업과 고용 통계가 일자리의 질을 따지지 않기 때문에 생기는 문제다.

현재 통계에서는 일자리의 질을 따지지 않고 일주일에 1시간만 돈을 받고 일해도 모두 동일한 취업자로 분류된다. 일주일에 1시간씩 아는 친구네 식당에서 소일거리를 도와주고 1만 원을 받는 사람이나, 억대 연봉을 받는 전문직 종사자나 똑같은 취업자로 취급하는 것이다.

올 들어 영세자영업자나 임시·일용직 등 한계 취업자 중심으로 생계형 투잡이 부쩍 늘어나고 있다. 경기가 급속히 냉각되면서 줄어든 소득을 보전하기 위해 24시간, 365일 근로체제로 전환하고 있는 모습이다. 특히 이달부터 근로시간단축제가 본격화되면 저소득계층 외에 잔업이나 특근 등을 통해 부가적인 소득을 올렸던 정규직 일부 근로자들도 투잡대열에 동참할 가능성이 높아 보인다. 일과 삶의 균형(워라밸)을 지향하는 정책 목표와 노동현장과의 괴리는 더욱 심화될 것이라는 게 전문가들의 분석이다.

이데일리(2018. 7. 2.)

반실업 상태의 불완전 취업자

이 같은 맹점을 해결하기 위해서는 '불완전 취업자' 통계가 필요하다. '위장실업자', '잠재실업자' 등으로도 불리는 불완전 취업자는 직업이 있긴 하지만 온전한 직업이 아니라 '반실업' 상태에 있는 사람들을 의미한다.

자영업자인 아버지 밑에서 일하는 아들, 굳이 도움이 필요 없는데 집안 농사를 함께 하는 자식 등이 여기에 포함된다. 이 같은 정의를 사용하면 앞의 예에서 어머니와 둘째는 고용이 불안한 '불완전 취업자'가 된다. 통계상 취업자로 위장되고 있는 실질적 실업자란 의미다.

현재 한국 경제의 가장 큰 문제점 중 하나는 바로 이 같은 불완전 취업자가 취업자의 상당 부분을 차지한다는 데 있다. 통계상 파악할 수 있는 불완전 취업자는 크게 세 분류로 나뉜다. 무급가족 종사자(임금을 받지 않고 가업 참여), 일주일에 36시간 미만으로 일하는 취업자, 현재 소득이 절대적으로 부족해 반드시 '투잡'이 필요한 '추가 취업 희망자'를 합한 수치다. 이에 따르면 무급가족 종사자는 2018년 6월 현재 118만 명, 주당 36시간 미만 취업자는 902만 5천 명, 추가 취업 희망자는 11만 8천 명으로 추산된다. 이들 대부분은 사실상 반실업 상태에 있다.

여기에 주 36시간 이상 취업자나 유급가족 종사자 중에도 불완전 취업자가 있을 수 있다. 하루에 10시간을 일하더라도 최저임금 정도만 받는 사람을 완전한 취업자라 하기 어렵다. 이들까지 합하면 불완전 취업자 수는 상당할 것으로 짐작된다. 이들은 '일하는 빈민층'이란 의미의 '워킹 푸어(working poor)'라고 부른다.

왜 이렇게 불완전 취업자가 많은 것일까? 이유는 여러 가지가 있다. 우선 좋은 일자리가 집중 분포되어 있는 대기업들이 사람을 뽑지 않고 있다. 통계청 등에 따르면 지난 10년간 대기업 일자리 수는 72만 개 감소했다. 기업들이 매년 채용계획을 내놓으면서 일자리가 증가하는 것처럼 보이지만, 실상은 정년퇴직 등을 통해 뱉어내는 만큼 뽑지 않고 있다. 장기간 인력 조정이 이루어져 왔다는 뜻으로 앞으로 이 같은 흐름은 배가될 전망이다. 이에 괜찮은 일자리를 잡을 수 있는 사람은 소수에 불과하다.

하위 일자리의 양산도 큰 문제다

이를 알 수 있는 또 다른 지표가 '중간 일자리' 창출 수준이다. 통계청에 따르면 중간소득 이상을 벌 수 있는 괜찮은 일자리 창출 폭은 지난 10년간 22만 7천 개에 그쳤다. 이는 연평균 4만 개에도 못 미치는 수치다. 그나마도 증가한 일자리는 대부분 중소기업에서 창출되었다. 문제는 창출 수준에 그치지 않는다. 중간 일자리 대부분이 경력직 일자리로, 전직을 하는 30~40대에 돌아가고 있다. 이에 따라 노동시장에 신규 진입한 청년층 가운데 중간 일자리를 잡는 사람은 거의 없는 형편이다.

여기에 단순히 수치만 올리는 데 급급한 정부가 공공근로 등 하위 일자리를 대거 양산해내는 것도 영향을 미치고 있다. 결국 신규 취업자의 상당수는 불완전한 하위 일자리만 얻고 있다. 평균 이하의 임금을 주는 하위 일자리는 지난 7년간 108만 5천 개나 증가한 것으로 나타났다.

이에 대해 KDI는 "최근 들어 기업 수익성이 악화되고 시장 변동성이 증가하면서 하위 일자리가 늘고 있다"고 설명했다. 또 금융연구원은 보고서를 통해 "소득이 중간 수준의 절반에 못 미치는 상대적 저임금 노동자 비중이 매우 높아졌다"고 지적했다.

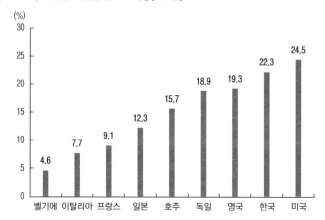

〈도표 9-8〉 국가별 저임금 근로자 비중(2018년)

주: 국가별로 중간 임금의 2/3 미만을 받는 근로자가 전체 근로자에서 차지하는 비중을 나타냄
자료: OECD

다른 통계도 있다. 2018년 6월 기준 연령별로 50대 이상 취업자가 가장 많이 늘었다. 그것도 여성이 더 많다. 생계를 위해 뒤늦게 취업 전선에 뛰어든 경우가 많다는 것을 암시한다. 양질의 일자리를 얻 었다고 보기 힘들다. 이는 총원으로 표시되는 현실의 취업자 증가 통계가 얼마나 허망한지 보여주는 대표적인 사례다.

반면 고소득을 버는 30~40대 인원도 계속 늘고 있다. 경력직을 중심으로 해당 나이대에 대한 기업들의 수요가 많은 데다, 해당 연 령층은 제조업장을 중심으로 강성 노조 소속인 경우가 많아 다른 연령층에 비해 임금이 높기 때문이다.

결국 중간 일자리 창출은 부진한 채 상·하위 일자리가 동반 증가 하면서 양극화만 심화되고 있다는 것이 대한민국 일자리의 현실 이다.

백수가 넘쳐나는데 일할 사람을 못 구한다?

동전의 양면, 구인난과 인력난

하위 일자리 창출 중심의 한국 경제 고용상황은 의외의 문제를 겪고 있다. 하위 일자리 인력난이 그것이다. 고급 일자리에는 희망자가 몰리면서 구직난이 극심하면서도 하위 일자리는 사람이 부족한 것이다. 즉 일을 하고 싶어도 못하는 현실 이면에, 일을 할 수 있지만 하지 않는 실상도 존재한다. 신규 취업자의 상당 부분이 하위 취업자이면서도, 그 이상으로 하위 일자리가 남아돌고 있는 것이다.

구인 구직 매칭 플랫폼 '사람인'이 구직자 762명을 대상으로 '최종합격 후 입사포기 경험'에 대해 조사한 결과, 최종합격을 해본 이들(648명) 중 61.4%가 '입사를 포기한 경험이 있다'고 밝혔다. 입사 포기 경험은 평균 2회였다. 3일 조사결과에 따르면 입사를 포기한 기업의 형태는 중소기업이 71.1%로 '대기업'(11.3%)의 7배 가까이 되는 수치였다. 중소기업들이 구인난을 겪고 있는 반면, 지원자들은 중소기업을 기피하고 있는 현실을 보여준다.

아주경제(2018. 7. 3.)

생산현장 곳곳이 인력난으로 아우성

이런 현상은 악순환을 유발한다. 적재적소에 인력이 배치되어야 생산활동이 활발해져 괜찮은 일자리를 추가로 만들 수 있는데, 인력 배치가 잘 안 되어 생산 효율성이 극도로 떨어지면서 괜찮은 일자리 창출이 부진해지는 악순환이 벌어지는 것이다.

하위 일자리 인력난은 앞으로 계속 심각해질 가능성이 크다. 생산가능인구 감소 때문이다. 통계청 등에 따르면 2008년부터 30대 후반 생산가능인구 감소가 시작되었다. 1990년대 10대에서 시작된 인구 감소세가 30대 초반을 지나 30대 후반까지 연결된 것이다. 이에 따라 25~49세 인구는 2007년을 정점으로 2008년부터 감소하기 시작했으며, 평균 퇴직연령(55세) 이전 25~54세 인구는 2009년부터 감소하기 시작했다.

물론 전체 인구는 계속 증가하고 있다. 하지만 이는 노인이 덜 사망하는 노령화 때문이며, 생산활동에 종사할 수 있는 인구는 지속적으로 감소하고 있다. 즉 사망하는 사람 이상으로 많이 태어나서 인구가 증가하는 것이 아니라, 사망하는 사람이 적어져서 인구가 증가하는 상황이다.

이 같은 상황을 근거로 KDI는 앞으로 취업자 증가세가 항구적으로 20만 명 밑으로 떨어질 것이란 전망을 한 바 있다. 고용률이 높은 '핵심근로 연령대' 인구가 감소하면서 전체 신규 취업자가 감소할 것이란 분석이다. OECD는 이미 오래전인 2005년 '한국의 고령화와 고용정책'이란 보고서를 통해 "한국의 젊은층 생산인구 감소는 당면한 과제로 매우 우려스럽다"고 경고한 바 있다.

이미 일부 기업들은 만성적인 인력 부족에 시달리고 있다. 일할 사람을 구하기 어려운 것이다. 2017년 기준 인력 부족률은 사업체 규모별로 3.2~5.4%에 달했다. 기업별로 현재 직원의 3.2~5.4% 비율의 사람이 더 필요한데 고용하지 못하고 있다는 뜻이다. 이는 실업률에 근접하는 수치로, 직장을 구하지 못하는 사람들이 많은 이면에 사람을 구하지 못하는 기업도 많다는 것을 의미한다. 인원 기준으로 2017년 3분기에만 8만 5천 개 일자리가 채용공고를 냈음에도 채워지지 못했다.

대부분 중소기업에 해당되는 이야기다. 중소기업중앙회가 252개 중소제조업체를 설문한 결과에 따르면 채용계획이 있는 업체의 29.3%가 "현재 인원이 절대 부족하다"고 응답했다. 또 전체 업체의 83.8%는 인력 채용에 어려움을 겪고 있다고 답했다. 그나마 외국인 노동자들이 빈자리를 메우는 상황이다.

출산율 저하로 2020년에 이르면 노동력 부족이 480만 명에 달할 것이란 전망도 있다. 한국은행에 따르면 2020년경에는 2010년 대비 600만 명 정도의 추가 인력이 필요할 전망이다. 하지만 이 기간 15세에서 64세 사이 생산가능인구 추가 공급은 120만 명에 그칠 것

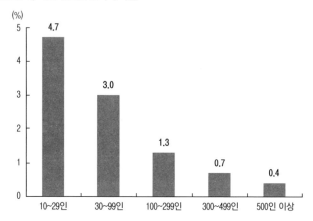

〈도표 9-9〉 기업 규모별 인력 부족률

주: 2015년 기준(2016년 산업기술인력 실태조사 결과)
자료: 산업통상자원부

으로 보인다. 노동력 부족이 480만 명에 달하는 것이다.

이에 따라 앞으로 한국 경제 전망은 암울하다. 우리나라 출산율은 가임 여성 1명당 1명에도 못 미쳐 하위 일자리 상당수가 사람을 뽑지 못하면서, 경제성장률이 곧 1% 대까지 떨어질 것이란 게 인구학자들의 경고다.

대기업은 인력 부족해도 안 뽑아

대기업에도 인력 부족이 존재한다. 다만 일부러 사람을 뽑지 않는 것이다. 인건비 부담 때문이다. 많은 대기업들은 인력 부족 상황을 유지한 채 기존 인력에 더 많은 임금을 주면서 기존 인력이 더 열심히 일하도록 독려하거나, 사람이 할 일을 기계로 대체해나가고 있다. 이것이 사람을 필요한 만큼 뽑는 것보다 비용 측면에서 훨씬 효율적이라는 것이 대기업들의 생각이다. 많은 대기업 노동자들이 높은 임금을 받지만 잔업 등에 시달리는 것은 이 때문이다.

결국 한국 경제는 대기업이나 중소기업 모두 인력이 부족한 상황이다. 그럼에도 대기업은 자기 선택에 따라 인력을 뽑지 않고, 중소기업은 구직자들의 외면에 의해 뽑지 못해 구직난과 인력난이 동시에 심각해지고 있다. 현 상황은 한마디로 '줄어드는 상위 일자리로만 사람이 몰리면서 실업의 고통이 커지는 이면에, 하위 일자리는 사람을 못 구해 효율성이 떨어지는 경제'로 정의할 수 있다.

그 결과가 제조업 일자리 부진이다. 2015년과 2017년 사이 전체 취업자는 늘었지만 제조업 취업자는 460만 명에서 456만 명으로 감소했다. 이른바 '고용의 탈공업화'가 진행되고 있다는 게 전문가들의 경고다. 제조업의 탈고용은 신규 채용률 지표로 알 수 있다. 산업연구원에 따르면 2017년 기준 제조업 신규 채용률은 2.3%에 불과하다. 취업자 100명 가운데 최근 1년 사이 새로 수혈된 인력 비중이 2.3명에 그친다는 뜻이다. 기업 내 신규 인력은 거의 없고, 나이가 많은 기존 인력이 대부분의 자리를 차지하고 있다는 의미다. 인력이 적절히 순환되어야 조직이 활기를 띨 수 있는데, 그 반대 현상이 벌어지고 있는 것이다.

일부에서는 앞으로 인구가 감소하면 하위 일자리의 구인난은 보다 심각해지겠지만, 중상위 일자리의 구직난은 완화되지 않겠느냐는 예상도 한다. 하지만 중상위 일자리의 비중은 극히 낮다. 즉 인구가 갑자기 큰 폭으로 감소하지 않는 한, 구직자 모두가 원하는 일자리를 갖는 것은 불가능하다. 또 실제 인구가 큰 폭으로 감소하는 일이 벌어지면, 경제성장이 이에 따라 크게 저하되면서 인구 감소 이상으로 양질의 일자리가 줄어들 수 있다. 그래서 인구 감소가 구직난을 해결해줄 것이란 기대는 단순한 희망에 그칠 수 있다.

서비스업 일자리 태반은 패스트푸드 아르바이트
불완전한 서비스업 일자리

제조업에서 일자리가 감소하더라도 서비스업에서 좋은 일자리가 많이 생기면 상황은 악화되지 않는다. 실제 서비스업은 평균적으로 연간 30만 개 후반의 일자리를 창출하면서 제조업의 감소분을 만회하고 있다. 경기 확장기를 기준으로 외환위기 이전 38만 6천 개 창출되던 것에서 37만 6천 개로 창출로 여력이 약화되긴 했지만, 그래도 제조업과 비교하면 양호한 수치다. 하지만 서비스업은 일자리의 질이 낮다는 데 문제가 있다.

국내 서비스산업이 촘촘히 얽힌 정부의 규제로 성장에 제약을 받고 있다. 서비스산업의 일자리 창출력은 제조의 2배가량이다. 일자리 상황판까지 만들며 일자리 창출에 올인하는 문재인 정부의 국정 철학과 맥을 같이 한다. 서비스업 육성이 일자리를 낳고, 이는 가계소득 증대로 이어져 경제 활성화의 결과로 나타날 수 있다. 서비스업 육성이 곧 현 정부의 '소득주도 성장'의 선순환의 핵심 고리인 셈이다. 실제 서비스업은 굴뚝 없는 산업, 고부가가치 산업으로 불리며 각광받은 지 오래다. 그러나 정작 한국 서비스산업은 양적·질적 부분에서 비약적 발전을 이루지 못하고 답보 상태다. 현장에서는 서비스산업의 혁신과 규제 혁파를 한 목소리로 외치고 있다.

헤럴드경제(2018. 1. 15.)

해고 위험에 노출된 서비스업 취업자들

서비스업 일자리는 우선 불완전한 경우가 많다. 노동부에 따르면 임시 및 일용직 종사자 등 불완전 취업자의 비중은 제조업의 경우 8.2%에 불과하다. 반면에 서비스업은 비중이 매우 높다. 숙박음식 업종의 불완전 취업자 비중은 35.9%에 달하며, 금융 및 보험업도 37.2%에 이른다. 언제든지 해고 위험에 노출된 노동자들이다. 서비스업 취업자로 잡히는 패스트푸드점이나 편의점 아르바이트 직원, 모텔 관리 직원 등이 대표적이다.

임금수준도 낮다. 제조업과 비교해 절대 수치가 낮을뿐더러, 격차가 갈수록 벌어지고 있다. 노동연구원 조사에 따르면 2000년 제조업의 99%였던 서비스업 평균 임금은 2006년 88%로 떨어졌다. 기간 제조업은 임금 인상이 대폭 이루어졌지만, 서비스업은 그렇지 못하면서 격차가 더 벌어졌다. 지금은 더 떨어졌을 것으로 추정된다. 서비스업의 낮은 임금은 생산성 때문이다. 산업 구조가 후진적이다 보니 노동생산성이 떨어질 수밖에 없고, 이에 맞춰 임금도 낮은 수준을 유지하고 있다. 상황이 이런데도 산업은 커지고 있어 사람은 지속적으로 필요로 하는 것이 한국 서비스업의 현실이다. 커지는 산업을 더 많은 사람을 투입해 메우는 것이다. 그러나 대부분 하위 일자리라서 채우기도 버거운 상황이다.

낮은 생산성을 사람으로 때우는 서비스업

서비스업의 경쟁력 약화는 심각하다. 1970년대 경제성장 가운데 48.1%는 서비스업의 몫이었다. 하지만 2000년대 이 비율은 41.3%로 떨어졌다. 서비스업과 제조업의 1인당 부가가치를 비교하면 2000년대 기준 제조업은 5,062만 원이지만 서비스업은 3,002만 원에 불과하다.

이 같은 현상은 앞으로도 계속될 것으로 보인다. 고용 인구 가운데 서비스업 고용 비중은 2005년 56.1%에서 2020년 63.4%로 크게 상승할 전망이지만, 생산 측면에서 서비스업 비중은 2005년 36.2%에서 2020년 38.2%로 소폭 확대에 그칠 전망이다. 서비스업은 낮은 생산성을 사람으로 때우고, 제조업은 고용 없는 성장을 지속하면서

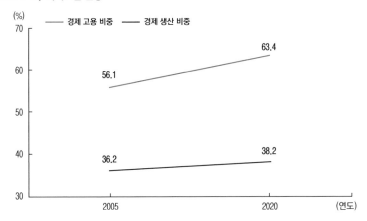

나타날 것으로 예상되는 결과다.

경제학자 보몰은 이 같은 현상을 '보몰의 병폐(Baumol's Disease)'라고 정의한 바 있다. 서비스업이 발달하면서 일자리가 생기는 것이 아니라, 서비스업 생산성이 워낙 낮아 사람으로 때우는 현상이 지속된다는 것이다. 결국 한국의 고용상황은 제조업에서 사라지는 일자리를 서비스업이 만회하고 있는 것이 아니라, 제조업에서 축출된 인력들이 서비스업의 하위 일자리로 전락하는 상황으로 요약할 수 있다.

이에 따라 서비스업은 고용상황이 무척 불안하다. 서비스업 인력 가운데 최근 1년 사이 직장을 바꾼 사람은 전체 24.6%에 달한다. 서비스업 종사자 4명 중 1명이 최근 일자리를 옮긴 것이다. 일자리 질이 낮다 보니 만족하지 못하고 수시로 이동하기 때문이다. 이는 노동 숙련 기회를 박탈해 노동생산성이 더욱 개선되지 못하고, 이에 따라 저임금이 유지되는 악순환을 만들어내고 있다.

취업했다고 말할 수 있는 청년이 몇이나 될까?
청년실업의 심각성

고용 문제에서 따로 살펴봐야 할 부분이 바로 청년실업이다. 정부가 공식적으로 내놓는 청년실업률은 10% 내외다. 이 수치 자체도 무척 높지만 숫자 이면이 더 큰 문제다.

청년실업 수치에는 이력서를 낸 뒤에 답변을 기다리고 있는 사람만 포함된다. 다시 말해 이력서를 내고 있지는 않지만, 학원 수강 등 취업 준비 활동을 하고 있는 실질적인 구직자 등을 포함한 청년실업률은 그보다 훨씬 높다는 말이다. 결국 "나 직장 다닌다"고 자신 있게 이야기할 수 있는 청년은 다수보다 소수에 가깝다는 것이 대체적인 분석이다.

사상 최악의 청년실업률에 허덕이는 대학생들이 방학 대신 계절학기로 몰리고 있다. 저학년 때 부지런히 학점을 채워놓고 이후에는 취업 준비에만 전념하기 위해서다. 그러나 학점당 최대 10만 원에 이르는 고액의 계절학기 수강료는 대학생에게 취업난과 더불어 또 다른 부담으로 작용한다는 지적이 나온다. 5일 서울대에 따르면 올해 개설한 여름 계절학기는 총 357개 강좌로 1만 774명이 수강을 신청했다. 서울대 재학생이 1만 6,000여 명 수준인 것을 감안하면 중복 수강을 고려하더라도 3명 중 2명꼴로 계절학기 수업을 듣고 있다는 얘기다.

매일경제(2018. 7. 5.)

졸업 후 1년은 백수 생활

청년 고용상황이 좋지 못한 것은 가고 싶은 직장의 수가 감소하고 있기 때문이다. 엄청난 경쟁을 뚫기 위해 대학을 졸업하고도 취업을 준비하는 사람이 크게 늘면서, 취업 준비생 수는 2003년 34만 5천 명에서 2018년 72만 2천 명으로 증가했다.

청년실업 딜레마의 원인은 대학진학률 상승에 있다. 거의 모든 청년이 대학을 나오면서 눈은 한없이 높아졌지만, 현실은 이들을 충족시켜주지 못하면서 소수의 갈 만한 일자리를 놓고 경쟁만 치열해지고 있다.

고등학생의 대학진학률은 80% 내외다. 대졸자들은 보통 대기업 직장을 원한다. 하지만 이들을 모두 수용하기 어렵다. 결국 대졸 이상 20대 실업자 수는 2000년 12만 9천 명에서 2017년 24만 9천 명으로 증가했다. 이에 따라 실업자의 고학력화 현상이 두드러지고

〈도표 9-11〉 20대 실업률 추이

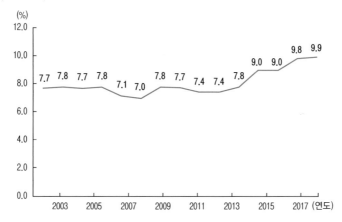

자료: 통계청

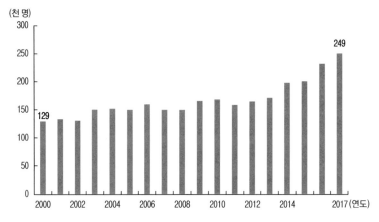

자료: 통계청

있다. 통계청에 따르면 실업자 중 대졸자 비중은 2000년 30%에서 2018년 49%로 증가한 상태다.

그러면서 취업 준비 기간은 길어지고 있다. 노동연구원에 따르면 15세에서 29세 사이 청년층의 최종학교 졸업 후 취업까지 평균 소요시간은 12개월에 달한다. 졸업 후 평균적으로 1년은 백수 생활을 각오해야 한다는 의미다.

청년층 인구는 줄어드는데 실업자는 늘어

대졸자 일자리에만 사람이 몰리면서 공급 초과로 대졸 일자리 가격이 떨어지고 있다. 하향 평준화가 발생하고 있는 것이다. 2000년 대졸 청년의 임금수준은 전체 평균의 110% 수준이었지만 2006년 100%로 하락했다. 지금은 80% 내외 수준이다. 일부 대기업의 초봉이 지속적으로 상승하면서 대졸 신입직원의 임금이 크게 오르고 있는 것으로 보일 수 있지만, 이는 일부에 의한 착시 효과일 뿐 신입직원 급여 상승률은 기존 직원 급여 상승률에 못 미치고 있다.

취업난과 일자리 질 악화는 취업 포기를 부추기고 있다. 취업 준비, 육아, 질병 같은 이유조차 없이 그냥 노는, 통계상 분류되는 '쉬었다'는 청년 인구가 2003년 23만 명에서 2017년 30만 명으로 급증했다. 아무런 활동 없이 그냥 노는 청년 백수의 숫자다.

이에 따라 정부가 발표하는 공식 청년실업률도 상승 추세에 있다. 1990년 4%대에서 2017년 9.9%로 거의 2배가 된 것이다. 그나마 이는 공식 실업자만 추산한 것으로, 취업 준비생 같은 사실상 실업자를 포함한 체감실업률은 정부 기준으로만 20%를 훌쩍 넘고, 민간 연구기관에 따라서는 50%를 상회한다는 연구 결과까지 있다.

청년실업 문제는 취업자 고령화로 이어지고 있다. 통계청에 따르면 취업자 가운데 50대 이상 비중은 2006년 27%에서 2018년 40%로 급증했다. 반면에 15~29세 청년층 취업자 비중은 18.4%에서 14.5%로 급감했다. 2000년만 해도 청년층이 취업자 가운데 차지하는 비중이 50대보다 높았다. 하지만 지금은 50대 이상 취업자가 청년 취업자의 2배 이상에 이른다. 이에 따라 노동자 평균 연령은 과거 30대에서 지금은 40대로 늙어버렸다. 새 피가 지속적으로 수혈된다면 젊어질 수 있지만 반대 현상이 벌어진 것이다. 기존 취업자들이 나이를 먹는 것과 동시에, 신규 취업의 상당 부분이 청년보다는 중장년층 위주로 이루어지고 있기 때문이기도 하다. 신규 취업이라고 하면 대부분 청년으로 생각하기 쉽지만, 이런저런 이유로 중장년층이 신규 취업하는 경우도 상당하다. 앞으로 이 같은 현상은 더욱 심화될 전망이다.

물론 중장년층이라고 해서 고용상황이 좋은 것은 아니다. 조기 퇴직을 강요받거나, 늦은 나이에 새로 일을 하고 싶어도 제대로 안 되는 현실도 심각하다. 취업을 하더라도 불완전한 일자리가 대부분이라서 이에 대한 대책도 시급하다.

실업은 개인만의 고통으로 끝나지 않는다
고용의 거시경제 영향

청년실업을 비롯한 고용 부진은 여러 문제를 유발한다. 우선 청년들의 경우 취업 시기가 늦어지면서 노동시장 진입 초기 인적자본 축적에 필요한 기능을 익히지 못할 위험이 존재한다. 저기능 상태로 오랜 기간 노동시장에 배제되면서 능력이 저하되는 것이다. 또한 기업들은 신규 채용이 줄면서 노동인력 고령화로 인한 생산 활력 감소가 우려된다.

한국은행이 1일 낸 해외경제포커스를 보면 미국과 중국, 유럽, 일본은 올해 전반적으로 양호한 성장세를 이어갈 것으로 보인다. 특히 고용 여건이 개선되는 추세다. 이는 침체를 지속하면서 기존 취업자 증가 폭 목표치인 32만 명 달성이 어렵다는 지적이 나오는 우리 고용시장과는 대조적인 모습이다.

디지털타임스(2018. 7. 1.)

실업은 모두가 풀어야 할 공통의 과제

실업 문제는 거시경제에도 큰 압박이 된다. 노동 자원이 100% 활용되지 못하면서 경제에 비효율이 발생하는 것이다. 조세연구원에 따르면 청년실업 문제가 현 상태로 유지될 경우 경제 전체적으로 최고 30조 원 정도의 소득 상실 위험이 있는 것으로 나타났다. 이로 인한 소득세 상실 규모는 1조 9천억 원에 달한다. 이러한 추정이 가능한 것은 취업 시점이 늦어져 개인들의 생애 소득이 감소하기 때문이다. 퇴직 연령이 사실상 정해져 있는 상황에서 취업 시기가 늦어질수록 인생 전체적으로 소득이 감소하는 것이다.

소득 감소는 소비 부진, 내수 약화로 이어진다. 삼성경제연구소에 따르면 취업자 수가 1% 증가하면 민간소비는 2.11% 늘어나는데, 이는 곧 취업자 증가가 기대에 미치지 못하면 이 수치만큼 소비가 부진해질 것이라는 사실을 의미한다.

〈도표 9-13〉 실업급여 수급자와 지급액(2018년 3월 기준)

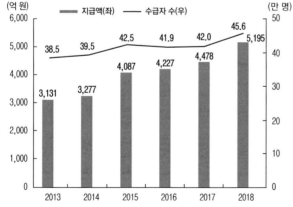

자료: 고용노동부

이 밖에 청년실업은 가계신용 문제를 심화시키고 있다. 취업을 위해 준비하는 기간이 길어지면서 생계를 위해 빚을 지는 경우가 늘고 있기 때문이다. 이 밖에 취업자와 미취업자 간, 괜찮은 일자리를 얻은 사람과 그렇지 못한 사람 간의 양극화 심화도 문제다. 결국 실업은 개인의 문제가 아니다. 모두 함께 풀어가야 할 공통의 과제인 셈이다.

고용 문제, 도대체 어떻게 풀어야 할까?
고용 해법

그렇다면 고용 부진은 절대로 해결할 수 없는 구조적인 현상일까? 그렇지 않다. 한국은행이 발표하는 '산업연관표'에 따르면 한국 경제는 추가로 1% 성장할 때마다 12만 2천 명의 고용을 신규 창출할 수 있는 것으로 추산되었다. 여기에 각종 변수를 고려하면 한국 경제가 3% 성장할 경우 30만 개 정도의 일자리를 창출할 수 있는 능력이 있는 것으로 추산된다. 아직 큰 잠재력을 갖고 있는 것이다. 다만 앞서 설명한 여러 문제들로 인해 잠재력만큼 고용을 창출하지 못하고 있을 뿐이다. 이를 회복하기 위해서는 여러 가지 대책이 필요하다.

파트타임 일자리는 나쁜 일자리?

고용 문제를 해결하기 위해서는 우선 취약 노동 계층에 대해 교육훈련 투자가 선행되어야 한다. 또 직업소개소 등 민간고용 서비스시장의 활성화가 필요하다. 교육을 통해 직업 능력을 함양시키고, 고용의 공급자와 소비자가 적절히 만날 수 있게 장을 마련해주면 취업난을 최소화할 수 있을 것이다. 특히 구직자와 구인 기업이 서로 원하는 상대방을 찾지 못하는 미스매치를 반드시 해결해야 한다. 이 밖에 신규 고용을 창출할 수 있는 대규모 산업군을 발굴할 수 있도록 정부 주도 R&D(Research and Development) 정책이 필요하다는 것이 전문가들의 지적이다.

자영업자에 대한 고려도 필요하다. 전체 취업자 가운데 1/3을 차지하는 자영업자들이 지속적인 어려움을 겪을 경우 대규모 도시빈민화 문제까지 불러일으킬 수 있다. 특히 자영업자 가족이 함께 일하는 무급 가족노동자들이 문제다. 이들이 노동시장에 진출하도록 돕는 정책이 요구된다.

파트타임 일자리에 대한 선입견도 버려야 한다. 파트타임 일자리는 육아 부담을 극복하는 과정에서 자발적으로 선택하는 경향이 커서 만족도가 매우 높다. OECD 설문조사에서 전일제 일자리로 전환 의사가 있느냐는 질문에 파트타임 노동자의 13%만 "그렇다"고 대답했을 정도다.

파트타임 일자리를 확대하기 위해서는 근로시간 계약제를 도입할 필요가 있다. 이를 통해 한 사람의 풀타임 일자리를 두 사람 이상이 나눠 쓸 수 있다. 이렇게 하면 적절한 파트타임 일자리를 찾지 못해 어쩔 수 없이 전일제 일자리를 선택하는 주부들의 고충을 줄이면서 고용을 늘릴 수 있다. 일자리의 질은 정당한 노동의 대가를 받는 데서 나오는 것이지, 노동 시간에 의해서만 결정되는 것이 아니다. 다만 지금은 대부분의 파트타임 일자리 질이 낮은 것일 뿐이다. 파트타임 일자리의 낮은 질을 끌어올리면서 장려하려는 노력이 중요하다.

수치의 함정에 빠지지 말아야 한다

정부 차원에서 추가적으로 경기변동 주기 단축 등 경기를 안정화하려는 노력이 필요하다. 그래야 기업들이 안정적인 경영 계획을 통해 사람을 충분히 뽑을 수 있다. 하지만 단기적인 경기부양은 금물이다. 임금 상승 압력으로 이어져 경공업 등에서 고용을 되레 더욱 감소시킬 수 있기 때문이다. 다만 내수의 고용 파급력이 큰 만큼 내수 진작에 대해서는 꾸준히 관심을 기울여야 한다.

이 밖에 일자리 창출 과정에서 '수치'의 함정을 피해야 한다. 수십만 개 일자리 창출 약속을 지키기 위해 눈에 보이는 수치만 올리는

데 급급하다 보면 공공근로 등 정부 주도의 저급 일자리 양산을 피하기 어렵다.

지난 몇 년간 한국 경제는 이 같은 함정에 빠져 있었다. 많지 않은 일자리가 저급 일자리 중심으로 창출되면서 일자리 질이 급격하게 떨어진 것이다. 즉 정부가 이야기하는 30만, 40만 개 등 일자리 창출의 상당수는 제대로 된 일자리가 아니었다는 뜻이다. 이보다는 수가 적더라도 양질의 일자리를 만드는 것이 중요하다.

서비스업 발전은 필요조건

일자리 질 제고 정책의 성패는 서비스업 경쟁력 강화에서 갈린다. 서비스업 중심 일자리 창출은 피할 수 없는 대세이기 때문이다. 한국은행은 보고서에서 "한국 서비스업 고용 비중은 현재 60% 중반 수준에서, 장기적으로 선진국 수준인 80%에 육박할 것으로 보인다"고 예상했다.

서비스업이라고 하면 일반적으로 음식점, 숙박업종, 동네 자영업 등을 떠올리기 쉽지만 서비스업의 폭은 의외로 넓다. 금융, 컨설팅, 회계, 법률, 의료, 언론 등 고(高)부가가치 산업들을 포괄한다. 손으로 만질 수 없는 무형의 재화 생산을 모두 포함하는 것이다. 앞으로 한국 경제가 지속적으로 성장하기 위해서는 고부가가치 서비스산업을 적극 활성화해야 한다.

서비스업 경쟁력 강화 과정에서 중점 육성해야 할 분야는 IT(전기전자) 서비스다. IT 산업은 한국 경제를 견인하는 주력산업으로 성장했음에도 불구하고 정작 고용창출 효과는 거의 없다. 장치산업이라서 노동력이 별로 필요 없고, 장비와 부품의 대부분을 수입에 의존하기 때문이다.

2015년 말 기준 명목 GDP의 10.9%가 IT 산업에서 창출되었다. 하지만 IT 산업의 고용은 72만 명 수준으로 전체 4.8%밖에 흡수하지 못했다. 생산이 10억 원 늘 때마다 생겨나는 일자리 수도 5.8개에 불과하다. 전체 산업 평균(20.1개), 다른 제조업 평균(20.6개)에 크게 못 미치는 수준이다.

이 같은 상황을 타개하기 위해서는 IT를 활용한 서비스산업을 육성하라고 전문가들은 조언한다. 프로그램 개발, 사업서비스업 등이 대표적인 분야로, 상대적으로 많은 인력이 투입되는 편이다. IT 산업 내 IT 서비스업 고용 비중 31.5%를 적어도 미국 수준인 60% 이상으로 올릴 필요가 있다는 것이 한국은행 관계자의 지적이다. 이를 위해 소프트웨어에 보다 강점이 있는 한국판 '애플'을 육성할

〈도표 9-14〉 고용시장 안정 방안

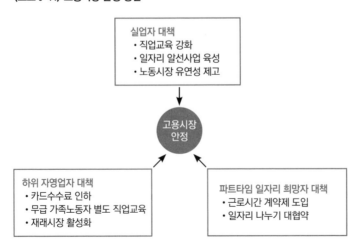

필요가 있다.

서비스업의 또 다른 축인 금융산업 경쟁력 강화도 필요하다. 은행권 산출액(매출액) 규모는 10년 전에 비해 거의 2배가 되었지만, 고용창출 능력은 절반으로 줄었다. 인터넷뱅킹 확산 등으로 은행원이 필요 없어지고 있기 때문이다. 금융산업 내 고부가가치 신산업 창출이 필요하다.

이 밖에 고용 유발 효과가 큰 관광산업과 문화산업 진흥을 통해 사회서비스업 일자리의 질을 전반적으로 고급화해야 한다. 그래야 하위 일자리 중심으로 고용이 창출되는 것을 막을 수 있다.

고용시장 유연성 확대

제조업 고용 비중 확대를 위해서는 무엇보다 고용시장 유연성을 확대하는 것이 중요하다는 지적이 많다. 고용의 탈공업화가 막을 수 없는 대세라 하더라도 최대한 속도를 늦춰야 하며, 이를 위해서는 고용시장 유연성이 무엇보다 중요하다는 지적이다.

구체적으로 비정규직에서 정규직으로, 저임금에서 고임금으로, 중소기업에서 대기업으로 이동이 자유롭도록 고용시장의 문호를 넓힐 필요가 있다. 현재 대기업은 노동 공급이 수요를 초과하는 반면에, 중소기업은 인력난에 허덕이는 상황이다. 이는 시장 간 이동이 자유롭지 않기 때문이다. 이에 따라 취직 기간이 길어질지언정 중소기업을 외면하는 일이 계속되고 있다. 이 같은 상황에서 이직이 활발한 사회 분위기가 조성된다면 고용 문제는 훨씬 간편하게 풀릴 수 있다. 다음 기회를 포착하기 위해 취직하는 사람이 증가하면

〈도표 9-15〉 고용 문제 해결을 위한 전문가 10대 제언

- 노동시장 유연안정성 확보
- 직업교육+실업급여+정보제공 원스톱 서비스 도입
- 교육정책 중심의 학교교육에서 직업교육으로 전환
- 고용보험 가입률과 수혜도 제고로 이직 안전망 구축
- 직업정보 통합 전산망 구축과 민간 고용 서비스시장 활성화
- 인문계 고교에 취업 준비반 설치
- 직무급제 활성화
- IT 서비스업 육성과 성장동력 사업 일자리 창출 위주로 개편
- 고용영향평가 도입 서두르고, 좋은 일자리 인증제 확산
- 보육시설 설치 확대

자료: 매일경제

서 제조 중소기업의 고용이 늘고, 이에 따라 경제가 활기를 띠면서 제조 대기업의 고용도 늘어나는 선순환 구조가 형성될 수 있는 것이다. 이미 제도화되어 있는 전직지원장려금의 활용도를 높일 필요도 있다.

노사 협약도 필요하다. 일자리 나누기, 근로시간 단축, 임금피크제 등이 그 예다. 이를 통하면 기존 인력에 대한 비용 부담이 감소해 더 많은 일자리를 만들 수 있다. 이 과정에서 노조의 목표는 임금 상승에서 고용 안정으로 전환될 필요가 있다. 특히 민주노총 등 전국 단위 노조 모임은 고용창출 쪽으로 시각을 전환해야 변화의 시기에 제 목소리를 낼 수 있을 것으로 보인다.

한편 실업대책에서 가장 주의해야 할 점이 무분별한 실업 수당 지급을 자제하는 일이다. 실업 수당으로 생계 유지가 가능하다면, 상당 수의 사람들이 일을 하느니 실업 수당을 받는 것을 선택할 수

있다. 특히 저임금을 받는 사람들은 일을 하면서 세금까지 떼이느니 노는 것이 차라리 낫다는 생각을 하게 될 수도 있다. 이 같은 현상을 '실업 함정'이라 하는데 정부 당국자가 가장 주의해야 할 점 중에 하나다.

그래도 한국 경제의 희망이 IT인 까닭은?

　교역조건 악화와 고용창출 부진 등의 문제로 IT 산업에 대한 한계론이 적지 않지만 한국 경제의 미래는 역시 IT에 있다. IT를 기반으로 하는 산업은 '디지털경제(digital economy)'라 불리며 기존 산업과는 다른 독특한 영역을 구축하고 있다.

　디지털경제는 다른 산업과 비교하면 연관 효과가 매우 크다. 이용자의 효용을 높이기 위해 경쟁하는 과정에서 다양한 소프트웨어 개발을 유도하기 때문이다. 아이폰이 크게 히트를 치면서 관련 소프트웨어를 공급하는 중소기업이 대거 등장한 것이 대표적인 사례라고 할 수 있다.

　이에 기반하는 디지털경제의 핵심은 '호환성'과 '융합화'에 있다. 호환성은 어떤 네트워크와도 통할 수 있어야 한다는 것을 의미한다. 애플이 한때 MS 윈도우와 호환이 안 되는 컴퓨터 생산을 고집하다가 큰 위기에 처한 것은 호환성이 얼마나 중요한지 잘 보여준다. 융합화는 영역을 뛰어넘는 복합 상품을 의미한다. 하드웨어와 소프트웨어를 함께 공급하는 융합에 성공해야 진정한 승자가 될 수 있다. 아이폰처럼 말이다.

디지털경제로 생활은 무척 개선되었다. 과거에는 물건 구입을 위해 일일이 장소를 방문해야 하는 '탐색비용'과 백화점 등 중개자를 거쳐야 하는 '거래비용'이 있었지만, 인터넷을 통해 생산자로부터 직매입하는 시스템이 도입되면서 탐색비용과 거래비용이 거의 사라졌다. 이는 가격 경쟁을 유발하면서 전통적인 유통체계에도 큰 변화를 가져오고 있다.

또 인터넷에 많은 정보가 공개되면서 누군가 아는 정보를 어떤 이는 모르는 '정보 비대칭' 현상도 많이 해소되었다. 이에 기업들은 더 이상 소비자들을 상대로 '눈 가리고 아웅' 식 판매를 하기 어렵게 되었다. 시쳇말로 조사하면 다 나오기 때문이다.

이 같은 디지털경제는 다른 산업과 비교해 2가지 특성이 있다. 우선 한번 투자에 실패하면 큰 위기를 겪을 수 있다. 일반 제조업은 투자에 실패하더라도 투자에 쓰인 토지, 기계 등을 되팔아 일정 부분을 건질 수 있다. 하지만 소프트웨어 등 IT 관련 투자는 개발에 실패하면 그간 들인 투자비를 모두 날려야 한다. 이처럼 회수할 수 없는 비용을 '매몰비용(sunken cost)'이라 하는데, 디지털경제는 매몰비용이 무척 크다.

반면에 성공의 효과는 무척 크다. 일반 제조업은 생산을 위한 비용이 계속 들어가지만 디지털경제는 별도의 비용이 많이 들지 않는다. 소프트웨어의 경우에는 계속 찍어내기만 하면 된다. 재료 구입비 등 생산을 위해 지속적으로 투입되는 비용을 '가변비용(variable cost)'이라 하는데, 디지털경제는 이러한 가변비용이 매우 낮은 산업이다. 결국 디지털경제는 개발 과정에서 위험성이 무척 큰 산업이지만, 한번 안착하면 다른 제조업에서는 상상할 수 없는 수준의 성공을 거둘 수 있다.

물론 디지털경제에도 치명적인 약점이 있다. 복제가 가능하고 이전이 쉽다는 점이다. 일반 물건은 한 번 쓰고 나면 없어진다. 하지만 소프트웨어는 사용 후에도 없어지지 않는다. 그래서 사용하고 나서 남에게 그대로 줄 수 있다. 또 복제를 통해 함께 쓸 수도 있다. 무한 복제를 통해 대량 유통도 가능하다. 이렇게 하면 수익성이 떨어지면서 아무도 소프트웨어 등의 개발에 나서지 않을 수 있다(이를 방지하기 위해선 철저한 저작권 관리가 중요하다).

그럼에도 불구하고 앞으로 한국 경제의 기회는 소프트웨어에서 찾아야 한다는 주장이 많다. 소프트웨어 개발은 기계가 하는 것이 아니라 사람이 하기 때문에 그 어떤 산업보다 고용창출 효과가 크다. 현재 한국 경제는 하드웨어 중심의 IT 산업 구조를 갖고 있어 고용 창출력이 극히 떨어진다. 제품 생산은 기계가 전담하기 때문이다. 그러므로 융합화에 더 치중해 진정한 강자가 될 필요가 있다.

이를 위해서는 정부가 현명한 지원을 해야 한다. 디지털경제는 초기 개발비용 부담이 큰 만큼 공격적인 투자에 나서는 곳이 적을 수 있다. 또 경제 전반에 파급되는 부가효과는 사회적으로는 인지할 수 있지만, 기업 입장에서는 자기 이익에 기여하는 것이 아니라 인지하기가 어렵다. 이에 부가효과까지 고려해 충분한 수준으로 연구개발하지 않는다. 이를 독려하기 위해서는 각종 보조금 지급 등 정부의 좀 더 적극적인 노력이 필요하다.

CHAPTER
10

대외교역,
그 원리는 무엇인가

한국 경제를 정의할 때 자주 등장하는 용어 중 하나가 '소규모 개방 경제'다. 경제규모가 별로 크지 않은 상황에서 개방도가 높다 보니 해외 변수에 많이 휘둘린다는 뜻이다. 수출입에 크게 의존하고 있다는 뜻도 된다. 한국 경제의 대외 관계와 관련한 모든 내용을 소개한다. 한국 경제 제1의 과제가 되어버린 경상수지 흑자부터 일본과의 수출 경쟁, 삶의 질에까지 영향을 미치는 교역조건, 한때 한국 사회를 극심한 혼란으로 몰아넣었던 FTA에 대해 설명한다. 또 조정될 때마다 한국 경제를 웃고 울게 하는 국가신용등급, 한국 경제의 가장 큰 고민 중 하나인 유가에 대해서도 살펴본다.

한국 경제 제1의 과제, 경상수지 흑자

국제수지, 경상수지, 자본수지

한국 경제 제1의 목표는 '수출입국'으로, 조금이라도 수출을 늘려 외화를 획득하는 것이 지상 과제였다. 자원이 부족한 한국이 잘살기 위한 방법은 수출을 통해 외화를 벌어들이는 방법밖에 없었다. 찬찬히 구조를 따라가보자.

한국무역협회 국제무역연구원은 27일 '2018년 상반기 수출입 평가 및 하반기 전망'에서 올해 13개 주요 품목 중 5개 품목의 수출이 전년동기 대비 320억 달러 감소할 것이라고 밝혔다. 5개 품목은 선박(232억 달러 감소, −55%)·디스플레이(35억 달러, −12.5%)·무선통신기기(28억 달러, −12.9%)·가전(13억 달러, −15.1%)·철강(12억 달러, −3.7%) 등이다. 선박은 최근 2년간 수주량이 크게 줄면서 반 토막이 날 전망이다. 디스플레이와 무선통신기기는 중국산 LCD와 휴대폰이 급성장하며 수출이 힘들어지고 있다. 미국의 세이프가드(긴급수입제한) 조치로 세탁기·태양광 등의 수출이 줄고 있다. 철강은 미국 수출 쿼터제로 직격탄을 맞았다.

조선비즈(2018. 6. 28.)

국제수지 흑자의 중요성

'국제수지(balance of payments)'란 한마디로 외국과 각종 거래를 통해 얼마나 많은 외화가 유입되었는지 나타내는 것이다. 국제수지가 흑자를 기록했다면 나간 외화보다 들어온 외화가 많았다는 뜻이고, 국제수지가 적자라면 나간 외화가 들어온 외화보다 많았다는 뜻이다.

국제수지 흑자 여부는 중요하다. 적자를 기록하면 외화가 지속적으로 유출되면서 외화난에 시달리게 된다. 외화가 부족하면 국내 은행 등이 외국에서 들여온 각종 외화 빚을 갚을 수 없고, 외환위기로 이어질 수 있다. 실제 한국 경제는 지속적인 국제수지 적자를 기록한 끝에 1997년 IMF 구제금융 위기를 맞은 바 있다. 흑자액은 또 외국 자산 구입을 통한 국부 증대와 외국 물건 구입을 통한 국민생활 개선의 원천이 된다. 그래서 국제수지 흑자는 경제에 매우 중요한 의미를 갖는다.

국제수지는 경상수지와 자본수지로 나뉜다. 우선 경상수지는 각종 생산활동과 관련한 외화 유출입을 의미한다. 경상수지는 크게 4가지 소분류로 나뉜다. 상품수지, 서비스수지, 소득수지, 경상이전수지가 그것이다.

상품수지는 물건 수출입의 결과로, 무역수지라고도 한다. 물건 수출이 수입보다 많으면 흑자를 기록한다. 한국 경제는 외환위기 이후 반도체, 디스플레이, 휴대폰, 조선, 철강, 자동차 등 주요 품목의 수출이 선전하면서 지속적으로 상품수지 흑자를 기록해오고 있다.

외환위기 이후 수출 증가세는 눈부시다. 1998년 1,323억 달러였던 수출 총액은 중간에 부침을 겪기도 했지만 결과적으로 2017년 5,737억 달러로 급증했다. 20년 사이 거의 5배로 성장한 것이다. 수출이 늘면 자연스레 수입도 증가한다. 수출품 생산을 위한 각종 원자재와 부품을 들여오는 과정에서다. 다만 지속적으로 수출 증가율이 수입 증가율을 앞지르면서 한국 경제는 계속 상품수지 흑자를 기록하고 있다. 상품수지 흑자는 또 국내 기업이 국내 수요 이상으로 물건을 만든 뒤 남는 것을 해외에 수출하고 있는 상황을 의미한다. 활발한 생산활동의 결과로 경기 진작에 도움이 된다.

수출은 환율과 물가의 영향을 크게 받는다. 국내 물가 상승률이 외국보다 낮으면 수출상품의 가격 상승률을 완화할 수 있어 수출이 증가한다. 또 외국 물가 상승률이 국내 물가 상승률보다 높으면 수입상품의 가격 상승률이 상대적으로 높아져 수입이 줄어든다. 환율이 오르면 수출이 늘고 수입은 줄어든다. 환율이 내려가면 수출이 줄고 수입이 늘어난다(챕터 8 참조).

서비스수지는 여행, 유학, 연수, 의료 등 각종 서비스 활동을 통한 외화의 유출입을 나타낸다. 해외여행으로 쓴 돈이 외국인들의 국내 여행 지출보다 많으면 서비스수지는 적자를 기록하게 된다. 한국 경제는 지속적으로 서비스수지 적자를 기록하고 있다. 여행, 유학 등을 통한 내국인들의 외국 체류 수요는 급증하는 반면에 관광자원 부족 등으로 인해 외국인들의 국내 체류 수요는 크지 않기 때문이다.

서비스수지는 1999년 10억 달러 흑자를 기록한 이후 2017년까지 단 한 차례도 흑자를 기록한 적이 없다. 오히려 적자 폭이 지속적으로 확대되어 2017년 적자 폭은 345억 달러에 달했다. 서비스수지 흑자를 위해서는 관광, 교육, 의료, 인프라 개선이 필요한데 갈 길이 멀다.

물론 서비스수지 적자를 꼭 나쁘게 볼 필요는 없다. 수출해서 번 돈으로 해외여행 등 풍요로운 삶을 누리고 있다고 해석할 수 있기 때문이다. 특히 한국이 상품수지뿐만 아니라 서비스수지까지 막대한 흑자를 기록하면 외국과의 교역에서 통상 압력에 시달릴 수 있다. 거래를 통해 돈 버는 데만 혈안이 되었다는 인상을 주기 때문이다. 이에 적절히 다른 경로로 돈을 써주는 것도 중요하다. 하지만 지속적이고 막대한 크기의 서비스수지 적자의 누적은 장차 큰 짐이 될 수 있어 교정이 필요하다.

소득수지는 내국인이 해외에서 벌어들인 소득과 외국인이 국내에서 벌어들여 자국으로 유출한 소득의 차이다. 최근 외국인 근로자가 크게 늘면서 유출 소득이 점차 늘어나고 있다. 지속적인 소득수지 흑자를 위해서는 적절한 수준의 외국 자산 취득이 필요하다. 예를 들어 내국인이 미국에서 주택을 취득한 뒤 여기서 월세소득이 발생하면 이는 소득수지에 포함된다. 또 해외 주식을 구입한 뒤 배당소득이 들어와도 소득수지로 계산된다. 이에 꾸준히 외국 자산을 취득하면 국부를 키우는 것은 물론, 안정적인 소득수지 흑자도 기록할 수 있다.

마지막으로 경상이전수지는 원조 등 무상으로 해외 이전한 송금액과 해외에서 국내로 이전한 송금액의 차이다. 한국 경제 위상이 커지면서 해외 원조가 늘고 있어, 한국은 지속적인 경상이전수지 적자를 기록하고 있다. 이는 나쁘게 볼 필요가 없다. 한국이 경제 위상에 걸맞은 국제적인 대우를 받기 위해서는 원조가 불가피하기 때문이다.

이러한 상품수지, 서비스수지, 소득수지, 경상이전수지를 더한 것을 경상수지라 한다. 한국 경제는 막대한 상품수지 흑자에 힘입어 외환위기 이후 1998년부터 2017년까지 20년 연속 경상수지 흑자를 기록했다. 다만 흑자를 내는 동안 수출이 감소한 사례가 있다. 2015년과 2016년이 대표적이다. 그럼에도 수입이 더 크게 줄면서 흑자는 유지했다. 이를 '불황형 흑자'라 한다. 전반적으로 세계 경제 교역이 부진한 상황에서 우리나라 기업들의 대외 경쟁력이 내려가면서 생긴 결과였다.

경상수지 흑자가 영원히 지속되지는 않을 것이다. 경상수지 흑자가 누적되면 국내 외환 공급량이 늘어 외환가치가 떨어지고 원화가치는 오르는 환율 하락 문제가 불거지기 때문이다. 이렇게 되면 원화로 환산한 수출수익이 줄어 수출 채산성이 떨어지고, 외화로 환산한 수출가격이 올라가 수출 경쟁력이 떨어진다. 결국 수출이 줄어들고 수입은 늘어 흑자 폭이 줄면서 균형으로 돌아가게 된다(챕터 8 참조).

건전한 자본수지 운영이 중요하다

이 같은 문제를 근본적으로 해결하기 위해서는 자본수지 적자가 필요하다. 자본수지란 각종 투자활동을 통해 유출입된 외화를 계산한 것이다. 내국인의 해외 투자금액이 외국인의 국내 투자금액보다 크면 자본수지는 적자를 기록한다. 이렇게 되면 경상 흑자를 통해 벌어들인 달러가 외국으로 다시 유출되면서 환율 하락을 막을 수 있다.

자본수지는 세부적으로 직접투자수지, 증권투자수지, 기타투자수지로 나뉜다. 직접투자수지는 공장, 건설 등 외국인 국내 직접투자와 내국인 해외 직접투자의 차이를 뜻한다. 증권투자수지는 주식 구입 등 외국인 국내 간접투자와 내국인 해외 간접투자의 차이를 의미하고, 기타투자수지는 은행권 해외 단기 차입 등 기타 자본 유입과 유출의 차이다.

경상수지가 지속적으로 흑자를 기록하는 상황이라면, 국내 기업이 해외에 많은 공장을 건설하고 부동산 같은 자산을 취득하는 등의 방식으로 적절하게 외화를 유출시켜주는 것이 좋다. 이는 나쁘게 볼 필요가 없다. 해외 자산 취득은 국부 증대를 의미하는 데다, 해외 취득 자산을 통해 수익이 발생하면, 이것이 소득수지 흑자를 유발해 안정적인 경상수지 흑자를 도모할 수 있기 때문이다. 위기 시에는 해외 자산을 팔아 현금화해 외화 유동성 문제를 해결할 수 있다.

물론 내국인이 해외에 투자하는 만큼 외국인의 국내 투자를 유치하는 것도 중요하다. 외국인이 국내에 공장을 건설해야 고용이 창출되고, 주식 등을 사들이는 과정에서 자산가치가 오르기 때문이다. 이에 경상수지가 흑자를 기록하면서 자본수지가 흑자를 기록하는 상황도 나쁘게 볼 수만은 없다. 달러 유입량이 더욱 늘어 환율 하락을 배가시킬 수 있지만, 고용창출 등 부가적인 경제 효과가 발생하기 때문이다.

문제는 왜곡된 자본수지 흑자에 있다. 대표적인 예가 2006년으로, 당시 한국 경제는 179억 달러라는 사상 최대 수준의 자본수지 흑자를 기록했다. 그런데 이때 한국 경제는 직접투자와 증권투자에서 각각 45억 달러와 232억 달러의 적자를 기록했다. 외국인이 공장을 짓거나 주식투자를 위해 국내에 가져온 돈보다, 내국인이 해외에 공장을 짓거나 주식투자를 위해 유출한 돈이 훨씬 많았다는 뜻이다. 이는 당시 외국인이 한국에 매력을 느끼지 못했기 때문이다.

그럼에도 자본수지가 대규모 흑자를 기록한 것은 기타 계정 때문이었다. 그중에서도 예금은행이 해외 단기 차입을 통해 들여온 434억 달러의 영향이 컸다. 당시 은행들은 무분별한 해외 차입에 열을 올렸다. 국내 금리보다 해외 금리가 훨씬 낮은 수준을 유지하자, 싼 금리로 돈을 들여오기 위해 해외에서 막대한 차입을 실시했다. 국내에서 돈을 모집하기 위해서는 상대적으로 높은 예금금리를 주어야 하는데, 해외에서 빌리는 금리는 이보다 훨씬 낮으니 해외 차입을 선호한 것이다.

특히 환율이 지속적으로 하락하면서 은행들은 환차익도 노렸다. 환율이 달러당 1천 원일 때 100만 달러를 차입하면 10억 원을 마련할 수 있다. 이후 갚을 시점에 환율이 900원으로 내려가면 9억 원만 갚으면 된다. 돈을 빌렸다 그대로 갚았을 뿐인데 1억 원이 남는 것이다. 이 같은 점을 노려 은행들은 막대한 해외 차입을 실시했고, 돈은 대출 재원과 기업이 매도하는 선물환 매수에 활용되었다.

이렇게 빚에 불과한 불건전한 자본수지 흑자가 계속되다 보니 국내 외환 공급량은 기하급수적으로 늘었고, 그 영향으로 환율은 더 내려갔다. 그리고 이는 은행들이 빚을 내는 것과 기업의 선물환 매도를 더욱 부추기며 환율을 위험한 수준으로까지 하락시켰다. 균형을 한참 벗어난 것이다.

경제는 언젠가 균형으로 돌아오게 되어 있으므로 점진적으로 회복되는 게 좋다. 그러나 금융위기가 터지면서 환율이 크게 오르는 급격한 변화가 오고 말았다. 이로 인해 원화로 환산한 대외 차입 부담이 급증했고, 은행의 엄청난 단기외채는 한국을 외환위기 직전 상황까지 몰아넣었다.

저축과 밀접한 관계의 국제수지

결국 경제가 건전한 상황을 유지하기 위해서는 경상수지가 지속적으로 흑자를 기록하면서 건전한 자본수지 적자를 기록해야 한다. 이를 위해 은행이 외국에서 돈을 빌리기보다 오히려 돈을 빌려주어 채권국이 되어야 한다. 그래야 큰 부담이 없다. 중국이 지속적인 경상 흑자를 기록하는 배경은 여기에 있다. 적절한 해외투자를 통해 달러를 유출시키고 있는 것이다. 반대로 미국은 대규모 경상수지 적자를 기록하고 있지만, 흑자국들이 자국 채권을 구입해주는 과정을 통해 자본수지가 흑자를 기록하면서 경제를 유지하고 있다.

국제수지는 저축과 밀접한 관계를 갖고 있다. 국가 경제는 대체로 저축과 투자가 일치한다. 즉 국민들이 저축을 하면 여기서 대출이 실시되고, 이를 기반으로 투자가 이루어진다. 그런데 저축과 투자가 꼭 일치하지는 않는다.

예를 들어 갑자기 소비가 진작되면서 저축이 필요 수준 이하로 줄어들었다고 하자. 이 같은 상황에서 투자 수요가 늘면 해당 경제는 돈이 부족해 어려움을 겪을 수 있다. 이를 벌충하기 위해서는 저축이 부족한 만큼 해외에서 돈을 끌어와야 한다. 이렇게 되면 국내에 외환 유입이 늘게 되고, 결국 자본수지가 흑자를 기록한다.

이렇게 국내 외환 유입이 늘면 환율은 당연히 떨어진다. 환율이 떨어지면 수출은 감소하고 수입은 증가한다. 여기에 소비 증대 효과까지 겹치면 수입은 더욱 늘게 되고, 결국 경상수지는 적자를 기록한다. 이처럼 소비 진작으로 인해 저축이 감소해 국내 저축이 부족해지면 자본수지는 흑자, 경상수지는 적자를 기록하게 된다. 반대로 국내 소비가 침체되는 대신 저축이 증가해 국내에서 자본이 제대로 소화되지 않으면, 해외로 자본이 유출되는 자본수지 적자가 발생한다. 이 과정에서 환율이 상승하면 경상수지 흑자가 발생한다.

이처럼 경상수지와 자본수지는 어느 하나가 흑자를 기록하면 나머지는 적자를 기록하는 것이 보통이다. 그런데 최근 들어 이 등식이 깨질 때가 많다. 둘 다 흑자를 기록하거나, 둘 다 적자를 기록하는 것이다. 이는 경제의 개방성이 커진 상황에서 정부 정책 대응의

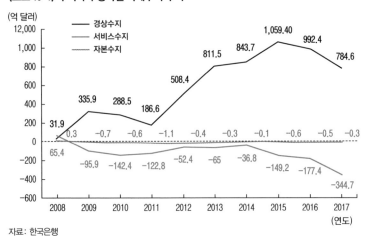

〈도표 10-1〉 우리나라 항목별 국제수지 추이

자료: 한국은행

성공 혹은 실패가 맞물리면서 벌어지는 현상이다. 앞서 설명한 금융 위기 이전 한국 경제상황이 대표적이다. 이런 상황에서 경제위기가 발생하면 수출이 급감하면서 경상수지가 적자를 기록하고, 국내 유입된 자본이 급격히 유출되면서 자본수지도 적자를 기록할 수 있다.

사활을 건 수출 한일전의 승자는?
수출경합도

한국의 최대 수출 경쟁국은 일본이다. 산업연구원의 '일본 경제의 재부상과 한국 산업' 자료에 따르면 한국 수출 상위 20대 품목 중 일본 상위 20대 품목과 겹치는 분야가 14개에 달한다. 이에 따라 세계 시장에서 양국의 경쟁관계는 갈수록 심화되고 있다.

우리나라가 중국, 인도, 인도네시아, 베트남 등 4대 신흥시장에서 반도체와 디스플레이 등 정보기술(IT) 제품을 중심으로 일본, 중국과 경쟁 중이라는 분석이 나왔다. 한국무역협회 국제무역연구원이 10일 발표한 '주요 신흥 빅4 시장에서 한일 및 한중 수출 경합도 분석'에 따르면 한일은 중국에서, 한중은 베트남에서 수출 경합도가 가장 높게 나타났다. 수출 경합도는 수출구조가 유사할수록 경쟁이 심하다는 가정 아래 특정 시장에서 국가 간의 경쟁 정도를 보여주는 지표로 1에 가까울수록 경쟁이 심하다는 것을 의미한다. 2017년 기준 중국에서 한일 간 휴대전화의 수출 경합도가 0.980으로 가장 높았다. 한일은 디스플레이(0.913), 석유제품(0.703), 선박(0.659), 기계류(0.658) 등 분야에서도 경쟁했다.

연합뉴스(2018. 5. 10.)

세계 시장에서 치열하게 경쟁하는 한국과 일본

한일 간 수출 경쟁은 사활을 걸고 이루어질 때가 많다. 겹치는 14개 품목이 한국 수출에서 차지하는 비중은 89.4%에 달한다. 한국 수출품 10개 가운데 9개 가까이가 세계 시장에서 일본과 경쟁을 하고 있다는 의미다. 일본도 마찬가지다. 전자, 자동차, 기계 등 일본의 3대 수출품목이 경쟁 대상인 14대 품목에 포함되었다.

세계 경제가 침체되면 한국과 일본의 수출 경쟁은 더욱 심화될 가능성이 높다. 세계 경제 호황기에는 함께 수출을 늘릴 수 있지만, 침체기가 길어지면 줄어드는 수출 시장을 놓고 경쟁을 벌여야 하기 때문이다.

경쟁관계 심화는 2000년대 중반 일본 경제의 회복 기간에 두드러졌다. 2002년 이후 일본 경제 회복이 기계 등 전통 주력업종의 수출을 중심으로 이루어졌기 때문이다. 미국 등 다른 선진국들은 IT, 금융 중심의 성장을 구가한 반면에 일본은 전통 주력업종이 여전히 중심을 차지하고 있다. 이에 따라 한국과 일본은 계속 경쟁관계를 유지할 전망이다.

수출품목 다변화의 필요성

한국의 주력 수출품목을 보면 세계 경기에 무척 민감한 것들이 많다. 소득 상황 변화에 따라 수요가 큰 영향을 받는 품목들인 것이다. 그래서 세계 GDP 성장률 움직임에 따른 수출 변동률에서 한국의 변동률은 세계 평균값보다 30%가량 높다. 글로벌 경제위기 때 한국 수출이 두 자릿수 이상 비율로 감소세를 보인 것은 이 영향이 컸다. 세계 경기에 영향을 덜 받도록 수출품목을 좀 더 다변화할 필요가 있다.

반도체가격 하락은 반가운 소식?

교역조건

    다음의 기사 내용은 한국 경제에 어떤 영향을 미칠까? 2가지 일이 발생할 수 있다. 첫째로 가격이 떨어졌으니 수출 물량이 늘어날 수 있다. 둘째로 한 대를 수출해 벌어들일 수 있는 이익이 줄면서 수익성이 악화될 수 있다. 삼성전자에 이익일까, 손해일까? 한국 경제에는 어떤 영향을 미칠까? '교역조건'이 그 궁금증을 풀어준다.

삼성전자와 LG전자의 휴대전화 수출단가가 급락하고 있다. 두 회사가 31일 금융감독원에 제출한 사업보고서에 따르면, LG전자가 수출하는 휴대전화의 대당 평균 가격은 2008년 105달러에서 2009년 84달러로 급락했다. 삼성전자의 휴대전화 대당 평균 수출가격도 2008년 135달러에서 작년에는 112달러까지 떨어졌다. 이에 대해 삼성전자 측은 "과거 만들지 않았던 저가폰을 만들기 시작하면서 평균판매가가 떨어진 측면이 있다"고 설명했다. 하지만 과거 명품·고가제품으로 통했던 한국 휴대전화의 위상이 흔들리고 있다는 것은 부정하기 힘들다. 애플의 아이폰 등 스마트폰이 세계 휴대전화 시장에 돌풍을 일으키면서 나타난 현상이다.

조선일보(2010. 4. 1.)

교역조건의 추이에 따른 생활의 질 변화

교역조건이란 수입단가지수와 비교한 수출단가지수다. 쉽게 말해 수출 한 단위로 수입해올 수 있는 상품의 양을 뜻한다. 예를 들어 100달러짜리 휴대폰 1개를 수출해 50달러짜리 의자 2개를 수입해온다면, 1개를 수출해 2개를 수입해오니 '2'라는 수치가 나온다. 경제 전체의 교역조건은 해당 경제의 수출 총량과 수입 총량을 비교해 산출한다.

이 같은 교역조건이 개선되면 생활의 질이 나아진다. 같은 양을 수출해 더 많은 양을 수입한다는 뜻이 되기 때문이다. 반대로 교역조건이 악화되면 생활의 질은 악화된다.

예를 들어 A라는 나라가 매년 1달러짜리 도자기를 10개 만들어 B라는 나라에 수출한다고 가정해보자. 이 나라는 도자기 10개를 수

〈도표 10-2〉 우리나라 교역조건지수 추이

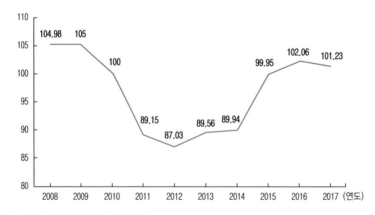

주: 2010년=100을 기준으로 수치화한 것임
자료: 한국은행

출하고 받은 10달러로 B국으로부터 빵 10개를 수입해 먹고살고 있다. 그런데 다음 해에 A국 경제가 성장해 도자기 20개를 만들 수 있게 되었다. 100% 경제성장을 한 셈이다. 그렇다면 A국 국민의 실질소득도 100% 성장했다고 할 수 있을까? 꼭 그렇지만은 않다.

A국의 도자기 생산이 2배로 늘면 세계 전체 도자기 공급이 늘어난다. 그렇게 되면 당연히 가격이 떨어진다. 이 같은 상황에서 도자기가격이 1달러에서 절반 수준인 0.5달러로 떨어졌다고 하면 A는 도자기 20개를 수출해 10달러를 벌게 된다. 도자기가격이 1달러일 때 10개를 수출해 벌었던 것과 같은 돈이다. 상황이 이렇게 변하면 A국은 도자기 20개를 수출해 번 10달러로 예전처럼 B국으로부터 빵 10개밖에 수입해오지 못한다. 결국 생산량, 즉 경제규모가 2배로 늘었는데도 먹을 수 있는 빵의 양은 그대로다.

이 같은 상황을 교역조건으로 표시하면 예전에는 도자기 10개를 수출해 빵을 10개 수입해오니 교역조건이 '1'이었다. 하지만 도자기가격이 절반으로 떨어지면서, 도자기 20개를 수출해야 빵을 10개 수입할 수 있으니 교역조건이 '(10/20)=1/2'로 떨어진다. 결국 경제는 2배로 성장했지만 교역조건이 절반 수준으로 떨어지면서, 생활의 질은 나아진 것이 없게 된다. 이는 곧 교역조건의 악화가 경제성장에도 불구하고 생활의 질을 떨어트릴 수 있음을 보여준다. 경제가 성장한 만큼 소득도 늘어야 하는데, 교역조건이 악화되면서 소득이 개선되지 못하는 것이다. 이 같은 교역조건의 악화는 수출가격이 하락하거나 수입가격이 상승할 때 발생한다.

경제가 성장하더라도 수출단가 하락이나 수입단가 상승으로 인해 단위 수입 물량이 감소해 실질소득이 줄어드는 현상을 '교역조건 악화에 따른 소득 감소 효과'라고 한다. 교역조건은 실질소득과 관련이 있어 체감경기를 나타내는 중요한 지표로 사용된다. 교역조건이 개선되어 같은 양을 수출해 더 많은 양을 수입하게 되면 체감경기가 개선되고, 교역조건이 악화되어 같은 양으로 더 적은 양을 수입하게 되면 체감경기가 악화된다고 보는 식이다. 교역조건을 살펴보기 위해서는 한국은행이 발표한 수출입물가동향을 보면 된다.

최근 동향을 보면 교역조건이 좋지 못하다가 2016년과 2017년 우리나라 주력 수출품목인 반도체가격이 세계적으로 오르면서 교역조건이 개선되었다. 2018년에는 디스플레이 가격이 하락하면서 수출단가가 떨어져 관련 산업이 어려움을 겪고 있다.

반도체가격 변화가 내 삶의 질을 좌우한다?
교역조건이 GNI에 미치는 영향

일반적인 경제성장률을 나타내는 GDP 성장률은 교역조건 악화에 따른 영향을 반영하지 못한다. 그래서 개발된 개념이 'GNI'다. GNI는 풀어 쓰면 국민총소득이다. 특정 국가 국민이 벌어들인 소득을 뜻하는데, 각종 생산과 교역활동을 통해 실제 손에 쥐는 것이 얼마인지를 나타낸다. GNI는 GDP에 교역조건 변동에 따른 실질소득 변화를 더한 뒤 '대외순수취요소소득'을 더해서 만들어진다.

GNI=GDP+대외순수취요소소득+교역조건 변화에 따른 소득 변화

A국이 있다고 하자. 대외순수취요소소득이란 A국 국민이 해외에서 벌어들인 소득에서, 다른 나라 국민이 A국에서 벌어간 소득을 뺀 값을 의미한다. 예를 들어 해외주재원 등 외국에 나간 한국인이 1년간 1천만 달러를 벌었고, 한국에 거주하고 있는 외국인이 한국에서 500만 달러를 벌었다면 대외순수취요소소득은 1천만 달러에서 500만 달러를 뺀 500만 달러다. 이를 고려하는 것은 지역에 상관없이 전체 한국인이 벌어들인 소득을 구하기 위해서다. 결국 GNI는 GDP에서 외국인이 국내에서 번 것을 빼는 대신, 한국인이 외국에서 번 것을 포함시킨다.

교역조건 변화에 따른 실질소득 변화는 앞서 소개한 교역조건 변화가 소득에 미치는 영향을 돈으로 환산한 것이다. 교역조건이 개선된 후 같은 양을 수출해 더 많은 양을 수입해올 수 있게 되면, 더 많이 수입해올 수 있는 만큼의 물량을 돈으로 환산해 소득 증가분으로 표시한다. 반대로 교역조건이 악화되어 같은 양으로 수입할 수 있는 물량이 줄어들면 감소분만큼을 돈으로 환산해 소득 감소분으

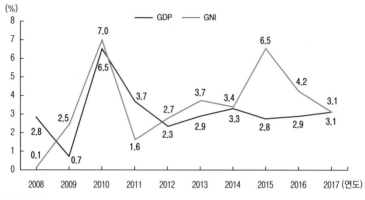

〈도표 10-3〉 우리나라 GDP, GNI 성장률 추이

자료: 한국은행

로 표시한다.

이러한 내용을 고려해 구체적으로 GNI를 구해보면 한국의 GDP를 1조 달러, 교역조건 악화에 따른 소득 감소분을 1천억 달러, 대외순수취요소소득을 500억 달러라고 했을 때 '1조 달러-1천억 달러+500억 달러=9,500억 달러'라는 계산이 나온다. 만일 교역조건이 개선되어 소득이 감소하지 않고 오히려 증가한다면 GNI는 GDP보다 커진다.

또 외국인이 한국에서 번 것이 한국인이 외국에서 번 것보다 많으면 GNI는 GDP보다 작아진다(별도로 교역조건에 따른 변화만 감안하고 대외순수취요소소득은 감안하지 않은 GDI란 지표도 있다).

이를 고려한 한국의 GNI를 보면 한국은 대체로 GNI가 GDP보다 작았는데, 교역조건 손실이 컸기 때문이다. 이는 경제에 악순환을 불러일으킨다. 경제가 성장해도 손에 쥐는 것은 적으니 소비침체가 발생하면서 경제성장을 제어하는 것이다. 그러면서 성장하는 것에 비해 체감경기가 좋지 못하다는 해석이 나오곤 했다. 그러다가 글로벌 금융위기를 계기로 우리나라 주요 수입품목인 원유가격이 오랜 기간 하향 안정화되면서 교역조건이 개선되어 GNI 성장률이 GDP 성장률을 앞지르고 있다.

갈수록 악화되는 교역조건

다만 지금의 호조가 언제까지나 이어지긴 어렵다. 원유 등 원자재가격은 매장량의 한계에 따라 언제든 오를 수 있고, 우리나라 주요 수출품인 반도체, 조선 등은 갈수록 공급 경쟁이 심화되고 있기 때문이다. IT 제품은 개발 후 시간이 지나면 가격이 지속적으로 하락하는 경향이 있다. 대량생산이 용이하기 때문이다. 현재와 같은 수출 구도가 유지되면 한국은 지속적인 교역조건 악화에 시달릴 수밖에 없다. 실제 2018년부터 유가가 상승세로 전환하기 시작했으며, 반도체가격은 오랜 상승세에 제동이 걸렸다.

한국은 IT 산업 내부에서도 교역조건이 계속 악화되고 있다. 통계를 보면 1990년 한국 IT 산업의 교역조건은 209.8에 달했다. 기준연도로 환산해 IT 제품 100개를 수출해 번 돈으로 다른 IT 제품 209.8개를 수입해올 수 있었다는 의미다. 그런데 이 수치는 2013년 78.8로 떨어졌다. 이는 급전직하한 것으로, 그 어떤 산업보다 하락폭이 크다. 한국 IT 산업이 다양화되지 못한 채 반도체, 디스플레이 등 일부 산업에 편중된 영향이 크다. 이 품목들은 대체로 공급과잉에 시달리고 있어 전반적으로 가격이 낮은 수준을 면치 못하고 있다.

반면에 외국의 사정은 다르다. IT 산업의 폭이 넓은 미국은 1990년 94.5에 불과했던 IT 산업의 교역조건이 2013년 160.7로 개선되었다. 일본 역시 1990년 86.6에서 2013년 154.6으로 개선되었다. 결국 미국과 일본은 교역조건이 지속적으로 개선된 반면에 한국은 악화되면서 한국만 실질소득에서 손해를 봤다는 뜻이 된다. 제품의 고급화, 다양화가 절실히 요구되는 대목이다.

교역조건 무용론과 반론

교역조건 악화는 경상수지에도 악영향을 미친다. 교역조건 악화, 즉 수출단가 하락이나 수입단가 상승이 발생하면 수출액 감소 혹은 수입액 증가로 이어져 수출액에서 수입액을 뺀 경상수지가 악화된다.

그런데 이에 대한 반론이 있다. 수출단가가 하락했다 하더라도, 수출 물량이 이를 벌충할 정도로 크게 늘어나면 수출액이 증가해 경상수지가 개선될 수 있다는 것이다. 반대로 수입물가가 올랐다 하더라도, 수입물량이 그 이상으로 감소하면 수입액이 줄어 경상수지가 개선될 수 있다는 것이다.

비슷한 논리로 GNI가 체감경기에 별 영향을 끼치지 않는다는 주장도 있다. 수입단가와 비교한 수출단가가 떨어지면서 구매력이 떨어지는 것은 사실이지만, 단가가 떨어지는 것 이상으로 수출 물량이 증가하면 수출액이 늘어 예전보다 훨씬 많은 양의 물건을 수입해올 수 있다. 물량 증대가 가격 손실을 벌충하면서 생활의 질을 개선시키는 것이다. 또 수출단가가 떨어지는 분야가 반도체 등 특정

제품에 국한되고, 높은 수입단가의 영향도 석유 의존 사업 등 일부 산업에 국한될 경우에는, 교역조건 악화가 전체 구매력에 끼치는 영향이 한정적이라는 주장도 있다.

하지만 물량 증대가 가격 손실을 벌충한다 하더라도, 가격 손실이 없었다면 생활의 질이 더 나아졌을 것이라는 사실을 감안하면 이 같은 주장은 받아들이기 힘들다. 또 교역조건 손실이 일부 산업에 한정된다는 주장도 이들 산업이 경제에서 차지하는 부분이 크다는 점을 간과하고 있는 것이다. 대체로 교역조건 악화는 곧 경상수지 악화로 이어진다. 더불어 구매력 감소에 따른 영향은 시차를 두고 경제 전반에 영향을 끼친다는 측면에서 파급력을 면밀히 고려할 필요가 있다.

한미 FTA는 한국 경제에 독일까, 약일까?
FTA의 이득과 손해

여러 경제 이슈 가운데 가장 이견이 많은 것 중 하나가 FTA(Free Trade Agreement)다. 관련 논쟁이 벌어질 때마다 찬성론자와 반대론자로 나뉘어 치열한 설전을 벌인다. 왜 그럴까? 합의점을 도출할 수는 없을까?

도널드 트럼프 미국 대통령은 28일(현지 시각) 지난 3월 합의된 한·미 자유무역협정(FTA) 재협상 결과에 대해 "양국 모두 만족하는 결과"라며 "서명할 예정"이라고 밝혔다. 그러나 '예정'이란 표현을 쓰며 서명 전에 무슨 일이 생길 수도 있다는 여지를 뒀다. 트럼프 대통령은 이날 위스콘신주에서 열린 대만 전자기기 업체 폭스콘(훙하이그룹)의 생산시설 착공식에 참석해 "힐러리 클린턴(전 국무장관)이 체결한 한국과의 끔찍한 무역 협정을 없애고, 새로운 협상을 했다"고 말했다. 그는 "(한·미 FTA를 통해) 일자리 25만 개를 약속했던 클린턴의 말이 맞았다"며 "다만 미국이 아닌 한국에 일자리가 생겼을 뿐"이라고 힐러리를 비판했다.

조선일보(2018. 6. 29.)

FTA는 가장 낮은 수준의 경제통합

자유무역협정을 의미하는 FTA는 국가 간 체결할 수 있는 가장 낮은 수준의 경제통합 협정이다. FTA보다 강한 협정으로는 CEPA(Comprehensive Economic Partnership Agreement, 포괄적 경제동반자 협정), 관세동맹, 경제공동체 등이 있다.

FTA는 양국 간 교역에서 관세를 철폐 혹은 인하하면서 각종 경제 제도를 비슷한 수준으로 맞추는 것을 주된 내용으로 한다. 또 양국 기업이 상대국에서 활동할 때 자국 기업과 동일한 규정을 적용받도록 하는 내용도 담는다. 예를 들어 현대자동차가 미국에서 외국 기업이 아니라 미국 기업처럼 활동할 수 있는 식이다.

물론 FTA 협상 과정에서 세부 내용은 달라질 수 있다. 품목별로 관세율 인하 범위가 달라지며, 기업들이 받는 규정에도 산업별로 차이가 생긴다. 이는 자국 산업 보호 때문이다. 예를 들어 한미 FTA에서 한국은 농업 보호를 위해 미국산 농산물 관세를 철폐한 것이 아니라 인하했고 각종 유예조치를 두었다. 또 미국은 자국 섬유 산업 보호를 위해 비슷한 내용을 한국에 요구해 관철시켰다. 이 밖에 기업들이 받는 규제, 제도도 협상 과정에서 내용이 다수 달라진다. 이처럼 관세를 철폐하고 각종 경제제도를 일치시키는 완전한 의미의 FTA는 찾아보기 어렵다.

CEPA는 FTA와 큰 차이가 없으며 교역 외에 투자, 경제협력 등 전반적인 경제교류 내용을 담는다.

관세동맹은 양국이 완전한 협정을 맺어 다른 나라와 교역을 할 때 양국이 공동보조를 취하는 단계의 협정이다. 예를 들어 한국과 미국이 FTA 협정을 체결하면, 양국 간 무역에는 협정을 적용하지만 당사국을 제외한 EU, 일본 등과 교역할 때는 개별 행동을 한다. 즉 한국이 일본이나 EU 등과 교역할 때는 미국을 전혀 신경 쓰지 않아도 된다는 말이다. 하지만 관세동맹을 맺으면 한국과 미국은 다른 나라와 교역할 때 마치 한 나라인 것처럼 같은 행동을 취하게 된다. 독일에서 수입하는 BMW 승용차에 한국과 미국이 같은 관세를 매기는 식이다.

한발 더 나아가 완전한 경제공동체가 되면 양국 간 교역, 투자 등에는 어떠한 장벽도 없게 되며, 서울 기업이 부산에 지사를 세우듯 간편하게 미국에 지사를 세우고 영업할 수 있다. 또 통화, 재정 등 경제정책도 통합 실시하게 된다. 유럽 공동체인 EU가 여기에 가장 가까운 형태다.

한국은 FTA에 큰 공을 들이고 있다. 칠레, 싱가포르, 유럽자유무역연합(EFTA, 스위스, 노르웨이, 아이슬란드, 리히텐슈타인 등 4개국), 아세안(ASEAN,

동남아시아국가연합)을 시작으로 미국, 유럽연합(EU), 중국, 인도 등 대부분 경제 대국과 FTA를 맺고 있다.

FTA의 이득

그렇다면 FTA가 체결되면 어떤 경제적 효과가 있을까? 우선 이득부터 살펴보면 크게 3가지 관점에서 분석할 수 있다.

첫째, 국내 기업들의 수출이 증대된다. FTA를 통해 상대국 시장이 개방되면 한국 기업들은 상대국 시장을 내수시장처럼 공략할 수 있다. 한 보고서에 따르면 관세 1%포인트 인하는 각종 유통 과정을 거치면서 상대국 내 최종 소비자가격을 평균 5% 인하시키는 것으로 조사되었다. 이러한 효과에다 각종 규제 비용이 사라지는 비관세 장벽 철폐 효과까지 감안하면 유통가격을 더 낮출 수 있다(관세 철폐에 따른 미국 내 유통가격 인하는 교역조건을 악화시키지 않는다. 교역조건은 한국 기업이 수출 후 받는 가격이 떨어질 때만 악화된다. 오히려 관세 인하분의 일부를 수출가격 상승으로 연결시키면 교역조건이 개선될 수도 있다). 여기에 한국 기업은 FTA 상대국의 각종 규제 조항에서 자국 기업과 동등한 대우를 받는 효과도 누릴 수 있다. 상대국 진출이 한결 수월해지는 것이다. 이에 따라 기업 경쟁력 향상 효과를 누릴 수 있다.

둘째, 국내 산업환경 및 서비스업의 효율성이 높아진다. FTA를 계기로 각종 경제 관련 법조항을 개정하면서 산업환경 개선이라는 효과를 얻을 수 있다. FTA 체결을 위해서는 기업이 받는 규제, 세제 등을 당사국끼리 비슷한 수준에서 조율해야 하는데, 이 과정에서 우리의 각종 후진적인 조항을 손볼 수 있다. 정부는 기업과 관련된 각종 후진적인 규정들을 수차례 고치려고 해왔지만, 이익집단들의 눈치를 보느라 제대로 실행하지 못했다. 그렇지만 FTA를 통해 많은 조항들을 고칠 기회를 가질 수 있다.

셋째, 외국인 투자를 확대할 수 있다. 미국과 먼저 FTA를 체결한 국가들의 경험에 따르면 칠레의 경우 FTA 발효 전 매년 6.04%였던 미국의 자본 유입 증가율은 FTA 발효 후 10.61%로 늘었다. 또 캐나다는 0.2%에서 19.18%로 증가했다. 이를 통해 고용창출 등의 효과를 볼 수 있다. 부가적으로 미국 자본이 국내 영업을 하는 과정에서 한국 정부를 상대로 투자자 보호를 위해 각종 규제 완화 관련 요구를 하게 되면 경제시스템 효율화를 앞당기는 효과도 기대해볼 수 있다.

시스템 선진화 효과는 특히 서비스산업에서 기대해볼 수 있다. 제조업은 그간 WTO 협상 등을 통해 개방화가 상당히 진척되었다. 하

〈도표 10-4〉 한미 FTA 체결에 따른 산업별 무역 확대 효과(단위: 100만 달러)

업종	대미국			전체 교역		
	수출 증가	수입 증가	무역수지	수출 증가	수입 증가	무역수지
자동차	813	72	741	1,035	37	996
섬유	183	23	160	212	12	200
전기전자	147	125	22	552	8	544
일반기계	31	86	−55	91	40	52
철강	2	2	0	16	−2	18
화학	31	103	−71	168	34	134
생활용품	21	22	−1	24	13	11
7개 업종 합계	1,227	434	793	2,099	143	1,955
제조업 합계	1,327	581	745	2,342	216	2,125

자료: 산업연구원

지만 서비스업은 각종 예외조항에 가로막혀 사실상 폐쇄된 시장이나 다름없었다. 이런 상황에서 FTA를 통한 서비스업 개방은 국내 업체들의 경쟁력 향상에 기여할 수 있다. 국내 시장 효율성 개선은 물론 고용 증대로 이어진다. 산업연구원은 한 보고서에서 경제 개방과 고용 증대가 정(+)의 관계를 유지하는 것으로 분석한 바 있다.

　FTA는 주변국들의 투자를 늘린다는 설명도 있다. 한국과 미국이 FTA를 체결한 상태에서 한국에서 생산한 모든 물건에 대해 관세가 철폐되면, 외국 기업이 한국에 들어와 물건을 생산해 미국으로 수출해도 같은 규정을 적용받는다. 이렇게 되면 일본 등 주변국 기업들의 한국에 대한 투자가 늘어날 수 있다. 일본에서 미국에 수출하는 운송비나 한국에서 미국에 수출하는 운송비가 거의 차이가 없어 한미 FTA로 인한 무관세 혜택을 누리려는 일본 기업들의 투자가 늘어날 수 있는 것이다.

〈도표 10-5〉 한미 FTA 체결의 이점

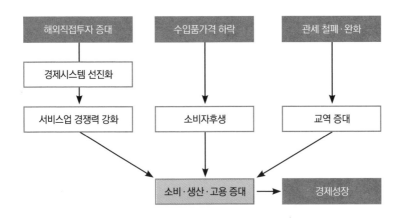

물론 투자 과정에서 공장을 짓는 투자비가 발생한다. 하지만 제품을 수출하며 절감하는 관세 비용이 더 클 경우 투자를 유치할 수 있다. 이에 대해 대외경제정책연구원은 과거 사례를 통해 주변국 투자 증대 효과가 있다는 실증 결과를 발표한 바 있다. 다만 이 같은 효과는 FTA 체결 과정에서 제어되기도 한다. 단순히 한국에서 생산한 물건에 대해 모두 관세를 철폐하는 것이 아니라, 한국 기업에 대해서만 혜택을 준다는 내용의 협정이 대표적이다. 이럴 경우 주변국 투자 효과는 제한된다.

이 3가지 논리에 따라 정부는 미국을 비롯한 여러 국가들과 FTA 협정을 체결하기 위해 적극적으로 임하고 있다. 특히 수출 주도형인 한국 경제가 성장을 계속하려면 지속적으로 수출이 증대되어야 하는데, FTA가 한국 기업들의 수출 증대에 큰 역할을 할 것이라는 것이 정부의 기대다. 이는 한 자릿수였던 자동차, TV, 휴대폰 등의 칠레 시장 점유율이 FTA 체결 이후 50% 이상으로 급증한 전례가 잘 보여준다.

FTA의 함정

물론 칠레의 사례를 다른 나라에 그대로 적용할 수 없다. 미국과 EU의 경우 시장이 워낙 방대한 데다 경쟁자도 많아 FTA 체결 효과가 크지 않다는 분석도 있다. 특히 관세 철폐를 통한 가격 인하 효과는 환율, 원자재가격 변화 등에 따라 언제든지 사라질 수 있다. 여기에 근본적인 시장 경쟁력은 제품의 질에서 비롯된다는 점을 감안하면 FTA 효과는 일시적인 것에 그칠 수 있다.

이에 따라 FTA를 반대하는 목소리도 많다. 특히 상대국과 비교해 경쟁력이 떨어지는 분야는 극렬하게 반대하곤 한다. 농업이 대표적이다. 한미 FTA의 경우 미국산 농산물이 관세 없이 유입되면 국내 농업이 파탄할 것이라는 경고가 많았다. 정부는 이를 막기 위해 농산물에 대한 관세는 철폐하는 것이 아니라 줄이는 선에서 합의했지만 농민들의 불만은 쉽게 사그라들지 않았다. 이 과정에서 FTA 협상은 결렬 직전까지 가기도 했다.

또 농민을 보호하자는 입장과 정 반대편에 있는 자유주의를 추구하는 경제학자들이 FTA에 대해 비판적인 의견을 내놓을 때도 있다. 양자간 FTA는 전 세계 측면에서 무역 장벽을 더 높일 수 있기 때문이다. 예를 들어 한미 FTA가 발효되면 한국과 미국 사이의 자유무역은 활발해지겠지만, 양자를 제외한 다른 나라와의 무역은 상대적으로 벽이 높아지는 문제가 발생할 수 있다. 따라서 양자간 협정보다는 세계 모든 국가가 참여하는 다자간 협정을 해야 한다는 지적도 나온다.

이와 함께 FTA가 정치적 도구로 이용될 수 있으므로 신중해야 한다는 시각도 있다. 특히 한국은 한중일 FTA 체결 과정에서 상당한 주의가 필요하다. 우선 중국은 한국 등 주변국과 FTA를 추진하면서 협상 결과를 동아시아 경제패권 장악 수단으로 쓰고 있다는 의심을 받고 있다. 한 경제연구원은 "중국은 한중일 FTA 협상의 목표를 자국 중심 지역주의 형성 촉진에 두고 있다"며 "경제적 필요성은 부차적으로 고려하는 상황"이라고 지적한 바 있다. 중국이 한중일 FTA 협상의 목표를 순수한 경제적 동기보다 외교 안보적 동기에 두고 있는 만큼 섣부른 접근은 금물이라는 설명이다. 중국은 동아시아 지역 질서가 미국 또는 일본 중심으로 변화할 것을 우려하고 있다. 이를 방지하기 위해 중국은 한미 FTA가 체결되자 한중일 FTA 협상에 보다 적극적인 자세로 나온 바 있다(이 같은 연장선상에서 한국은 미국 및 EU와 FTA에 큰 의미를 두고 있다. 한국이 미국과 EU를 교두보로 동아시아 정치 지형에서 중개자 역할을 할 수 있을 것이라는 정치적 계산이 있는 것이다).

경제적으로도 우리는 한중일 FTA에 신중해야 한다. 일본의 제조업 경쟁력이 아직은 한국보다 우수하고, 중국 제조업의 저가 공세가 심화될 수 있어 FTA 체결 시 한국 제조업의 손실이 예상되기 때문이다. 농업의 경우에도 한중 FTA의 파괴력은 한미 FTA보다 클 전망이다.

FTA를 체결하면 수출 증대 등 각종 경제적 효과를 얻을 수 있다는 주장과 경제적 효과가 불분명할뿐더러 경쟁력이 취약한 분야의 몰락만 가져올 것이라는 주장은 서로 간극을 좁히기 어렵다. 수출기업의 경쟁력 향상과 취약 산업 보호 가운데 어느 쪽에 더 큰 가치를 부여하느냐에 따라 판단 결과는 달라진다.

앞으로 FTA에서 한국이 실질적인 이익을 보기 위해서는 서비스업 경쟁력 향상이 필수적이라는 지적이 많다. 한국의 낮은 서비스업 경쟁력 수준은 외국 업체들의 공세를 견뎌낼 수 없는 상황이다. 농업의 현대화가 필요함은 두말할 필요가 없다.

한국의 낮은 신용등급은 S&P의 장난?
국가신용등급

어떤 기업의 채권에 투자할 일이 생겼다고 하자. 안전한 투자를 하기 위해서는 해당 기업이 얼마나 우량한지 확인해야 한다. 방법은 여러 가지다. 신문 기사를 찾아보고, 공시된 재무제표를 확인하고, 주변에 평판을 물어봐도 된다. 그런데 이러한 수고를 들일 필요 없이 간편하게 해당 기업의 신용등급을 확인할 수도 있다. 신용등급은 무엇일까?

국제 국제신용평가사인 무디스가 한국의 국가신용등급을 현상 유지했다. 무디스는 한국의 신용등급을 'Aa2'로 유지한다고 18일 밝혔다. 무디스는 2015년 12월 한국의 신용등급을 Aa2로 올린 뒤 이 수준을 유지하고 있다. 국가신용등급은 특정 국가가 국제금융시장에서 돈을 빌리거나 외국 투자자들이 해당 국가에 투자 여부를 결정할 때 기준이 된다. 세계 3대 신용평가사인 무디스와 스탠더드앤드푸어스(S&P)는 한국의 신용등급을 세 번째로 높은 Aa2와 'AA' 등급으로, 영국의 피치는 네 번째로 높은 'AA-' 등급으로 각각 매기고 있다. 무디스는 한국의 등급 전망도 '안정적'을 유지했다. 등급 전망은 부정적, 안정적, 긍정적으로 나뉜다. 긍정적은 향후 신용등급을 올릴 가능성이 크다는 뜻이다. 부정적은 이와 반대다.

서울신문(2018. 6. 19.)

여전히 낮은 한국의 신용등급

신용등급은 전문 신용평가사가 정기적으로 발표하는 국가, 기업, 은행의 신뢰도를 의미하며, 여러 가지를 감안해 결정된다. 국가 신용등급의 경우 외채규모, 경제성장률 등 경제상황뿐만 아니라 정치

상황, 안보 등 경제외적인 요소들도 반영한다. 한국의 경우 전쟁 위험이 높아지면 신용등급이 떨어질 수 있다. 기업의 신용등급을 결정하는 데는 재무제표 상황, 평판, CEO의 능력 등이 고려된다.

신용등급은 국내 금융시장이나 해외로부터 자금을 조달할 때 금리를 결정하는 데 중요한 자료로 활용된다. 또한 외국인 투자자들은 특정 국가에 직간접적으로 투자할 때 이 같은 신용등급을 주요 참고 지표로 활용한다. 이에 국가신용등급이 높을수록 수출입 등 대외교역이나 자본 유치 등에 유리해진다.

국제적으로 인정받는 신용평가사로는 스탠더드앤드푸어스(S&P), 무디스(Moody's), 피치(Fitch) 등이 있다. 이들은 국가, 기업, 은행 자체에 대해서뿐만 아니라 국가, 기업, 은행이 발행하는 채권 등 자산에 대해서도 평가를 내린다. 신용평가사들은 공통적으로 등급을 '최우량-우량-비교적 우량-적정-다소 불량-불량-매우 불량' 등 7단계로 대분류한 뒤 다시 각 단계를 3~4가지로 3분류한다. 예를 들어 S&P는 최우량을 'AAA'의 1개 소분류로, 우량을 AA+, AA, AA- 등 3분류로, 비교적 우량을 A+, A, A- 등 3분류로 나눈다.

신용평가사들은 등급 자체와 함께 앞으로 등급을 어떻게 조정할지에 대해서도 발표한다. 부정적, 안정적, 긍정적, 이렇게 3가지가 있다. 부정적은 등급을 낮출 가능성이 크고, 안정적은 유지할 가능성이 크며, 긍정적은 올릴 가능성이 크다는 것을 의미한다. 예를 들어 S&P가 어떤 나라 신용등급을 'A, 긍정적'이라고 발표한다면 '아직까진 A지만 조만간 A+로 올릴 가능성이 있다'는 뜻이다.

한국의 신용등급은 과거에는 낮은 수준이었지만 최근 많이 올라

〈도표 10-6〉 세계 각국 신용등급 현황

구분	등급	무디스(Moody's)	S&P	피치(Fitch)
투자 등급	AAA(Aaa)	미국, 독일, 캐나다, 호주, 싱가포르, 네덜란드, 덴마크, 스웨덴, 룩셈부르크, 스위스, 노르웨이, 뉴질랜드(12개국)	독일, 캐나다, 호주(-), 싱가포르, 네덜란드, 덴마크, 스웨덴, 룩셈부르크, 스위스, 노르웨이, 리히텐슈타인(11개국)	미국, 독일, 캐나다, 호주, 싱가포르, 네덜란드, 덴마크, 스웨덴, 룩셈부르크, 스위스, 노르웨이(11개국)
	AA+(Aa1)	핀란드, 오스트리아, 홍콩(3개국)	미국, 홍콩, 핀란드, 오스트리아, 맨섬(5개국)	홍콩, 핀란드, 오스트리아(3개국)
	AA(Aa2)	한국, 프랑스(+), 영국, 맨섬, 아부다비, 쿠웨이트, 아랍에미리트	한국, 영국(-), 벨기에, 프랑스, 뉴질랜드, 아부다비, 쿠웨이트	영국(-), 프랑스, 뉴질랜드, 아부다비, 쿠웨이트(5개국)
	AA-(Aa3)	대만, 칠레(-), 벨기에	대만	한국, 대만, 벨기에, 카타르
	A+(A1)	중국, 일본, 사우디	일본(+), 중국, 아일랜드, 칠레	중국, 사우디, 아일랜드
	A(A2)	아일랜드		일본, 칠레
	A-(A3)	말레이시아, 멕시코	말레이시아, 사우디, 스페인(+)	말레이시아, 스페인
	BBB+(Baa1)	태국, 스페인	멕시코, 태국	태국, 멕시코
	BBB(Baa2)	필리핀, 이탈리아, 인도, 인도네시아	필리핀(+), 이탈리아	필리핀, 이탈리아, 인도네시아, 포르투갈
	BBB-(Baa3)		인도, 인도네시아, 포르투갈, 러시아	인도, 러시아(+)

자료: 국제금융센터

갔다. S&P, 무디스부터 각각 세 번째로 높은 AA, Aa2 등급을, 피치로부터는 네 번째로 높은 AA- 등급을 부여받고 있다. 전반적으로 중국, 일본 등보다 좋은 평가다. 1997년 외환위기 극복 이후 건전성을 다지는 데 많은 노력을 기울여온 결과다. 2008년 글로벌 금융위기 여파를 상대적으로 잘 비켜간 것도 크게 작용했다.

신뢰를 잃고 있는 신용평가사들

과거 한국은 신용등급 불량국이었다. 외환위기 당시엔 무디스를 기준으로 Ba1까지 떨어지기도 했다. 이는 7단계 대분류 가운데 '다소 불량'에 해당한다. 즉 외국인들이 투자하기에 적절한 나라가 아니라는 뜻이다. 현재 등급과 비교하면 크게 낮은 수준이다. 이처럼 등급이 떨어지면서 한국은 외환이 더욱 많이 유출되는 악몽을 겪었다. 신용평가사의 말 한마디에 국가 운명이 결정되어버렸던 것이다. 이에 따라 각국 정부는 3대 신용평가기관으로부터 좋은 등급을 받기 위해서 자국의 경제상황을 적극 설명할 뿐만 아니라 로비를 벌이기도 한다. 일개 민간 회사에 불과한 신용평가기관들이 국가 위에 군림한다는 비판이 나오는 것은 이 때문이다.

하지만 글로벌 금융위기를 계기로 신용평가기관들의 공신력이 많이 저하되었다. 이들이 지나치게 선진국 위주로 평가를 내리면서 미국 등 강대국들의 국가·은행·기업에 대해서는 좋은 평가를 매겨왔는데, 위기 기간 오히려 이들의 부실이 더 심각한 것으로 판명났기 때문이다. 예를 들어 금융위기 기간에 AAA 등급의 미국 은행 채권이 부도나는 일이 속출했다.

이들의 평가를 믿고 채권을 산 사람은 큰 피해를 봤고, 이에 따라 신용평가기관들이 제대로 평가를 내리지 않았다는 비판이 곳곳에서 터져 나왔다. 금융위기에 일정 부분 책임져야 한다는 목소리까지 있었다. 특히 선진들의 위험을 축소하기 위해 개도국에는 일부러 나쁜 평가를 내린다는 지적도 있었다. 개도국이 더 불안한 것처럼 보이게 만듦으로써 관심의 대상을 개도국 쪽으로 돌리려는 것이다.

당시 한국도 그 피해를 입었다. 예를 들어 2008년 말 금융위기가 정점에 이르렀을 때, 피치는 한국의 등급 전망을 안정적에서 부정적으로, 즉 일단 지금은 그들이 부여한 A+ 등급을 유지하지만 조만간 등급을 내릴 수 있다고 발표한 바 있다.

한국뿐 아니라 아시아 각국이 이런 대접을 받으면서, 아시아에서는 강대국 위주로 신용평가를 하는 기존 신용평가기관에 맞서 더 합리적인 자체 신용평가기관을 만들자는 제안이 나오기도 했다. 실제 중국과 일본의 일부 신용평가기관들은 외국 정부, 기업 등에 대해 등급을 매기고 있다. 신용평가사의 신용등급에 의존하기보다 독자적인 신용평가를 해보자는 움직임이다.

한국에는 한국신용평가 등 관련 기관이 있지만, 아직 그 역할은 국내 기업과 은행에 대해 평가를 내리는 데 한정되어 있다. 이 같은 평가는 국내 기업에 대한 국내 은행의 대출 한도 적용, 채권가격 산정 등에 활용되고 있다.

한국 경제의 영원한 고민, 유가
유가 상승이 경제에 미치는 영향

우리나라 수입에서 가장 큰 부분을 차지하는 것은 원유다. 원유의 가격을 뜻하는 유가가 오를 때마다 경제는 큰 충격을 받는다. 멀리 보면 1970년대 2번의 오일쇼크는 한국 경제는 물론 세계 경제를 위기로 몰아넣으면서 마이너스 성장을 유발했다. 유가가 오르면 경제는 어떤 충격을 받을까?

지난달 국제유가 고공행진이 이어지며 수입물가가 1년 6개월 만에 가장 큰 폭으로 올랐다. 한국은행이 19일 발표한 '2018년 5월 수출입물가지수'를 보면 지난달 수입물가지수는 87.09(2010=100·원화 기준)로 한 달 전보다 2.7% 상승했다. 수입물가는 올해 1월부터 5개월 연속 상승세를 지속했다. 최근 3개월로 좁혀보면 수입물가 상승률은 3월 0.5%, 4월 1.0%에서 점차 확대되는 모양새다. 지난달 상승률은 4.2%를 기록한 2016년 11월 이후 최대였다. 전년 같은 달 대비 수입물가 상승률은 8.1%로 작년 9월(10.8%) 이후 가장 컸다. 수입물가 지수의 수준 자체는 2014년 11월(91.23) 이후 최고다. 4월에 이어 국제유가가 수입물가를 밀어 올렸다. 4월 월평균 배럴당 68.27달러이던 두바이유는 지난달 74.41달러로 9.0%나 올랐다.

연합뉴스(2018. 6. 19.)

스태그플레이션 유발하는 유가 상승

유가가 오르는 이유는 간명하다. 매장량에 제한이 있어 공급이 부족한 상황에서 중국을 비롯한 개도국의 성장으로 수요가 급증하고 있기 때문이다. 여기에 간간이 중동지역에서 분쟁이 끊이지 않고 있다. 중동에서 전쟁이 일어나면 석유 공급선에 차질이 생기고 유전이 파괴되는 일이 발생해 석유가격이 오른다.

이런 경로로 유가가 오르면 원료로 석유를 사용하는 기업들은 수익성이 악화된다. 기업들은 제품가격에서 원료가격을 뺀 나머지를 수익으로 삼는데, 원료가격이 올라버리면 그만큼 수익이 줄게 된다. 물론 제품가격을 유가 상승분만큼 올리면 되겠지만, 제품가격이 너무 올라버리면 시장에서 제품을 사려는 수요가 감소한다. 이에 기업

〈도표 10-7〉 유가 상승에 따른 업종별 영향 전망

구분	업종	채산성	비고
유류 의존형 산업	정유	거의 영향 없음	원가 상승 제품가격 바로 반영
	석유화학	채산성 악화 정도 매우 큼	원가 상승 압박 심하나 제품가격 반영 어려움
	섬유	채산성 악화 정도 매우 큼	석유 사용 비중 제조업 평균 2배 가격 경쟁으로 유가 반영 거의 불가능
에너지 다소비형 산업	비금속 광물	채산성 다소 악화	제조원가 중 연료비 비중 30%
	철강	채산성 다소 악화	원가 상승 부담 자체 흡수 업계 관행
	비철금속	채산성 소폭 악화	원가 상승 가격 전가 상대적 용이
에너지 저소비형 산업	전기전자	채산성 소폭 악화	세계 경기침체 시 수요 둔화
	자동차	채산성 다소 악화	원자재 부품 조달가격 상승
	조선	채산성 다소 악화	장기계약으로 가격 반영 불가능
	일반기계	채산성 소폭 악화	석유의존도 낮음

자료: 산업은행경제연구소

들은 유가 상승분을 제품가격에 제대로 반영하지 못한다.

물론 기업들은 제품가격에 유가 상승분을 일부라도 반영한다. 특히 유가 상승 전 겨우 수지타산을 맞추고 있던 한계 기업들은 유가 상승분을 제품가격에 반영하지 못하면 손해를 보기 때문에 어쩔 수 없이 유가 상승분의 일부를 제품가격에 반영한다. 이러한 가격 인상은 자연스레 물가 상승으로 연결된다.

물가가 상승하면 소비자들의 구매력이 약화된다. 같은 소득으로 더 적은 물건을 살 수밖에 없는 상황에 처하는 것이다. 이에 따라 소비는 줄어드는데, 이는 곧 기업들이 생산한 상품에 대한 수요 감소를 의미한다. 기업들이 물건을 만들어놓고도 팔지 못하는 상황이 되는 것이다. 이는 또다시 기업 수익성 악화를 유발한다. 원료가격 상승으로 악화된 기업 수익성이 수요 감소로 2차 타격을 입는 것이다.

이것이 전부가 아니다. 기업 수익성 악화는 임금 인상 여력의 감소를 의미하는데, 이는 기업에 근무하는 사람들의 소득 증가를 만족스럽지 못하게 한다. 이에 따라 소비가 추가로 줄어들면 기업 수익성은 또다시 타격을 입는다.

유가 상승은 이처럼 기업 수익성을 악화시키는 동시에 물가를 인상시켜 제품 수요를 줄이고, 이것이 기업 수익성을 또다시 악화시켜, 종국에는 경제주체들의 소득을 줄이는 악순환을 일으킨다. 경기 침체와 물가 상승이 함께 일어나는 최악의 상황으로 치닫는 것이다. 경제학에서는 이러한 현상을 '스태그플레이션'이라고 부른다.

유가 인상은 내수에만 문제를 유발하는 것이 아니다. 대외 교역조건도 악화시킨다. 경제를 단순화시켜 우리나라가 예멘에 1달러짜리 반도체 11개를 수출하면서 1달러짜리 기름 10통을 수입해온다고 가정해보자. 이 경우 경상수지는 1달러 흑자다. 이런 상황에서 국제 유가가 한 통당 2달러로 올라버렸다고 하자. 이렇게 되면 기름을 나눠 살 수 없다고 가정할 경우 반도체 11개를 수출해서 번 11달러로 기름을 5통밖에 사오지 못한다. 예전에는 반도체 하나가 기름 한 통의 가치를 갖고 있었지만, 이제는 기름 반 통의 가치밖에 없기 때문이다.

이처럼 교역조건이 악화되면 구매력이 감소해 소비 여력이 타격을 입는 것은 물론 수출 효과가 떨어져 소득이 정체된다. 이는 곧 체감경기 악화로 연결되고, 경상수지 악화가 필연적으로 발생한다.

유가 상승은 체감경기 악화로 직결된다

결국 유가 상승은 체감경기와 밀접한 관련이 있다. 경기가 호황을 구가하면서 석유 수요가 늘어 유가가 상승한 상황이라 하더라도, 경기지표와 다르게 체감경기는 급속도로 악화될 수 있다. 유가가 올라 자동차에 기름을 넣기 두려운 상황을 떠올리면 된다.

유가 상승은 비단 우리만의 문제가 아니다. 기름을 소비하는 모든 나라들의 문제다. 유가 상승으로 세계 경제가 침체되면 각 나라들은 당연히 상품 수입을 줄이게 된다. 그러면 우리나라가 수출할 여지도 그만큼 줄어들어 결국 수출이 타격을 입는다. 기업 수출이 줄어들면 수익성이 악화되는 것은 불 보듯 뻔한 일이다. 경제주체 소득 감소로 연결되고, 내수침체를 더욱 심화시킨다. 결국 저성장 고물가라는 늪에서 헤어나올 수 없게 된다.

유가 상승의 충격은 보통 급등이 있은 후 1분기 정도 뒤에 현실화된다. 현재 높은 가격에 사들이고 있는 원유가 제품 생산에 실제 사용되기까지는 대략 3~4개월 정도 소요되기 때문이다. 즉 기업들은 보통 3개월 정도 석유 재고를 갖고 있어, 가격이 급등한 순간 사들인 원유는 3개월 후 실제 생산에 사용된다.

현대경제연구원은 보고서에서 "중동에서 원유를 배로 실어와 비축한 후 시중에 풀리기까지는 몇 개월이 소요된다"며 "기업들은 빠르면 3개월 정도 뒤에 고유가 영향을 직접적으로 받게 된다"고 설명했다. 이때부터 기업들은 원가 상승 압박을 직접적으로 받게 되고, 수익성도 악화된다. 세계 경제 침체가 이때부터 가시화되면서 수출 감소라는 이중의 어려움에 처할 수 있다.

결국 유가가 급등하면 추후 세계 경제 침체가 다가올 것으로 해석하는 것이 좋다. 비록 유가 급등이 세계 경제 호황의 결과라 하더라도, 이는 부작용이 무척 커서 경기를 식힐 수 있다. 특히 급작스러운 가격 상승은 투기적 수요의 결과일 수 있는데, 이는 경제에 거품이 끼어 있다는 뜻이고, 결국 거품이 꺼지면서 급격한 경기침체로 이어질 수 있다. 2008년 글로벌 경제위기 직전에도 유가는 급등세를 나타낸 바 있다.

고유가 부작용을 최소화하기 위해서는 석유 공급에 대한 중장기적인 대응이 필요하다. 산업구조를 고효율에너지 산업으로 전환하고 대체에너지를 개발하는 데 총력을 기울여야 한다. 또 생산제품의 부가가치를 높여 산업에 대한 에너지 비중을 줄여야 한다. 더불어 천연가스의 안정적 도입 등을 통해 석유의존도를 줄여나가고, 해외자원 개발에도 적극 나서야 한다. 단기적으로는 석유의 안정적 공급을 위해 중동지역 국가와의 관계 개선에도 힘쓸 필요가 있다.

피크오일의 확산이
유가 급등을 부르는 까닭은?

　고유가와 관련해 알아둬야 할 개념으로 '피크오일(peak oil)'이 있다. 피크오일이란 특정 유전에서 석유생산량이 최고점에 이른 뒤 급격하게 줄어드는 현상을 뜻한다. 피크오일은 급작스럽게 오는 경우가 대부분이다. 지속적으로 원유를 생산하다 보면 어느 순간 바닥을 드러내게 마련이고, 이후 해당 유전의 생산량은 급격하게 줄어든다.

　이 같은 피크오일이 주요 유전에서 발생하면, 세계 석유 생산은 치명타를 입을 수 있다. 실제 주요 유전들이 피크오일을 지났거나, 임박했다는 분석이 잇따르고 있다. 사우디아라비아 생산 석유의 60%를 담당하는 세계 최대유전 '가와르'의 경우 하루 생산량을 유지하기 위해 매일 700만 배럴이 넘는 해수를 유전으로 주입하고 있다고 한다. 물타기를 하는 것이다. 또 쿠웨이트의 '부르간' 유전은 피크오일을 지났다는 사실이 이미 공식화되었다. 과거 미국이나 북해 등 특정 지역 유전에서도 이 같은 사례는 발견할 수 있다. 이러한 피크오일의 확산은 결국 유가 급등으로 이어질 수밖에 없다.

　아직까지는 석유 고갈 우려에도 불구하고 세계 석유 생산량은 지속적으로 늘고 있다. 중국 등 개도국의 공업화 등으로 인해 석유 수요가 지속적으로 발생하면서 이에 맞춰 생산도 증가하는 것이다. 추가로 유전이 발견되고, 셰일가스 같은 대체재가 등장하고 있는 덕도 있다. 하지만 종국엔 매장량에 한계가 있어, 석유는 언젠가 바닥을 드러낼 수밖에 없다. 여기에 전 세계적으로 피크오일이 확산되면 산유국들은 결국 생산량을 조절하게 될 것이라고 대체적으로 전망하고 있다. 이후 유가는 당연히 고공비행하게 된다. LG경제연구원은 한 보고서에서 "피크오일이란 대세가 언제 올지 불확실하지만, 어느 시점에 갑자기 직면할 수 있다"며 "에너지 위기가 본격화될 가능성을 부정할 수 없다"고 분석한 바 있다.

유가가 내려간다면 반가운 소식?

유가 하락이 경제에 미치는 영향

그렇다면 유가 등 원자재가격의 하락은 어떻게 봐야 할까? 얼핏 원자재가격의 하락은 경제에 긍정적인 신호로 볼 수 있다. 제품 원가 부담을 줄이는 데다 국내 수입물가 안정에 도움이 되기 때문이다. 하지만 꼭 반가운 소식이라 단정하기도 어렵다. 한 보도내용을 보자.

올해 들어 유가가 6개월 만에 30% 떨어지는 등 원자재가격이 갑자기 하락세를 보이고 있다. 원유와 구리 등 핵심 원자재가격이 최근 폭락세를 보이는 것은 세계 경제성장이 상당 폭 둔화되는 사이클에 이미 빠져들었음을 보여주는 신호다.

마켓워치(2006. 11. 3.)

유가 하락이 파생시키는 문제들

글로벌 금융위기를 암시했던 이 보도는 원자재가격 하락을 크게 우려하고 있다. 메커니즘은 간단하다. 경제가 침체 상태에 접어들면서 원유에 대한 수요가 줄어 가격이 떨어지고 있다고 보는 것이다. 당시 이러한 분석에 많은 기관들이 동조했다. 상당수 경제연구소들이 세계 경제성장률 전망치를 1%포인트 가까이 내린 것이다. 세계 경기침체는 곧 한국 경제 수출 증가세 둔화로 이어진다. 결국 경기침체에 따른 유가 하락은 한국 경제에 결코 반가운 소식일 수 없다.

이 밖에 유가 하락은 여러 문제를 파생시킬 수 있다. 국제 금융 긴축이 대표적이다. 1998년 이후 2005년까지 사우디아라비아 등 7대 석유수출국들은 8,902억 달러에 달하는 경상수지 흑자를 기록했다. 이들은 이 가운데 4,529억 달러를 해외투자에 사용했다. 7대 석유수출국들은 해외증권에 적극 투자하며, 세계 증시 호황과 세계 경기 호조를 이끌었다. 또 미국 국공채에 상당 부분 투자하며 미국 재정 적자를 메우는 데도 기여했다. 이는 유가 상승 때문에 가능했다는 것이 전문가들의 분석이다.

하지만 유가 하락은 이러한 오일머니의 파워를 크게 줄일 수 있다. 이는 곧 국제금융시장 경색으로 연결된다. 석유수출국들이 벌어들인 달러를 국제금융시장에 공급하면서 시장 활성화에 기여했는데, 이 같은 자금줄이 사라지는 것이다. 특히 오일머니가 미국 재정 적자를 메우는 데 더 이상 힘을 발휘하지 못한다면 미국 경기 위축이 심화되고, 이는 달러화 약세 현상을 불러올 수 있다. 2008년 우리나라가 주로 수입하는 두바이유 가격이 한 달 새 배럴당 30달러나 떨어졌을 때, 당시 한 경제전문가는 "대규모 경상 적자와 함께 쌍둥이 적자를 겪고 있는 미국 경제가 오일머니 지원을 받지 못한다면, 경기긴축이 심화될 수 있다"며 "달러화 약세는 원화가치 상승으로 이어져 우리 경제에도 큰 부담이 될 수 있다"고 경고한 바 있다.

특히 원자재 거품을 조장했던 헤지펀드 위기로 이어지면 세계 경제는 큰 충격을 받을 수 있다. 헤지펀드들은 당시 유가 상승을 예상하며 원유 선물을 대거 사들였다. 예를 들어 1년 뒤 1배럴당 100달러로 원유를 살 수 있는 권리를 확보하는 식이다. 이 같은 상황에서 1년 뒤 원유가격이 1배럴당 200달러로 오르면 헤지펀드는 앉아서 1배럴당 100달러를 벌 수 있다. 권리를 행사해 1배럴당 100달러에 원유를 산 뒤 현물 시장에서 1배럴당 200달러에 파는 식이다.

하지만 이 같은 거래는 유가가 떨어지면 큰 위험을 불러온다. 예를 들어 원유가격이 1배럴당 50달러로 떨어졌다고 하자. 이렇게 되더라도 헤지펀드는 계약에 따라 1배럴당 100달러에 원유를 사야 한다. 하지만 시장에서 원유는 1배럴당 50달러에 거래되고 있으니 1배럴당 50달러의 손해를 봐야 한다. 이렇게 되면 헤지펀드는 파산 위험에까지 노출될 수 있다. 헤지펀드들이 이 같은 손해를 메우기 위해 다른 곳에 투자한 자금을 회수하려 든다면 국제금융시장은 큰 충격을 받게 된다.

결국 지나친 유가 상승은 바람직하지 않지만, 유가가 하락한다고 해서 반가워할 수도 없다. 그 어떤 경제상황이라도 적당한 것이

〈도표 10-8〉 유가 하락의 경제학

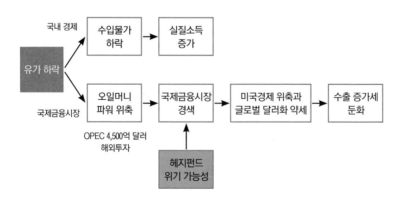

좋다. 유가가 횡보세를 기록하거나 완만한 상승 혹은 완만한 하락세를 보이는 식이다. 물론 산유국들이 갑자기 공급을 늘려 유가가 하락할 수 있다. 하지만 매장량에 한계가 있는 상황에서 이 같은 일은 잘 일어나지 않는다. 갑자기 유가가 하락한다면 세계 경제에 침체가 발생하고 있는 건 아닌지 반드시 점검해볼 필요가 있다.

세계 경제와 한국 경제가 따로 놀 수 있을까?
탈동조화의 환상

정부 당국자들에게 앞으로 경제에 대해 바라는 점이 있는지 물으면 돌아오는 대답 중 하나가 "세계 경제에 휘둘리지 않았으면 좋겠다"는 답변이다. 세계 경제가 흔들릴 때마다 수출이 급감하는 등 큰 고통을 겪는 것에 대한 안타까움이 묻어나는 대답이다. 그런데 이게 가능한 일일까?

불과 몇 달 전까지만 해도 '미국 경제가 침체에 빠지더라도 세계 대부분의 지역에서 견고한 성장이 지속될 것'이라는 '미국 경제와의 탈동조화(decoupling) 현상'에 대한 일부 경제전문가들의 예상은 보기 좋게 빗나가고 있다. 〈뉴욕타임스〉는 24일 "미국과 세계 경제가 동조화 현상을 보이며 가라앉고 있다"며 "통합된 시장의 현실이 분명히 나타나고 있다"고 보도했다.

한겨레(2008. 8. 24.)

4가지 경로로 한국 경제에 영향을 주는 세계 경제

세계 경제와 한국 경제는 큰 상관관계를 가져왔다. 세계 경제가 한국 경제에 미치는 영향은 크게 4가지 경로로 이루어진다.

우선 직접적인 경로로는 무역과 자본거래에 의한 영향을 들 수 있다. 세계 경제가 부진해지면 한국 기업들의 수출에 타격이 생긴다. 또 외국인 투자자들의 전반적인 심리가 얼어붙으면서 자본 투자를 줄이면 한국에 대한 투자도 줄게 된다.

다음으로 투자효과와 산업구조를 통한 경로가 있다. 한국은 세계 각국에 많은 투자를 하고 있다. 미국 국채를 매입하고 각국 증시에 투자하는 식이다. 이 같은 상황에서 세계 경제가 침체되면 채권이 부실해지고 보유 주식가치가 하락하면서 타격을 입는다. 또 세계 경제가 어려움을 겪으면 해외투자자들이 현금을 확보하기 위해 국내에 투자한 돈을 빼내가면서 위기를 겪기도 한다. 이게 한국 경제에 대한 의심으로 이어지면, 자본 유출이 가속화되는 악순환이 생긴다.

산업구조에 따른 영향도 크게 받는다. 이는 전 세계적으로 IT 산업이 크게 발전하면서 국가 간 산업구조가 유사해진 탓이 크다. 세계 각국의 산업구조가 IT 산업 중심으로 재편되면서 특정국의 경제위기는 해당국의 IT 산업 위기로 이어지고, 이는 연쇄적으로 모든 나라의 IT 산업에 영향을 주어 결국 모든 나라의 경제를 침체시킬 수 있다. 이 과정에서 한국도 당연히 영향을 받는다. 일본 경제가 위기를 겪으면 소니가 어려움을 겪고, 소니의 삼성전자 디스플레이 패널 구입량이 줄면서 삼성전자, 나아가 한국 경제가 어려움을 겪는 식이다.

최근 들어 세계 경기와 국내 경기의 '동조화'는 더욱 심화되고 있다. 여러 경로 가운데 무역 거래를 통한 영향은 다소 줄었지만, 세계경기 변동에 따른 자본 유출입, 산업구조 유사성에 따른 기업 순익 변화가 국내 경기에 더 큰 영향을 주고 있다.

이에 따라 비관적인 세계 경제 흐름이 발생하면 한국 경제에도 큰 타격이 되고 있다. 리먼 브라더스 파산 이후 본격화된 글로벌 금융위기가 한국에 큰 충격을 준 것이 대표적이다. 2008년에서 2009년 사이 한국 경제는 세계 경기가 침체되자 수출 증가율이 마이너스를 기록했고, 외국인 투자자들이 자기 생존을 위해 한국에 투자했던 달러를 빼내면서 제2의 외환위기설이 불거지기도 했다. 이 같은 흐름에 따라 해외투자자들은 한국 경제를 분석할 때 세계 경제 흐름을 중요한 변수로 고려하고 있다.

어려운 탈동조화

이런 대외 흐름을 무시하면 경제는 큰 위기에 봉착할 수 있다. 2008년 초 정부의 경기에 대한 인식이 대표적이다. 당시 KDI는 "현재 한국 경제는 상승세를 유지하고 있으며, 국제 금융 불안의 파급 효과는 제한적일 것"이라고 판단한 바 있다.

또 재정경제부는 '경제동향(그린북)' 자료를 통해 "최근 우리 경제는 내수 증가세가 유지되는 등 그간의 상승 기조가 이어지고 있다"고 밝혔다. 광공업생산, 소비자기대지수, 설비투자 추계 등 각종 내수지표가 증가세를 유지하고 있다는 게 판단의 근거였다. 여기에 "미국발 경기침체 영향이 발생한다 하더라도, 중국 등 신흥 개도국

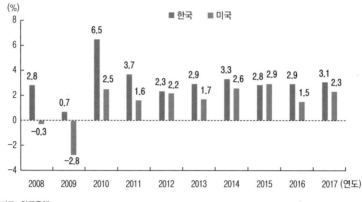

〈도표 10-9〉 함께 가는 한국과 미국의 경제성장률

자료: 한국은행

을 중심으로 견조한 성장세가 지속되어 세계 경제가 급속하게 둔화되지 않을 것"으로 전망하기도 했다.

하지만 이 같은 시각은 그해 9월 크게 잘못된 것으로 판명나고 말았다. 한국 경제에 대한 세계 경제의 영향은 생각보다 컸고, 이는 경제위기 상황까지 유발했다. 결국 대외 영향을 과소평가하면서 1년도 안 되어 경제가 큰 위험을 겪을 것이란 사실을 전혀 예측하지 못한 것이다.

가끔 특정 국가의 경제가 미국 혹은 세계 경제와 '탈동조화' 현상이 벌어지고 있다는 분석이 나오곤 한다. 이는 해당 경제가 미국 혹은 세계 경제의 영향을 많이 받지 않는다는 의미다. 이것이 가능하려면 내수가 강해야 한다. 그래야 내부적인 순환만으로 강한 경제를 만들어낼 수 있다. 금융위기 당시 내수시장이 탄탄한 브라질, 인도네시아 등이 선전했던 비결이 여기에 있다. 이 같은 점을 들어 한국 경제도 내수를 키우면 세계 경제에 덜 휘둘릴 것이란 이야기가 많다.

그렇다 해도 세계 어디에도 세계 경제와 완벽히 탈동조화되는 나라는 없다. 이것이 가능하려면 홀로 떨어져 완벽히 자급자족해야 한다. 하지만 이는 북한마저 불가능한 구조다. 특히 한국은 수출주도형으로 성장해왔고, 앞으로도 이 같은 흐름은 불가피하다. 결국 한국 경제가 세계 경제와 탈동조화될 수 있을 것이란 희망은 말 그대로 바람에 불과하다. 한국 경제가 세계 경제에 계속 촉각을 곤두세워야 하는 이유는 여기에 있다.

세계 경제가 얼마나 좋을지는 세계 경제성장률, 교역 신장률 등으로 알 수 있다. 이와 관련된 재미있는 지표로 발틱운임지수(BDI: Baltic Dry Index)라는 것이 있다. 곡류나 원자재를 주로 실어 나르는 '벌크선'에 화물을 실을 때 지급하는 운임과 이 배를 통째로 빌릴 때 지급하는 용선료를 종합해 지수화한 것으로, 운임이나 용선료가 올라갈수록 수치가 커진다. 수치가 높을수록 세계 경제가 활황이라 할 수 있는데, 교역이 활발해 물건을 운반할 일이 많아지면 운임이나 용선료가 올라가기 때문이다.

CHAPTER
11

북한과 한국 경제,
그 미묘한 관계를 파악한다

북한 리스크는 한국 경제가 저평가되고 있는 가장 큰 요인 중 하나다. 언제 전쟁이 발발할지 모른다는 우려 때문에 외국인들은 한국의 주식, 채권 등을 실제 가치보다 낮게 평가하는 경우가 많다. 특히 천안함 사태, 서해교전, 핵실험 등 소요 사태가 터질 때마다 우려가 현실화되면서 한국 경제는 큰 충격을 받는다. 단기와 장기로 나눠 북한이 한국 경제에 미치는 영향을 알아보고, 대처방법은 없는지 살펴본다. 더불어 북한의 경제상황이 어떤지를 소개하고, 2018년 남북정상회담을 계기로 북한 경제를 개혁하기 위해 어떤 노력을 할 수 있는지 알아본다.

북한 핵실험이 남한 물가를 상승시킨다?

북한이 한국 경제에 미치는 영향

북한에서 미사일 발사, 핵실험 등 여러 이슈가 있을 때마다 한국 경제는 큰 영향을 받는다. 북한 리스크는 한국 경제에 어떤 영향을 미칠까?

북한의 잇따른 핵실험으로 한반도 불안이 고조된 가운데 추석을 맞아 전쟁가방과 생존배낭 등의 선물이 눈길을 끌고 있다. 직원들에 대한 추석선물로 전쟁가방을 주는 회사도 등장했다. 27일 소셜네트워크서비스(SNS), 온라인 커뮤니티 등에는 일부 시민들이 '전쟁이 날까 봐 불안하다'며 생존배낭·전쟁배낭을 구매하거나 직접 준비하고 있다는 글들이 올라와 있다. 이들은 전쟁 같은 비상상황에 대비할 배낭 등 관련 정보를 서로 공유하고 있다. 추석을 앞두고 친척들을 위한 선물로 생존가방을 준비하는 사람도 있다. 한 온라인 커뮤니티에는 "추석선물로 생존배낭이 햄세트보다 인기가 좋다고 해서 대량 구매하려고 하는데 괜찮은 가격대 추천해달라"는 문의글이 올라오기도 했다.

머니투데이(2017. 9. 27.)

금융시장에 충격을 주는 북한 리스크

대표적인 것이 금융시장에 대한 파급력이다. 2006년 북한 핵실험 당시 종합주가지수가 하루 만에 32.6포인트 하락한 일이 있었다. 당시 시장변동성에 취약한 코스닥지수는 48.22포인트나 빠지기도 했다. 이때 코스닥지수는 한때 10% 가까이 떨어지며 더 이상 하락하지 못하도록 강제로 제어하는 '사이드카(side car)'까지 발동되었다.

환율도 영향을 받는다. 2006년 당시 환율은 하루 만에 14.8원 급등했다. 1달러를 사기 위해 14.8원을 더 줘야 한다는 뜻으로, 그만큼 원화가치가 떨어졌다는 뜻이다.

채권금리도 마찬가지다. 정부가 발행하는 대표적인 채권인 외국환평형기금채권의 금리는 다음 날 홍콩시장에서 0.03%포인트 올랐다. 한국 정부가 발행한 채권을 사들이게 하기 위해 더 많은 이자를 붙여줘야 한다는 뜻이다.

이러한 현상이 발생한 것은 핵실험 소식을 들은 외국인과 기관투자자들이 한국시장을 불안하게 봤기 때문이다. 이렇게 되면 주식, 원화, 채권에 대한 투자를 주저하게 된다. 결국 주가와 원화가치는 떨어지고 채권금리는 오른다. 이 같은 일은 과거에도 있었다. 2002년 북한 핵실험 때는 외국인들이 단 2개월 만에 2조 3천억 원어치 주식을 순매도한 바 있다.

외국인들은 북한 리스크를 무척 우려스럽게 바라본다. 그래서 한국의 주가는 경쟁국보다 저평가되고 있다. 북한 리스크가 전반적인 주가 저평가를 유발하는 것이다. 특히 군사적 충돌이 발생하면 외국인 투자자금이 급격히 이탈하면서 금융시장 파급효과가 커지기도 한다. 국내시장에 투자하고 있는 외국 기업 CEO의 68%가 북한에 제한적인 군사조치가 가해지면 투자를 철회하겠다고 응답한 설문조사가 이를 잘 나타내고 있다. 따라서 큰 충돌이 생기면 한국은 자칫 금융위기로 빠져들 수도 있다.

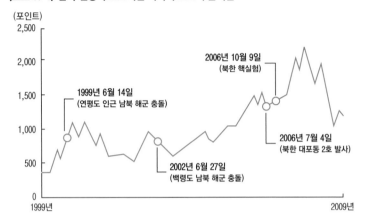

자료: 한국투자증권

하지만 금융시장에 대한 영향은 웬만큼 큰 충돌이 아니라면 곧바로 사라지는 경우가 많다. 그간 북한발 위기가 숱하게 발생하면서 금융시장에 어느 정도는 내성이 생겼기 때문이다. 즉 외국인과 한국 기관들 모두 북한 위기가 발생해도 보통은 잘 해결되었다는 믿음을 어느 정도 갖고 있다. 이에 웬만한 리스크는 조용히 지나가는 경우가 많다.

2010년 천안함 사태, 2017년 핵실험 위협 때도 환율, 주가 등은 금방 제자리를 찾았다. 북한의 영향은 오히려 일본 경제에서 더 크게 나타날 때가 많다. 민감하게 반응하면서 달러화 등 안전 자산에 대한 선호 현상이 발견되곤 한다. 이벤트에 유난스럽게 반응하는 일본인들의 기질이 잘 드러나는 대목이다.

중장기적 성장 잠재력을 훼손하는 북한 리스크

하지만 북한 리스크가 계속되면 한국 경제도 장기적으로 큰 영향을 받는다. 우선 신용등급에 악영향을 미친다. 신용등급은 우리나라가 외국인이 투자하기에 어느 정도 믿을 수 있는지를 나타내는 지표다. 이 등급이 높으면 보다 싼 이자로 외국에서 돈을 빌려 쓸 수 있고, 외국인 투자가 늘어 경제성장에 도움이 된다.

전쟁 위험이 커지면 신용등급은 당연히 떨어진다. 이에 신용평가사들은 우리나라와 북한의 관계에 촉각을 곤두세우고 있다. 실제 무디스는 2002년 북핵 위기 당시 신용등급 전망을 하향 조정하기도 했다. 특히 북핵 문제를 둘러싸고 한미 간 이견이 있고, 이것이 조율되지 못하는 상황이 발생하면 국가 신뢰는 더욱 내려간다.

소비와 투자도 어려움을 겪는다. 국가 안보가 위태로운 상황이 되면 기업은 투자를 꺼리고, 소비자는 소비를 주저하게 된다. 은행도

〈도표 11-2〉 북한발 리스크가 성장률과 국제수지에 미친 영향

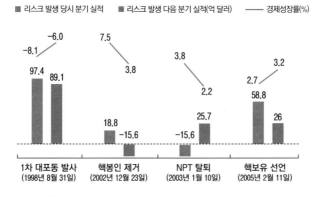

■ 리스크 발생 당시 분기 실적   ■ 리스크 발생 다음 분기 실적(억 달러)   —— 경제성장률(%)

자료: 현대경제연구원

가계와 기업에 돈을 빌려주기를 꺼려 한다. 그러면 소비와 투자 감소가 배가되고, 결국에는 경제성장률 저하라는 결과로 이어진다.

북한 리스크가 계속되면 경상수지도 악화될 위험이 크다. 외국 수입업자들이 한국시장을 불안하게 생각해 한국 기업과의 장기적인 수출 공급 계약을 주저하게 되기 때문이다. 물론 북핵 위기로 환율이 오르면 외국에 수출되는 물건의 단가를 떨어트릴 수 있어 수출을 더 늘릴 수도 있다.

예를 들어 환율이 1천 원에서 2천 원으로 크게 오르면, 1달러에 수출하던 1천 원짜리 물건을 0.5달러에 수출할 수 있다. 0.5달러에 수출해도 원화로 환산하면 1천 원을 받게 되므로 그전과 다름이 없기 때문이다. 하지만 아무리 물건이 싸진다 하더라도 받아줄 곳이 있어야 한다. 외국인들이 장기 계약을 꺼려 해 사줄 곳이 사라지면 수출은 줄어들 수밖에 없다.

〈도표 11-3〉 북핵 사태가 한국 경제에 미치는 영향

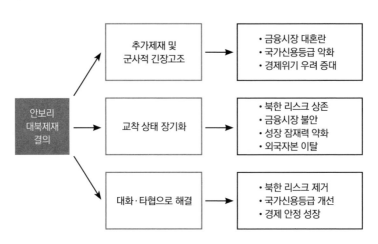

환율 상승은 오히려 물가 상승을 유발할 수 있다. 원화로 환산한 수입물품의 가격이 올라가기 때문이다. 수입물품의 가격이 1달러로 같다 하더라도 환율이 900원에서 1천 원으로 오르면 해당 수입물품의 국내 판매가격은 900원에서 1천 원으로 오르고, 이는 물가 상승으로 바로 이어진다.

북핵 위기는 이 같은 장기적인 영향을 주는 경우가 많았다. 북한의 NPT(Nuclear Nonproliferatio Treaty, 핵확산금지조약) 탈퇴, 핵보유 선언 등 과거 사례를 분석해보면 금융시장으로의 파급효과는 1~2주 안에 사라진 대신 경상수지, 성장률 등 실물경제 악화가 발견되는 경우가 많았다.

북한 사태가 터지면 경제교류를 끊어야 할까?
북한 사태 대처법

북한 사태에 대한 경제적 대응은 경기활성화 대책으로 이어지곤 한다. 긴장 상태가 외국인 투자심리를 위축시켜 경기침체로 이어지지 않도록 경기를 활성화하는 것이다.

전문가들은 이에 대해 북한 리스크라는 정치적 위기가 경제를 침체시키지 않도록 정치와 경제를 분리해 운용할 필요가 있다고 조언한다. 금융시장에 대한 단기 영향에 연연하지 말고, 장기 실물경제에 주안점을 두고 경제를 운용해야 한다는 설명이다.

냉정하고 이성적인 대처가 필요하다

남북 경제 협력과 관련해서는 정부 차원에서 북한에 물자를 지원하는 것은 정치와 연계하되, 민간 경협 사업은 정경 분리 원칙 차원에서 계속 실시해야 한다는 의견이 많다. 경제와 관련된 일이기 때문이다. 특히 북한의 소요 사태로 민간 경협 사업까지 차질을 빚으면 양자 간 신뢰가 극도로 저하되면서 사태가 장기화되지만, 민간 경협이 지속되면 남북관계 개선에 도움을 주어 남북 문제 해결에 촉매제 역할을 할 수 있다.

이 밖에 시장을 안정시켜 북한의 사태로 인한 불안심리 확산을 막는 것은 물론, 적극적인 홍보를 통해 우리 시장을 불안하게 보는 외국인들의 염려를 누그러뜨리는 일도 필요하다. 또 중앙은행은 가급적 금리를 중립 혹은 낮은 수준으로 유지해 경제주체들의 부담을 덜어줄 필요가 있다.

어떻게 보면 근본적인 북한 위기는 우리 경제가 한 단계 도약할 수 있는 계기가 될 수 있다. 큰 사태를 계기로 북한과의 관계를 확실히 정리하면, 우리의 신용을 개선할 수 있기 때문이다. 곪아왔던 종기를 한 번에 짜내는 것은 많은 고통이 따르지만, 추후 더 큰 수술을 미연에 방지하는 효과를 낳는다. 매번 정부에 냉정하고 이성적인 대처를 하라고 요구하는 것은 바로 이런 점 때문이다. 이런 점에서 2016년 정부의 개성공단 폐쇄 결정은 다소 성급한 면이 있었다.

3가지 시나리오로 북한 사태에 대처하라

개인들은 북한 사태가 발생하면 크게 3가지 시나리오로 미래를 내다보는 것이 좋다. 남북 문제가 교착 상태에 빠져 장기화되는 경우, 군사적 긴장이 고조될 정도로 사태가 악화될 경우, 대화와 타협을 통해 점차 해결국면으로 나아갈 경우가 그것이다. 시나리오별로 북한, 미국을 비롯한 관련국들이 어떠한 반응을 보일지가 달라지고 그에 따른 시장 영향도 달라진다.

최근 들어서는 숱한 도발에도 불구하고 미국이 북한에 군사적 제재를 가한 사실이 없다는 점에 북한이 강한 자신감을 가지면서 리스크가 발생할 때마다 사태가 장기화되는 일이 잦아지고 있다. 확실하고 되돌릴 수 없는 비핵화를 전제로 평화체제를 구축해야 근본적인 해결이 가능하다고 전문가들은 지적한다.

경기침체기마다 터지는 북한 사태

시작은 외환위기가 한창이던 1998년 8월 1차 대포동 미사일 발사였다. 당시 한국 경제는 외환위기로 신음하던 시절이었다. 결국 한국 경제는 침체가 가중되면서 1980년대 오일쇼크 이후 처음으로 마이너스 성장(-6.9%)을 기록했다.

1999년 6월 대우 부도 사태 즈음해서는 서해교전이 발생했다. 한국 경제가 막 외환위기를 벗어나 고성장을 기록하다가 대우그룹 사태로 휘청거리려 하자 결정적인 펀치가 가해진 것이다. 2003년 초 카드대란 시기 때도 마찬가지다. 북한은 2003년 1월 NPT를 탈퇴하고 곧바로 2월에는 영변 핵시설을 재가동했다. 게다가 3월에는 두 번째 미사일을 발사했다. 카드대란 시기에 발생한 잇따른 북한발 리스크는 최악의 경기침체로 연결되었다. 다음 경기 하강기였던 2005년 2월에는 북한의 핵보유 선언이 나왔다. 북한은 또 다음 경기변동 사이클이 정점을 지나 하강기에 접어들던 2005년 7월 모두 7발의 미사일을 동해 상에 발사했다. 또 2006년에는 경기가 하강기를 지나 본격적인 침체기에 접어들려 하자 핵실험 소식이 들려왔다. 금융위기로 국가 경제가 신음하던 2008년에서 2009년 사이 북한은 6자회담에 한 번도 참석하지 않았고, 서해에서 교전을 다시 일으켰다.

여기에 북한은 다시 남유럽 일부 국가의 재정위기로 전 세계 경제가 다시 불안에 빠지면서 한국 경제가 충격을 받던 2010년 4월, 천안함을 어뢰로 격침시키는 도발까지 했다. 반면에 상대적으로 호황을 누렸던 2000년과 2004년에는 이렇다 할 위기가 없었다.

정부는 경기침체기 북한발 리스크가 발생할 때마다 경기부양에 나섰다. 하지만 이에 아랑곳하지 않고 한국 경제는 여지없이 경제지표 하락을 보였다. 1998년 대포동 미사일 발사 당시 -7.9%였던 경제성장률은 다음 분기 -8.1%로 나빠졌고, 97억 4천만 달러였던 경상 흑자규모는 89억 1천만 달러로 악화되었다. 2002년 12월 북한 핵봉인 제거 당시 연 7.5%였던 분기 성장률은 다음 분기 3.8%로 떨어졌고, 북한 NPT 탈퇴 이후 2.2%로 더욱 악화되었다. 경상수지는 2002년 4분기 18억 8천만 달러 흑자에서 다음 분기 15억 6천만 달러 적자로 전환했다. 2005년 2월 북한 핵보유 선언은 급등하던 국제유가에 불을 붙여 58억 8천만 달러였던 경상수지 흑자 폭은 다음 분기 26억 달러로 크게 줄었다.

북한 경제는 남한 경제의 1/45, 1/130?

북한의 경제 실상

　북한 정부는 매년 그 해의 중점 과제를 〈로동신문〉, 〈조선인민군〉, 〈청년전위〉 등 3대 관제신문의 공동사설로 발표한다. 북한 정부는 이 사설에서 예외 없이 정치사상, 군사 과제를 먼저 열거한 뒤 그다음으로 경제 분야의 목표를 발표하고 있다.

　그런데 2007년에 큰 변화가 있었다. "승리의 신심 드높이 선군조선의 일대 전성기를 열어나가자"는 제목의 당시 사설에서 경제 문제를 첫머리로 강조한 것이다. 북한 정부는 당시 경제상황을 "10여 년간 최악의 역경"으로 묘사했으며, "경제 발전은 현 시기 절박한 요구"라는 표현을 통해 다급한 심정을 드러냈다. '절박'이란 단어가 사용된 것은 '고난의 행군' 시기였던 지난 1995년 이후 처음이었다고 한다.

4·27 남북정상회담을 계기로 남북 경협 기대가 고조되고 있는 가운데 남북 간 경제력 격차가 새삼 관심사다. 1일 한국은행의 경제통계시스템에 따르면 남북한의 경제력은 계속 격차가 확대돼 지금은 비교가 불가능한 수준이다. 한은이 통계를 작성하기 시작한 1990년과 2016년의 주요지표 남한/북한 배율을 비교해보면 확연해진다. 명목 국민총소득(GNI)은 지난 1990년 12.1배(197조 4,150억 원/16조 4,070억 원)에서 2016년 45.3배(1,646조 2,090억 원/36조 3,730억 원)로 격차가 4배가량 커졌다.

노컷뉴스(2018. 5. 1.)

통계보다도 취약한 북한 경제

김정은 체제 이후 경제성장률은 개선되었다. 2015년 마이너스 성장률을 기록하기도 했지만 1% 내외 성장 추세는 유지하고 있으며, 2016년에는 3.9%의 상대적인 고성장을 구가하기도 했다. 핵실험으로 2016년 시작된 국제사회의 대북제재에도 불구하고 일부 내수가 성장을 주도했다. 그러나 남한과 비교하면 무척 초라하다. 2016년 기준 북한 명목 GNI는 36조 4천억 원으로 남한(1,639조 1천억 원)의 1/45에도 못 미쳤다. 아프리카 우간다, 예멘 등 세계 최빈국 수준이다.

그런데 이 같은 수치마저 과장되었다는 지적이 있다. 북한의 경제 실상은 이보다 훨씬 비참하다는 것이다. 우선 경제규모에서 한국은행의 통계가 북한 경제규모를 과다하게 평가했다는 분석이 있다. 북한의 경제규모를 추정하면서 남한의 가격을 기준으로 했기 때문이다. 예를 들어 북한이 스웨터를 생산하면 여기에 남한 스웨터가격을 곱하는 식이다. 하지만 명품 스웨터와 동대문 스웨터가 같은 가격을 받을 수 없듯 북한 상품을 남한 상품과 같은 가격으로 평가해서는 안 된다. 통계상 큰 왜곡이 있는 것이다. 이에 학계에서는 북한의 가격과 환율을 적용해 정확한 통계를 내놔야 한다는 요구가 많다. 이를 적용하면 북한 경제규모가 실상은 남한의 1/130에 불과하다는 연구 결과까지 있다.

물론 품질에 큰 차이가 없는데 가격만 큰 격차를 보일 수 있다. 예를 들어 북한에서 머리를 다듬는 것이나 남한에서 머리를 다듬는 것이나 결과에는 큰 차이가 없다. 하지만 남한의 인건비가 훨씬 높아 머리를 다듬는 가격만 남한이 훨씬 높다면 남한의 GDP가 부풀려 계산될 수 있다. 이는 선진국으로 갈수록 심해진다. 선진국일수록 서비스가격이 높아 GDP가 과대평가될 수 있는 것이다.

하지만 이러한 점을 감안하더라도 품질에 차이가 있는 점은 분명

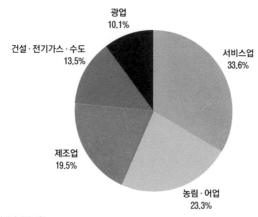

〈도표 11-4〉 북한의 산업구조(2006년)

광업
10.1%

건설·전기가스·수도
13.5%

서비스업
33.6%

제조업
19.5%

농림·어업
23.3%

자료: 현대경제연구원

〈도표 11-5〉 남북 경제지표 비교(2016년 기준)

항목	남한	북한
명목 국민총소득(GNI)	1,639조 1천억 원	36조 4천억 원
무역 총액	9,016억 2천만 달러	65억 3천만 달러
철광석 생산량	44만 5천 t	524만 9천 t
자동차 생산량	422만 9천 대	4천 대
도로 총연장	10만 8,780km	2만 6,176km

자료: 한국은행

하며, 이에 따라 GDP를 계산할 때는 해당국의 가격을 적용하는 것이 옳다. 북한 현지 가격에 따라 계산한 북한의 GDP는 알려진 것보다 훨씬 작고 경제상황은 매우 힘들다는 것이 정설이다.

재정부터 의식주까지 총체적 위기

북한은 재정위기 상황도 심각하다. 서울대에 따르면 2008년 기준 북한 GDP에서 재정수입이 차지하는 비중은 2003년과 비교해 80% 감소했다. 상대적인 재정 규모가 1/5 수준으로 축소되었다는 의미다. 이는 북한 경제에 큰 부담이다. 그간 재정지출이 북한 내 부실 기업들을 살리는 데 큰 역할을 해왔기 때문이다. 하지만 최근 재정위기가 심각해지자, 북한은 기업에게 주는 재정지출을 줄이는 대신 은행 대출로 대체하기 위해 노력하고 있다. 그러나 악성부채가 해결되지 않고 있어 이마저도 여의치 않다. 재정위기와 금융산업 후진성이 복합되어 기업활동이 위축되는 악순환 구조를 겪고 있는 것이다.

북한의 통화가치도 심각한 상황이다. 북한의 실제 환율은 공식 환율과 비교해 큰 차이가 난다는 것이 대체적인 분석이다. 2000년 기준 북한 화폐가치는 공식 환율 기준 1달러당 8.4원이다. 즉 북한 돈 8.4원으로 1달러를 살 수 있다는 의미다. 하지만 실제 환율은 1달러당 183원에 불과한 것으로 조사되고 있다. 즉 실제 1달러를 사기 위해서는 공식 환율의 100배인 183원을 줘야 하는 것이다.

북한 경제는 수시로 발생하는 자연재해로도 큰 피해를 입고 있다. UN에 따르면 북한은 2007년 8월 대규모 수해를 통해 논 전체 면적의 20%, 옥수수 밭의 15%가 피해를 입은 것으로 추정되었다. 또

8천여 채의 공공건물 등이 파괴되었으며, 기업 건물 1천여 채가 물에 잠긴 것으로 집계되었다. 이는 마이너스 성장률에 큰 영향을 미쳤다.

이 같은 북한의 실상은 "농사를 천하지대본으로 삼아야 한다"는 한마디로 압축된다. 북한 정부 농업 시책의 첫머리로, 조선시대에나 쓰일 구호를 아직까지 사용하고 있다. 북한은 2000년대 중반까지 10여 년째 당장 먹을거리를 구하지 못해 고통을 겪었으며, 남한과 UN의 지원이 끊기면 당장 아사자가 속출하는 상황에 직면한 적도 있다.

북한 농업의 문제는 비료, 기계, 관개수리 문제에서 비롯된다. 2014년 기준 필요 비료 공급량은 60만t이지만, 공급량은 30만t에 불과하다. 그나마 자체 공급량은 7만t에 불과하며, 나머지는 남한 지원에 의존하고 있다. 또 보유 농기계의 80%가 작동 불능 상태에 있으며, 완전 관개면적은 31%에 불과하다. 또 전체 산림토지의 18%가 황폐화되어 있다는 것이 'UN개발계획' 보고 내용이다. 이에 따라 북한은 농업이 GDP의 23.3%를 차지하는 동시에, 전체 고용 인구의 30% 이상이 농업에 고용되어 있으면서도 기초적인 식량 수요조차 맞추지 못하고 있다.

북한은 군수산업 발전을 위해 시책이나마 중공업 우선 정책을 구사하고 있다. 하지만 실제 산업구조는 농림·어업과 광업에 집중되어 있다. 이 분야는 지난해 GDP의 33.5%를 차지했다. 북한은 발전설비가 부족한 데다 항만, 철도, 도로시설 노후화로 중공업 발전에 애를 먹고 있으며, 투자 여력마저 갈수록 저하되고 있다.

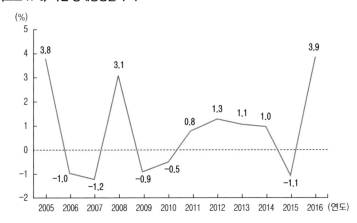

자료: 한국은행

　북한의 낙후된 산업구조는 중국에 대한 예속을 심화시키고 있다. 2017년 기준 북한의 대외교역 규모는 55억 5천만 달러인데 그중 94.8%인 52억 6천만 달러가 중국과의 교역이었다. 북한은 2016년 부터 국제사회 대북제재가 본격화되면서 중국을 제외한 다른 나라와의 교역이 거의 무의미해진 상태다. 중국은 북한에 대한 외국인 투자도 대부분을 차지하고 있다.

　중국은 특히 신의주 등 북중 접경지역을 중심으로 북한에 대한 경제 침투를 가속화하고 있다. 이 지역을 중심으로 교역은 물론 직접투자를 활발히 전개하고 있는 것이다. 또 개성공단에도 진출해 내륙지역까지 영향력을 넓혀가고 있다. 한 경제전문가는 "남한이 정치적 이슈 때마다 경협에 애를 먹으면서 북한 경제에 대한 중국의 영향력이 배가되고 있다"고 분석했다.

　북한에 대한 국제사회 제재는 북한의 경제난을 더욱 가중시켰다.

2018년 들어선 그나마 명맥을 유지했던 대중 교역마저 큰 제약을 받을 위기에 처했다. 결국 버티지 못해 남북, 북미 정상회담으로 연결되었는데 비핵화에 대한 북한의 확실한 약속을 받는 것이 중요하다.

베트남식이 좋을까, 동유럽식이 좋을까?
북한 경제 개혁의 모델

2018년 남북 및 북미 대화는 북한 경제 개혁으로 이어질 가능성이 높으며, 다양한 경협 방안이 나오고 있다. 앞으로 북한 경제가 경제체질을 바꾸기 위해서는 다른 국가의 전환 사례를 참조해야 한다는 지적이 많다. 대표적인 것이 베트남식 모델이다. 베트남은 1989년 캄보디아 주둔군 철수를 계기로 미국의 경제지원을 이끌어내면서 적극적으로 외국인 투자를 유치했다. 또 헌법까지 개정하면서 가격 통제를 과감히 풀어 환율금리 결정에 시장경제 요소를 고려했다. 즉 미국과의 관계 개선을 통해 외자를 유치하면서 시장경제를 도입해 급진적으로 경제를 개혁했다.

이에 반해 동유럽에서 경제개혁에 성공한 나라들은 꾸준한 개혁을 실시했다. 경제난을 타개하기 위해 급진적인 변화를 택한 것이 아니라, 대기업 허용, 사기업 합법화, 상업은행 운영, 수입 자유화 등으로 연결되는 순차적인 개혁을 구사했다. 헝가리의 경우 첫 조치부터 무역 자유화까지 걸린 기간이 24년이나 소요되었다. 중국도 이와 비슷했다.

북한은 베트남과 여건이 다른 만큼 베트남식 모델 채택이 쉽지 않을 것이라는 전문가 지적이 제기됐다. 흐엉 분석가는 지도자 김정은이 상당 기간을 해외에서 보낸 북한에도 베트남이 훌륭한 개방개혁 모델로 비칠지 모르나 북한에 장애를 안겨주는 심각한 차이가 존재한다고 지적했다. 그는 먼저 베트남이 세계에 재편입한 것은 전후 질서에 반항하기보다 순응했기 때문이라고 지적했다. 베트남은 비록 공산당이 정권을 장악하고 있었지만, 국제법과 규범을 준수했다는 것이다. 북한의 의도는 현재 불투명하며, 핵무기가 여전히 북한의 가장 강력한 흥정수단이 되는 만큼 북한이 국제군축시스템에 순응할 전망은 요원해 보인다고 그는 전망했다.

연합뉴스(2018. 7. 11.)

금융체계 개편이 필요하다

2018년 화해 분위기가 생기자 다양한 조언이 봇물을 이뤘다. 현대경제연구원은 보고서를 통해 "북한 경제 개혁조치가 실효성을 거두기 위해서는 우선 지정학적 리스크 해소가 선행되어야 한다"며 "이후 상황에 따라 선진모델을 답습하면 효율적인 개혁이 가능할 것"이라고 조언한 바 있다.

학계에서는 장기적인 북한 경제 발전을 도모하기 위해 금융체계 개편이 필요하다는 지적이 다수 제기되었다. 파자바시 오글루 IMF 박사는 한 포럼에서 "중앙은행과 상업은행을 분리한 뒤 상업은행을 사유화하는 것이 필요하다"며 "외국인을 포함한 전략적 투자자를 적극 끌어들일 필요가 있다"고 발표한 바 있고, 쳉훈 림 IMF 박사는

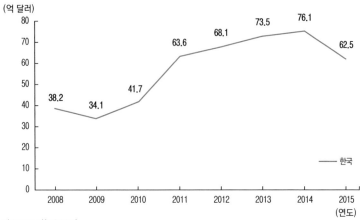

〈도표 11-7〉 북한 국제 교역액 추이

(억 달러)

자료: 코트라(KOTRA)

"금융개혁 과정에서 국유은행에 누적된 악성부채 문제를 시급히 해결해야 한다"며 "외국 은행 진입을 허용하는 것도 한 방법"이라고 소개했다.

하지만 북한의 체제 이행은 단기적으로 큰 혼란을 유발한다. 사회주의에서 자본주의로 전환한 동유럽 국가들의 경우 짧게는 2~3년, 길게는 10년 이상의 후퇴기를 겪었다. 그 폭도 커서 구소련 소속 국가들은 50% 이상, 상대적으로 양호했던 체코와 헝가리 등도 12%의 GDP 감소율을 기록했다. 특히 북한은 문화적으로 아시아권이지만 구소련 체제를 도입한 매우 특별한 경우라 더 큰 어려움을 겪을 수 있다. 체제 이행 과정에서 큰 혼란이 발생하면서 어려움을 겪는 것이다.

바람직한 북한의 체제 이행 과정

혼란을 최소화하기 위해서는 크게 2단계를 거쳐 체제를 이행해야 한다는 것이 전문가들의 조언이다. 1단계는 은행법, 회계법, 결제제도, 감독제도 등 기본 금융 체계부터 정비하는 일이다. 이와 동시에 사회주의식 단일은행 제도를 중앙은행과 상업은행으로 분리하는 일이 필요하다. 남한처럼 한국은행과 여타 시중은행으로 운영되는 시스템을 도입하는 것이다. 이후 중앙은행은 통화정책과 환율정책을 맡고, 상업은행은 사유화를 진행해야 하며, 구조조정과 경영능력이 있는 전략적 투자자를 대상으로 매각하는 것이 가장 효과적이라는 지적이 많다.

2단계는 신규 은행 설립을 허용하면서 남한의 산업은행과 유사한 개발은행을 도입하는 것이다. 우선 개발은행의 경우 독일 사례를 보면 우리의 산업은행과 비슷한 독일 재건은행이 동독의 중소기업 지원, 빈곤 감소, 금융산업 발전에 큰 기여를 한 것으로 평가된다.

이에 북한도 개발은행을 통해 소규모 기업이나 영세자영업자에 대한 금융지원, 은행 인력 양성 등의 노력을 기울여야 한다. 이와 함께 신규은행 설립을 허용해 본격 경쟁 체제를 도입할 필요가 있다. 환율 정책에 있어서는 당분간 고정환율제를 유지하되 크게 평가절하해서 환율의 지속성을 유지할 필요가 있다. 시장에서 실제 거래되는 가치를 반영하는 것이다.

이를 종합하면 혼란을 최소화하고 체제가 준비할 시간을 가질 수 있도록 현실적으로 동유럽식의 점진적인 접근법이 나을 것이란 게 전문가들의 의견이다.

CHAPTER
12

경제,
거품 생성부터 위기 발생까지

2008년 터진 글로벌 금융위기는 세계 경제에 큰 상처를 남겼다. 금융위기는 왜 어떻게 발생했을까? 이와 관련한 전 과정을 체계적으로 살펴본다. 금융위기의 전개 과정은 앞서 소개한 모든 경제지식을 함축하고 있다. 위기 해결을 위한 각국 정부의 노력은 정부가 경제를 안정시키기 위해 펼 수 있는 모든 수단을 포함하고 있어 습득한 경제지식을 응용해볼 수 있는 좋은 사례다. 위기는 또 언제 터질지 모른다. 앞으로 어떤 위험 요인이 도사리고 있는지 살펴본다.

간접금융 시대에서 직접금융 시대로의 변화
간접금융, 직접금융

2008년 말 발생한 글로벌 금융위기는 1929년 세계대공황 이후 최초의 세계 경제위기였다. 금융위기는 어떻게 발생하게 되었을까? 그 과정을 알면 추후 일어날 다른 위기를 사전에 읽고 대응하는 데 도움이 된다. 그 과정을 찬찬히 따라가보자.

미국은 지난 1929년 대공황을 계기로 은행과 증권회사의 겸업을 금지하고 은행에 위험이 집중되는 것을 막기 위해 글래스스티걸법이란 것을 만들어 시행했었다. 그러다 1999년 금융주도의 경제성장을 꾀하기 위해 그간의 은행규제법을 전격 폐지했다. 이에 따라 은행과 증권회사 간 통합이 봇물 터지듯 일어났고, 그 결과 기라성 같은 투자은행이 탄생했다. 그런데 이들 거대 은행이 큰 몸집을 지탱하기 위해서는 새로운 먹거리가 필요했고, 그래서 찾아낸 것이 복잡하기로 말할 나위 없는 금융파생상품이었다.

경인일보(2010. 7. 28.)

직접금융과 간접금융의 차이

금융은 크게 직접금융(direct financing)과 간접금융(indirect financing)으로 나뉜다. 직접금융은 자본 공급자와 자본 수요자가 직접 만나는 것이다. 투자자가 주식이나 채권을 매입하면 기업에 자금이 흘러 들어가는 게 대표적인 형태다.

간접금융은 중간에 어떤 매개체가 있는 것이다. 자본 공급자가 은행에 예금 형태로 자금을 공급하면, 은행이 이를 대출 형태로 기업에 자금을 배분하는 식이다. 여기서 은행은 브로커 역할을 한다. 이에 따라 간접금융이란 명칭이 붙는다.

물론 직접금융에도 브로커가 있다. 다만 직접금융의 브로커는 자본 공급자와 수요자를 이어주는 역할을 하는 데 그친다. 반면 은행은 스스로 자금의 공급자와 수요자를 찾아 (혹은 찾아오는) 자금을 받아서 빌려준다. 그래서 간접금융에서 자금 공급자는 자신의 자금이 누구에게 대출되는지 알 수 없다. 반면 직접금융에서 공급자는 자신의 자금이 누구에게 흘러들어가는지 알 수 있다. 즉 은행에 예금하면 이 돈이 누구에게 대출되는지 알 수 없지만, 증권회사를 통해 주식을 사면 어떤 기업의 주식인지 알 수 있다.

제3의 형태로 연기금, 펀드 등으로 대표되는 위탁금융도 있다. 위탁금융은 자금을 모집해서 이를 통해 수익을 창출하는 데 목적이 있으며, 자본 수요와 공급을 만나게 해주는 것과는 큰 관련이 없다. 다만 위탁금융이 활발해지면 펀드가 활성화되면서 주식과 채권 거래가 활발해지고, 그 영향으로 기업에 대한 자본 유입이 활성화될 수는 있다.

세련된 형태로 발달한 직접금융

과거 금융에서는 간접금융이 가장 큰 역할을 했다. 1960년대 미국 금융 거래의 70%를 은행이 차지했다. 하지만 간접금융 중심의 금융시장은 돈을 돌게 하는 데 한계가 있다. 중간에 수수료를 떼어가는 은행이란 존재가 있기 때문이다. 자금 공급자 입장에선 수익률이 낮아지고, 수요자 입장에선 이자율이 올라간다. 결국 간접금융 중심의 금융시장은 발전에 한계가 많다.

금융시장은 이런 '예금-대출' 위주의 단조로운 체계에서 탈피하기 위해 수많은 혁신을 해왔다. 예금보다는 리스크를 높이되 좀더 높은 수익률을 제시할 수 있는 새로운 상품을 내놓는 것이다. 혁신은 직접금융 브로커들이 주도했다. 수익률을 높이면서도 리스크는 거의 없는 (것으로 보이는) 상품도 개발했다. 그러자 많은 자금이 직접금융시장으로 몰렸고, 거래 규모는 기하급수적으로 늘었다.

이 과정에서 은행도 성격이 많이 변화하게 된다. 생존을 위해 단순 중개기관이 아닌 자본시장 참가자로 진화하는 것이다. 예금을 대출로만 활용하지 않고 각종 금융상품에 투자함으로써 운용수익을 내는 구조로 탈바꿈하는 게 대표적이다.

〈도표 12-1〉 전 세계 금융 비중의 변화

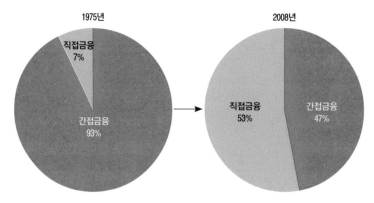

자료: 미국 연방은행

신용평가사의 부상과 유동화증권의 등장

신용평가, MBS

직접금융 시대로 이행하는 과정에서 금융정보의 중요성이 무척 커졌다. 남들이 잘 모르는 정보는 곧 수익으로 연결되기 때문이다. 이때 S&P, 무디스, 피치 등 신용평가사의 역할이 크게 부각되었다. 신용평가사가 부여하는 신용등급은 투자 대상이 얼마나 우수한지를 나타낸다. 신용평가사가 좋은 등급을 매겨야 좋은 투자 대상으로 인정받을 수 있다.

남길남 한국증권연구원 연구위원은 "미국의 서브프라임 모기지 사태는 신용평가사들이 그간 '혁신 금융상품'으로 간주해온 신용파생상품과 구조화상품에 대한 인식을 전환시키는 계기가 되었다"고 지적했다. 그는 "서브프라임 사태로 인한 주요 손실은 서브프라임 모기지를 기초로 중층적인 구조로 유동화한 자산유동화증권(ABS) 등 신용구조화상품에 집중되었다"며 "그동안 이들 상품에 높은 신용등급을 부여한 신용평가사와 위험관리·공시·회계, 장외파생거래 등의 문제점 개선을 위해 전 세계적으로 논의가 활발히 진행되고 있다"고 밝혔다.

머니투데이(2008. 9. 9.)

유동화증권의 구조

신용평가사의 등장은 금융시장 혁신을 가속화했다. 좋은 신용등급을 얻기만 하면 자금 모집의 성공이 보장되었다. 수혜를 입은 대표적인 상품이 '유동화증권'이다. 1986년 첫 도입된 유동화증권은 거의 모든 자산을 유동성 있는 자산으로 바꿔줬다는 점에서 엄청난 혁신이었다.

유동화증권의 구조는 다음과 같다. 10억 원짜리 집을 사려는 사람에게 어떤 은행이 5억 원을 대출해줄 경우에는 떼일 위험을 감수해야 한다. 위험을 피하려면 대출 심사를 철저히 할 수밖에 없다. 그런데 은행이 위험을 떠넘기는 방법이 있다. 5억 원의 대출을 근거로 채권을 발행하는 것이다. 구체적으로 설명하면, 은행이 1억 원짜리 채권을 총 5장 발행한다. 그리고 각 채권에는 상환 순위를 부여한다. 1~5등급을 부여해 1등급 채권에 가장 높은 상환 순위를 준다. 주택대출을 받은 사람이 대출을 갚지 못할 경우 집을 팔아 채권을 갚아주는데, 1순위자가 가장 먼저 상환받을 수 있다. 그래서 집값이 1억 원 밑으로 떨어지지 않는 한 1순위자는 자신의 투자금액을 모두 건질 수 있다.

물론 수익률은 거꾸로다. 1순위자는 가장 먼저 상환을 받을 수 있어 안정적인 만큼 낮은 수익률을 보장받고, 5등급 채권은 위험성이 큰 만큼 가장 높은 수익률을 약속받는다. 이 같은 등급 부여는 신용평가사가 보증한다.

이렇게 채권을 발행해 모두 판매에 성공하면 은행으로 총 5억 원이 유입된다. 그러면 은행은 이 5억 원을 대출에 활용한다. 여기서 대출자에게 실제로 돈을 빌려준 사람은 채권 구입자다. 은행은 단지 중개만 할 뿐이다. 대출 기간 동안 대출자가 은행에 이자를 지급하면 은행은 이를 받아 채권 구입자들에게 나눠주고, 은행은 수수료를 챙긴다.

추후에 집값이 하락하고 집주인이 대출을 갚지 못해 집을 팔아야할 상황에 이르면, 그 책임은 전적으로 채권 구입자들이 상환 순위에 따라 지게 된다. 예를 들어 10억 원짜리 집이 4억 원으로 하락해 집을 팔아 4억 원이 남았다면 1, 2, 3, 4순위자는 대출을 변제받고 5순위자는 변제받지 못하는 식이다. 가장 높은 이자를 챙겨 온 대가다.

ABS와 MBS

유동화증권은 대출 외에도 돈으로 환산할 수 있는 모든 자산을 기반으로 발행할 수 있다. 10억 원짜리 집을 보유한 사람이 집을 근거로 1억 원짜리 채권 10장을 발행하는 것이 대표적인 경우다. 이렇게 하면 채권을 구입한 사람은 1억 원만큼 집에 대해 권리를 행사할 수 있고, 채권발행자는 집을 팔지 않고도 돈을 마련할 수 있다.

유동화증권 가운데 부동산 등의 자산을 기반으로 발행된 것을 ABS(Asset Backed Securities, 자산유동화증권), 대출을 기반으로 하는 채권을 MBS(Mortgage Backed Securities, 주택저당증권)라 부른다. 유동화증권은 간접금융이 직접금융으로 진화한 대표적인 사례라 할 수 있다. 불특정 다수가 예금을 하면 은행이 불특정 다수에게 대출하는 형태에서 벗어나, 채권을 매개체로 특정인의 자금이 다른 특정인에게로 흘러가는 형태로 바뀐 것이다.

대출의 신기원이 열리다

서브프라임 채권

이런 식으로 탄생한 것이 그 유명한 '서브프라임 채권'이다. 주택 대출은 크게 2가지로 구분할 수 있다. 신용도가 높은 사람들이 빌린 대출이라서 상환 가능성이 높은 프라임 대출, 그리고 신용도가 낮은 사람들이 빌려 상환 가능성이 낮은 서브프라임 대출이 그것이다. 신용도에 따라 프라임 대출은 이자율이 낮은 반면에 서브프라임 대출은 이자율이 높다. 중간에 '알트A(Alt-A)'라는 상환 가능성이 중간 정도인 주택대출도 있다.

AIG 경영자들은 2000년대 이후 유동성 공급으로 인한 부동산 및 각종 자산가격 급등에 익숙해지는 오류를 범했다. 보험사 특성상 100년에 가까운 장기 사이클을 고민해야 했지만 단기적인 자산가격 상승에 편승해 돈을 벌려는 욕심을 부렸던 것이다. 이 때문에 AIG는 서브프라임 채권에 투자하면서 2007년 이후 손실을 보기 시작했다. 뿐만 아니라 AIG가 맺었던 4,410억 달러에 달하는 CDS 계약이 결정타를 날렸다.

매일경제(2010. 3. 9.)

한국 GDP보다 많았던 서브프라임 대출 규모

금융위기 직전 주택대출의 규모는 엄청났다. 정점에 이르렀던 2006년 말 수치로 보면 9조 7천억 달러에 달했다. 원화로 환산하면 1경 원이 넘는다. 이 가운데 서브프라임 대출은 1조 2천억 달러였다. 당시 한국 GDP보다 많다. 이처럼 엄청난 금액이 부실 가능성이 큰 주택대출에 사용된 것이다.

서브프라임 대출은 다른 대출보다 떼일 위험이 높아서, 은행들은 앞서 소개한 메커니즘에 따라 대출을 기반으로 채권을 발행했다. 자체 자금으로는 신용도가 낮은 사람에게 주택대출을 해줄 자신이 없으니, 서브프라임 대출을 위해 MBS를 발행한 것이다. 이게 서브프라임 채권이다.

은행들은 MBS 발행 후 신용도별로 분류한 뒤, 신용평가사로부터 등급을 부여받았다. 이렇게 해서 AAA부터 D까지 서브프라임 채권이 탄생하게 된다. AAA는 서브프라임 대출 부실 시 집을 팔아 상환받을 수 있는 순위가 가장 높은 채권이고, D는 그 순위가 가장 낮은 채권이다.

서브프라임 대출 시장은 역할이 구분되었다. 주택 구입자에 대한 대출은 업무에 특화된 모기지은행이 맡았고, 채권을 발행해 판매하는 일은 '투자은행(IB: Investment Bank)'이 모기지은행을 대행해 실시했다. 이들은 한 몸처럼 행동했는데, 투자은행이 채권을 발행해 모집한 돈을 모기지은행에 공급하면 모기지은행이 대출자에게 대출하는 식이다. 이후 대출 이자가 들어오면 채권 구입자, 모기지은행, 투자은행이 나눠 가졌다.

AAA 등급이 넘쳐났던 이유

사실 서브프라임 채권에 대해 'AAA'라는 말을 붙이는 것은 어울리지 않는다. 서브프라임이란 말 자체가 신용도가 낮다는 뜻이기 때

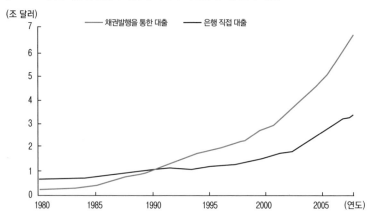

〈도표 12-2〉 글로벌 금융위기 이전의 미국 주택대출 추이(1분기 기준)

(조 달러)

— 채권발행을 통한 대출　　— 은행 직접 대출

자료: FRB

문이다. 그러나 이 가운데에선 상환 가능성이 가장 높다는 이유만으로 높은 신용등급의 상징인 AAA가 부여되었다.

　일반적인 채권이나 대출 같은 전통적인 금융기법은 오랜 기간에 걸친 분석 데이터와 등급 산정 기준이 있다. 이에 문제가 있다면 사전에 어느 정도 감지할 수 있고, 문제가 발생해도 어떻게 대처해야 하는지 노하우가 있다. 하지만 신종금융기법은 나온 지 몇 년 안 되어 분석 데이터가 부족하고, 예측과 평가가 어렵다.

　그래서 신용평가사들은 서브프라임 채권에 대해 특별한 기준 없이 은행이 제시하는 등급 산정을 남발했다. 특히 신용등급 시장은 평가받는 곳이 신용평가사에 돈을 지불하는 시스템으로 되어 있어 후한 등급을 남발하도록 만들었다. 신용평가사가 엄격한 평가를 하면 고객(은행)의 이익을 훼손하는 일이 되고, 결국 경쟁 신용평가사로 고객을 뺏길 우려가 있어 AAA 등급이 넘쳐나고 만 것이다.

이제 남은 것은 판매다. 은행이 서브프라임 채권을 내놓자 투자자들은 너도나도 구입했다. 높은 수익을 바라는 투자자들은 낮은 등급의 채권을 샀고, 비교적 안정성을 원하는 투자자들은 높은 등급의 채권을 샀다. 주요 투자자들은 상업은행, 보험회사, 연기금, 헤지펀드, 자산운용사들이었다. 이들은 서로 채권을 발행하고 사들이면서 복잡한 관계를 형성했다.

이 과정에서 은행으로 채권 구매대금이 물밀듯이 몰려들었고, 서브프라임 대출자에게 흩뿌려졌다. 예전에는 절대 대출을 얻을 수 없던 사람들이 빚을 내 집을 살 수 있게 된 것이다. 소득이 낮고 신용도가 떨어지는 사람도 빚을 내서 집을 살 수 있는 신기원이 열린 것이다.

유동화증권의 진화, 날개를 달다
CDO, CDS

서브프라임 대출이 성공하자 금융시장은 한발 더 나아갔다. CDO(Collateralized Debt Obligation, 부채담보부증권)가 등장한 것이다. CDO의 기본 구조는 서브프라임 채권과 비슷하다. 대출을 기반으로 채권을 발행하는 것이다. 다만 CDO는 각종 대출이 혼합되었다는 차이가 있다. 예를 들어 A사에 대한 대출, B사에 대한 대출, C사에 대한 대출을 모두 묶어 채권을 발행하는 것이다. 이에 따라 '합성'이란 표현이 붙는다. 이 같은 채권발행 과정에서도 신용평가사의 검증이 들어갔다. 신용평가사들은 각 채권 등급을 AAA부터 D까지 구분했다.

"이번에 부실이 불거진 서브프라임 모기지를 기초자산으로 한 부채담보부증권(CDO)은 장외시장(OTC)에서 거래되고 있어 정확한 규모와 기초자산 종류, 구조, 위험, 밸류에이션에 대해 쉽게 접근할 수 없다는 것을 큰 문제로 안고 있다." 김두만 한국산업은행 트레이딩센터 신용파생팀장은 14일 이같이 말하고, "이 CDO를 만들어서 판매한 해외투자은행만 제대로 된 구조를 알고 있다"며 "주식시장처럼 거래가격이 공개가 되지 않는 것이 차이점"이라고 설명했다.

연합인포맥스(2007. 8. 14.)

CDO의 매력과 위험

CDO의 응용범위는 무궁무진하다. 발행자가 마음대로 대출을 뒤섞을 수 있기 때문이다. 여기에는 우량기업도 들어가고 어려운 기업도 들어간다. 특히 어려운 기업들은 우량기업과 함께 섞이면서 큰 기회를 가질 수 있게 되었다. 단독으로는 절대 대출을 받을 수 없는 상황에서 우량기업과 섞여 채권이 발행됨으로써 자금을 공급받을 수 있게 된 것이다.

CDO는 나아가 전혀 성격이 다른 대출까지 뒤섞기 시작했다. 서브프라임 대출과 기업대출을 뒤섞는 것이다. 이러한 CDO를 누군가 구입하면, 가계든 기업이든 CDO에 포함된 대출자에게 자금이 흘러들어가게 된다.

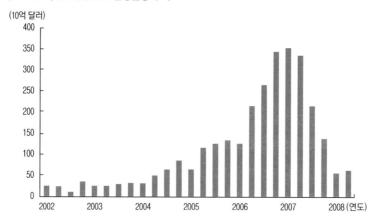

〈도표 12-3〉 전 세계 CDO 발행물량 추이

(10억 달러)

자료: 금융연구원

 CDO의 매력은 위험 분산에서 나온다. 대출은 해당 은행에 모든 위험이 전가되지만, 이를 CDO로 나눠서 판매하면 CDO 구입자들에게 위험이 분산된다. 100억 원의 대출이 부도날 경우 이를 해준 은행은 100억 원의 피해를 입지만, 이를 10개로 나눠 채권으로 판매하면 특정 주체가 져야 하는 위험은 10억 원으로 줄어든다.

 하지만 CDO가 100% 안전한 것은 아니다. CDO 역시 언제든 부도 위험이 있다. 발행 근거가 된 기업이나 가계가 대출을 갚지 못하면 이자는 물론 원금까지 떼일 수 있는 것이다. 불량기업이 섞인 CDO는 특히 위험하다. 불량기업이 줄줄이 대출을 상환하지 못하면 낮은 등급의 CDO 구입자부터 순서대로 투자금을 돌려받을 수 없게 된다.

 이런 상황에서 CDO에 대한 투자가 지나치게 늘면 금융기관의 위험이 커질 수 있다. 직접 대출할 때는 신용도 심사를 철저히 하면서 대출에 제한을 두지만, CDO를 구입할 때는 위험이 줄었다고 착각해 무리하게 사들일 가능성이 생기기 때문이다.

투자액이 커지면 리스크도 커진다. 개별 CDO의 리스크는 낮을지 몰라도 대규모로 갖고 있으면 작은 리스크가 모여 큰 리스크가 된다. 특히 부채를 끌어다 CDO 투자에 나선 투자은행들에 위험이 집중되었다. 위험이 분산된 것이 아니라 부채비율이 높은 투자은행들에 위험이 집중된 것이다.

CDO 투자가 활성화된 배경

이 같은 비판이 제기되자 금융시장은 새로운 방법을 제안한다. CDS(Credit Default Swap, 신용파산상품 거래)라는 재미있는 상품을 내놓은 것이다. CDS란 한마디로 제3자에게 대가를 주고, 채권이 부도날 경우 채권 투자액을 대신 상환받는 계약이다. 예를 들어 A라는 사람이 B에게 일정 수수료를 준 뒤 'A가 보유한 CDO가 부도나면 B가 대신 갚아준다'는 내용의 계약을 맺는 식이다.

CDS는 CDO뿐만 아니라 일반 채권에 대해서도 계약을 맺을 수 있다. 이때 지급하는 대가가 CDS프리미엄이다. CDS프리미엄은 기반이 되는 채권의 신용등급에 따라 달라진다. 신용도가 높은 채권을 갖고 있는 사람은 낮은 프리미엄만 줘도 되고, 신용도가 낮은 채권을 갖고 있는 사람은 높은 프리미엄을 줘야 하는 식이다. 이에 따라 시장에서 평가되는 CDS프리미엄은 계약의 대상이 된 채권이 얼마나 안전한지 보여주는 지표로 통한다.

한국 국채에 대한 CDS프리미엄은 2008년 8월 7일 베이시스 포인트(1bp=0.01%)를 기준으로 세 자릿수로 올라선 뒤, 금융위기가 절정이던 2008년 10월 27일 699bp(6.99%)까지 치솟은 바 있다. 한국 정부가 발행한 국채를 갖고 있는 투자자가 이 채권의 부도 위험을 누군가에 넘기기 위해서는 채권 금액의 6.99%를 수수료로 줘야 한다는 의미다. 매우 높은 수준이다. 이에 따라 당시 한국은 국가 부도 위험이 무척 높은 것으로 해석되었다. 하지만 이는 한국 국채 CDS에 대한 투기적 공격의 영향이 큰 탓도 있었다.

현재 한국 국채의 CDS프리미엄은 bp 기준 두 자릿수대로 안정되어 있다. 채권액의 1%(100bp) 이하의 수수료로 부도 위험을 넘길 수 있는 것이다. 투기적 공격도 줄었고, 상황도 안정된 영향이 크다.

CDS 계약을 맺어주는 쪽은 주로 공격적인 성향의 금융회사였다. 채권 부도 시 채권을 상환해줘야 하는 위험이 따르지만, 이 같은 위험만 없다면 프리미엄을 챙겨 큰 이익을 볼 수 있다. 이에 CDS 계약은 계속 활성화되었다.

어찌되었든 CDS 계약을 맺으면 투자한 CDO가 부도가 나더라도 모두 상환받을 수 있으니 CDO 투자는 더욱 활성화되었다. 이때부터 CDS와 CDO는 금융시장을 주도하게 된다. 이 시스템은 투자자금에 대한 우선순위를 부여해 리스크-수익 체계를 마련했다는 점에서 대단한 혁신이었다. 특히 안정성을 선호하는 투자자와 수익을 선호하는 투자자 모두를 만족시켰다는 점이 대단한 일이었다.

안정성을 선호하는 투자자는 우량대출로 구성된 CDO 가운데서도 AAA를 사면 되고, 수익을 선호하는 투자자는 낮은 등급의 CDO를 사거나 누군가를 위해 CDS 계약을 맺어주면 되기 때문이다.

한 가지 상품으로 모두를 만족시킬 수 있는 경우는 지구 상에서 CDS가 결부된 CDO밖에 없다. 주식은 안정적인 성향의 사람을 만족시킬 수 없고, 예금이나 채권은 공격적인 성향의 사람을 만족시킬 수 없지만 CDO는 CDS와 결부되면서 모두를 만족시켰다.

보증 전문회사인 모노라인의 등장
모노라인

여기에 '모노라인(monoline)'이라는 채권보증전문회사까지 탄생했다. 이는 수수료를 받고 각종 채권의 부도 위험을 떠맡아주는 전문기관, 즉 CDS 계약을 전문으로 해주는 곳이다. 패니메이(Fannie Mae)와 프레디맥(Freddie Mac) 등 GSE(Government Sponsored Enterprises, 정부보증업체)라 불리는 기관이 대표적이다.

금융시장 불안의 진앙지로 지목되고 있는 미국 채권보증회사(일명 모노라인) 부실의 뇌관을 제거하기 위해 150억 달러 규모의 협조융자가 미국 뉴욕주 정부 주도로 추진되고 있다. 뉴욕주 정부 보험감독당국은 23일 월가 주요 은행 경영진을 불러 서브프라임발 부실로 파산 위기에 처한 미국 1위와 2위 채권보증회사인 MIBA와 압박에 대해 150억 달러의 구제금융을 제공하는 방안을 협의했다. 이 구제금융이 지급되면 미국 사상 최대 규모다.

서울경제(2008. 1. 24.)

민간회사인 GSE에 대한 정부 지급보증

GSE들은 보증 업무 외에 주택대출 시장 활성화를 위한 역할도 했다. 우선 스스로 각종 채권을 발행해 재원을 마련한 뒤, 가계대출을 직접 해주었다. 또 남는 재원으로 시중에 유통되는 다른 CDO를 사주는 역할도 했다. CDO를 구매해줌으로써 결과적으로 주택 구입을 원하는 가계에 돈이 흘러가도록 했다.

GSE들이 지속적으로 채권을 구매하자, 시장에서는 채권 이자율이 낮아지는 효과가 발생했다. 채권 구입으로 유동성 공급이 늘면서 돈의 가격인 이자율이 내려간 것이다. GSE는 명목상 민간회사지만 정부 지급보증이 들어 있어 사실상 공공기관과 같았다. 대출을 떼이거나 보증해줘야 할 일이 생겨 손실이 발생하면 미국 정부가 손실을 메워주는 시스템이었고, 이들이 재원 마련을 위해 발행한 채권에 문제가 생기면 정부가 대신 지급해주는 체제로 되어 있었다. 그래서 채권 투자자들은 마음 놓고 GSE가 발행하는 채권에 투자할 수 있었다.

결국 이 같은 과정을 거치며 더욱 많은 자금이 금융시장으로 흘러들었고, 금융시장은 최고의 전성기를 구가하게 된다. 이때까지만 해도 금융시장에는 아무런 문제가 없을 듯 보였고, 지속적인 번영만 있을 것 같았다. 신용평가사의 등급 부여는 금과옥조(金科玉條)로 통했다. 신용평가사가 A등급을 부여한 채권은 절대 부도날 리 없다는 믿음이 있었던 것이다.

음악 소리가 나오니 춤을 춘다

구성의 오류

집값은 고공행진을 지속했다. 가끔 대출을 못 갚는 경우가 나오
더라도 집을 팔아 채권을 상환받을 수 있었기 때문에 아무도 서브
프라임 채권 투자를 두려워하지 않았다. 과열 경고가 있었지만 그
누구도 들으려 하지 않았다.

미국발(發) 서브프라임 모기지(비우량 주택담보대출) 부실 파장이 세계 경제에 악재로 작용하
고 있다. 이 여파로 어제 우리나라를 비롯한 아시아 증시가 동반 급락했다. 미국 경제성장
둔화 및 금융 유동성 경색에 대한 우려로 시장 불안감이 확산되었기 때문이다. 서브프라임
모기지는 신용도가 낮은 고객을 대상으로 한 고금리 주택담보대출로, 지난 몇 년간 주택시
장 활황 국면에서 급성장했다. 하지만 최근 미국 부동산시장이 침체되면서 대출금을 갚지
못하는 사람들이 속출했다. 이는 해당 금융기관들의 부실로 이어졌다. 결국 2위 업체가 사
실상 파산을 선언했고, 이것이 세계 경제에 직격탄이 되었다.

국민일보(2007. 3. 14.)

쏠림 현상이 거품을 낳다

일부 투자에 신중한 금융회사 직원들도 있었지만 상층부로부터
곧 질책을 당했다. 수익이 많이 나는데 왜 투자하지 않느냐는 것이
었다. 서브프라임 채권은 AAA라 하더라도 일반 채권보다 수익률이
높았다. 자금 자체가 신용도가 낮은 사람에게 대출되니 당연한 결
과였다. 결국 너도나도 서브프라임 채권에 몰렸고, 이를 통해 신용

도가 낮은 사람까지 주택 구입에 나서면서 집값이 지속적으로 오르는 악순환이 벌어졌다.

당시 투자자들은 '음악 소리가 나오면 자동으로 춤을 추는 로봇'과 같았다. 무의식적으로 아무 생각 없이 투자에 임한 것이다. 그야말로 쏠림 현상의 전형이었다. 이 같은 상황이면 특정 개인의 합리성은 아무런 힘을 발휘하지 못한다. 결국 시장에는 서서히 거품의 징조가 나타나기 시작했다.

경제학에서는 이러한 상황을 두고 '구성의 오류(fallacy of composition)'가 생겼다고 이야기한다. 개별 회사 입장에서 당연히 수익률이 좋은 상품에 투자하는 것은 무척 합리적인 선택이다. 그래야 수익을 극대화할 수 있고 재무제표도 건전하게 만들 수 있기 때문이다. 하지만 시장 전체적인 시각으로 봤을 때 이는 매우 위험한 일이다. 일시적으로 수익률이 좋은 금융상품에 대한 쏠림 현상이 거품을 낳고, 결국에는 문제를 일으키기 때문이다. 이처럼 개별 입장에서 합리적인 일이 전체적인 시각에서는 불합리한 일이 되는 것을 구성의 오류라 한다.

무리한 투자가 이루어지게 된 배경

구성의 오류가 나타난 데는 금융회사들의 '도덕적 해이' 문제도 겹쳤다. 오로지 투자수익률에만 집착한 채, 자신에게 투자한 사람들이 져야 하는 리스크나 금융 시스템에 미칠 파장 따위는 고려하지 않았다. 당시 상황에 비판적이었던 한 미국 금융권 관계자는 "MBA에서 윤리를 가르치려 해도 아무도 듣지 않았다"며 "비윤리적인 기업은 시가총액의 7%를 손해 본다는 등 계량 결과를 제시해도 모든 금융기관들은 윤리 문제에 대해 간과했다"고 지적했다.

성과급 위주의 보수 체계도 무리하게 투자하는 데 한몫했다. 실적에 따라 급여가 책정되는 성과급 체계이다 보니 금융회사 종사자들은 안정보다는 눈앞의 이익에 급급할 수밖에 없었다. 단기 실적을 바탕으로 보너스를 지급받으니 여기에만 매달린 것이다. 보수가 맞지 않으면 팀원 전체를 데리고 이직하는 팀장급 전문가도 많았다. 스카우트 경쟁 과정에서 급여는 더 올라갔다. 당시 금융권 보수 중 40%가 거품이라는 연구 결과도 있다.

이 같은 분위기를 주도한 것은 바로 투자은행이었다. 투자은행은 예금으로 자금을 모으지 않고, 대출이나 채권발행을 통해 자금을 끌어모은 뒤 이를 고수익 자산에 투자해 수익을 낸다. 또 기업 인수합병, 채권발행 등을 주선해 수수료 수입을 얻기도 한다. 골드만삭스(Goldmansachs), 리먼 브라더스, 메릴린치(Merrill Lynch) 등이 대표적이다.

결국 CDO, CDS 투자 경쟁은 갈수록 격화되었다. 구입 경쟁에는 한국 등 아시아 국가들도 참여했다. 넘치는 경상수지 흑자를 미국 국채뿐만 아니라 CDO, CDS 투자 등에 사용한 것이다. 결과적으로 아시아 국가들이 미국 주택담보대출 시장의 자금줄에 참여한 셈이 되었다.

호황에 취할 대로 취한 미국

신경제와 규제

    상황이 이런데도 부동산가격을 제외한 다른 분야에서는 확실한 문제점이 발생하지 않았다. 물가가 대표적이다. 금융위기 직전에 미국을 비롯한 세계 물가는 오랫동안 낮은 상승률을 유지했다. 아무리 유동성을 공급하고 금리를 내려도 물가는 오르지 않았다. 증가한 유동성이 서브프라임 채권 투자를 통해 부동산으로만 몰렸기 때문이다.

    이는 전체 경기호황을 이끌었다. 집값이 오르자 기분이 좋아진 미국인들은 대거 소비를 늘렸다. 이에 따라 세계 경제도 최고 호황을 구가했다. 미국 소비 증대에 따라 수입이 크게 늘면서 다른 나라의 미국에 대한 수출이 급증했기 때문이다.

앨런 그린스펀 미국 FRB 의장은 26일 스코틀랜드 발모럴 성에서 엘리자베스 2세 영국 여왕에게서 "세계 경제 안정에 지대한 공헌을 했다"는 이유로 기사작위를 받았다. 지난 1987년부터 15년 이상 연준을 이끌면서 이미 '거장(maestro)'이라는 칭호를 받아온 그린스펀에게 이번 기사작위는 그의 업적에 대한 공식적인 평가가 어느 정도인가를 잘 보여준다.

매일경제(2002. 9. 26.)

신경제의 이름으로 찬양하다

당시 주류경제학자들은 이런 상황을 '신경제'라며 찬양했다. 물가가 크게 오르지 않으면서 경기가 좋은 현상을 지칭한 것이다. 경제학자들은 그 원인을 중국 등 개도국들의 저가 생산품에서 찾았다. 진짜 원인은 부동산시장에만 돈이 몰린 것이었는데, 다른 원인을 집은 것이다. 결국 당시 경제학자들은 거품을 감지하는 데 실패했다.

이는 미국 금융당국도 마찬가지였다. 당시 앨런 그린스펀(Alan Greenspan, 1926~) FRB 의장은 "여러 상품이 효율적으로 유연하게 개발되는 과정에서 시스템도 효율적으로 변화한다"며 "현재 어떤 곳에도 거품은 없다"고 말했다. 그는 자유주의를 신봉하며 찬양했다. 이에 따라 미국 금융당국은 지속적인 저금리를 유지했다. 물가 안정이란 목표를 갖고 있는 금융당국 입장에서, 물가가 오르지 않는데 금리를 올릴 하등의 이유가 없었다. 오히려 간혹 침체 현상이 발견되면 곧바로 금리를 인하했다. 경기 확장기를 오랫동안 유지하기 위해서다.

규제도 거의 손 놓다시피 했다. 미국 금융당국은 상업은행 등 예금보험 대상 금융사만 규제하면 된다는 인식을 가졌다. 투자은행을 비롯한 다른 금융사들도 시장에 유동성을 공급한다는 점에서 실질적인 은행 역할을 하고 있어서 감독의 필요성이 컸지만, 금융당국은 이들을 제대로 감독하지 않았다.

사실 제대로 규제할 능력도 없었다. 금융당국이 일원화되지 못한 데다 은행, 증권, 보험, 지방은행 등 분야별로 나뉘어 통일된 정책을 구사하지 못했기 때문이다. 설령 좋은 정책을 개발한다 해도 제대로 구사할 수 있는 상황이 아니었다. 한 미국 금융 당국자는 "상품 규제의 경우 앞으로 어떤 문제가 생길지 예측해 규제하는 것은 무척 어렵다"며 "금융회사들이 신상품에 대한 인가를 요청할 경우 리스크를 제대로 통제할 수 있는지에 대한 테스트를 할 수 있어야 하지만, 내용이 너무 전문적이라 금융회사들의 설명을 그대로 듣고 넘어가는 경우가 많았다"고 토로한 바 있다.

제어 능력을 상실한 시장

당시 규제 완화 분위기는 시장 압박의 결과이기도 했다. 막대한 수익을 내며 많은 세금을 내던 금융회사들이 정치적 영향력을 발휘하며 계속 규제를 완화하라고 정부를 압박했던 것이다. 결국 시장은 고삐 풀린 말처럼 제어 능력을 상실하고 말았다.

하지만 미국 금융당국은 자신감에 차 있었다. 현재 어떻게 돌아가는지 명확히 알 수는 없지만, 문제가 생기면 어쨌든 해결할 수 있다는 것이 그들의 생각이었다. 1987년 주식시장 붕괴, 2001년 닷컴버블 붕괴, 2002년 9·11 테러 등 여러 위기를 극복한 경험은 이 같은 자신감을 배가시켰다. 시장도 어느 정도는 이를 신뢰했다.

이에 시장은 더욱 규제 완화를 요구했고, 규제 완화는 대세가 되었다. 1929년 대공황 시절 투자은행 업무와 상업은행 업무를 분리하도록 한 '글래스 스티걸' 법안(Glass-Steagal Act)이 공화당 의원에 의해 1998년 폐지된 것이 이를 상징적으로 대변한다. 이후 모든 은행은 투자은행과 상업은행 업무를 제한 없이 수행했다. 예금으로 끌어모은 고객 돈을 마음대로 투자할 수 있게 된 것이다.

물론 간혹 대출 원리금을 상환하지 못하는 기업과 가계가 나타나기는 했다. 하지만 은행들은 추가 대출을 통해 이 같은 어려움을 해결해줬다. 이자와 빚을 갚을 수 있도록 또 다른 빚을 내준 것이다. 이를 '에버그린론(evergreen loan)'이라 한다. 시중에 돈이 넘쳐나는 상황이라 에버그린론은 아무런 고민 없이 실시되었다.

위기의 시발점, 집값 하락
주택 주력 구매층, 역자산효과

하지만 좋은 상황은 언제까지나 지속될 수 없다. 집값이 오르는 데는 한계가 있다. 너무 올라버린 어느 순간, 누구도 살 엄두를 내지 못한다. 그렇게 매수세가 끊기면 집값은 더 이상 오르지 않는다. 결국 2006년 말 집값은 꼭지를 찍은 후 정체되기 시작했다. 너무 오른 집값에 부담을 느낀 사람들이 주택 구매를 자제하기 시작한 것이다.

미국 부동산시장의 침체가 심화될 전망이다. 국제 신용평가기관인 S&P는 8월 말 2·4분기 미국 주택가격은 1년 전에 비해 3.2% 하락해 1987년 주택가격지수를 산정하기 시작한 이래 사상 최대 하락 폭을 기록했다고 발표했다. 크리스천 사이언스 모니터(CSM)는 부동산시장의 하락을 '제2차 대전 이후 최대 폭락'이라고 표현했다.

서울경제(2007. 9. 5.)

더 이상 집을 사려는 사람이 없어지다

특히 주택 주력 구매층의 감소는 이 같은 상황은 더욱 부채질했다. 통상 집을 주로 구매하는 연령층은 36~54세로 파악된다. 가정을 꾸려 안정된 주거를 선호하는 계층이다. 미국의 36~54세 계층은 2006년 말을 기점으로 감소하기 시작했다. 집을 주로 사는 사람들의 절대적인 수가 줄어들기 시작한 것이다.

더 이상 집을 사려는 사람이 없어지면 결과는 자명하다. 집값이 떨어지는 것이다. 집값 하락은 이내 미국 경제를 충격에 빠트리기 시작했다. 집값이 하락하면 소비심리는 위축되기 마련이다. 집값이 오를 때면 자산이 증가했다고 여겨 소비를 증가시키지만(자산효과), 집값이 떨어지면 자산이 줄어들었다는 위축심리가 생겨(역자산효과) 소비를 줄이게 된다. 이 같은 소비 감소는 결국 경기를 악화시킨다.

첫 번째 충격은 서브프라임 대출을 갖고 있던 저소득층들이 겪게 되었다. 경기 악화에 따라 이들이 해고나 임금 삭감 등을 당한 것이다. 소득원이 사라지자 이들은 서브프라임 대출 이자를 제대로 갚을 수 없게 되었다. 사실 이때만 해도 큰 문제는 되지 않았다. 이미 주택가격이 크게 올라 있어, 집을 팔면 원금은 물론 이자도 갚을 수 있었기 때문이다.

하지만 서브프라임 대출자들이 계속 집을 내놓자 집값 하락세가 심화되기 시작했다. 반면에 집을 사겠다고 나서는 사람은 없었다. 결국 사겠다는 사람보다 팔겠다는 사람이 많아졌고, 이에 따라 집값은 더욱 폭락했다.

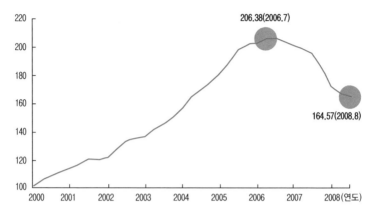

〈도표 12-4〉 미국 주택가격지수 추이

206.38(2006.7)

164.57(2008.8)

주: 2000년 평균 주택가격의 몇 %인지를 나타냄
자료: 블룸버그

집값이 대출금액보다 작아지다

급기야 집값이 대출금액보다 작아지는 일이 속출하기 시작했다.
30만 달러 대출을 받아 40만 달러짜리 집을 샀는데, 집값이 30만
달러 밑으로 떨어지는 식이다. 이렇게 되면 서브프라임 대출의 일부
는 부실이 불가피하다. 집이 25만 달러에 팔렸다면 30만 달러 대출
가운데 5만 달러는 받지 못하는 것이다.

그나마 이 같은 경우는 운이 좋은 축에 속했다. 대출 원금 이하로
집을 팔려고 해도 팔리는 경우가 거의 없었기 때문이다. 결국 집을
팔 수 없게 된 대출자들에게 남은 일은 대출 연체였다. 2008년 3월
서브프라임 대출 연체율은 20%에 육박했다. 대출액 가운데 20%가
제때 상환되지 못하고 연체된 것이다.

CDO 투자자들의 대규모 손실

시가평가, 헤어컷

충격은 서브프라임 대출을 기반으로 만들어진 CDO 구입자에게 돌아갔다. 낮은 등급의 서브프라임 CDO를 산 투자자들은 채권을 상환받지 못했고, 고스란히 손실로 이어졌다. CDO 투자자 가운데 CDS 계약을 맺어놓은 경우라면 손실을 피할 수 있었다. CDS 계약 상대방으로부터 채권액을 상환받을 수 있기 때문이다. 하지만 이는 손실의 이전에 불과했다. CDS 투자자가 그 손실을 가져간 데 그친 것이다. 결국 금융시장 전체적으로 손실이 누적되고 말았다.

23일(현지 시간) 미국 부동산 전문 연구소인 리얼티트랙의 조사에 따르면 3분기 주택차압 건수는 76만 5,558건으로 전년 동기 대비 71%나 급증했다. 전분기 대비로는 3% 증가했다. 이 같은 현상은 주택가격 하락세가 멈추지 않고 있는 데다 모기지대출 경색이 지속되고 있는 데 따른 것이다. 일자리 감소로 모기지 대출금을 갚지 못하는 사람들이 늘고 있는 것도 한몫하고 있다.

이데일리(2008. 10. 23.)

전반적인 자산가치의 하락

상황은 계속 악화되었다. 가격을 대폭 내려 집을 내놔도 팔리지 않았다. 계속 집값이 떨어질 것이란 예상이 확산되면서 누구도 집을 사려 하지 않았기 때문이다.

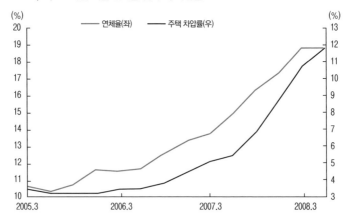

〈도표 12-5〉 서브프라임 대출 연체율 및 주택 차압률

자료: 블룸버그

　　이에 서브프라임 채권 구입자들은 이자는 물론 원금도 상환받지 못하면서 돈을 떼이는 일이 계속되었다. 이를 벌충하기 위해 은행은 대출자의 주택을 차압했지만, 이미 가치가 떨어질 대로 떨어진 주택의 차압은 의미가 없었다. 상황이 이렇게 되자 높은 등급의 채권을 산 투자자들도 피해를 입게 되었다. 주택이 팔리면 원금을 상환받을 수 있지만, 주택이 팔리지 않으니 원금을 상환받을 길이 없게 된 것이다. 부동산시장 침체는 곧 전체 금융시장으로 파급되어 전반적인 자산가치 하락이 발생했다. 주가가 떨어지고 채권가격도 급락한 것이다. 이는 유동성을 구하려는 금융사들이 손실을 벌충하기 위해 자산 매각 러시에 나섰기 때문이다.

　　자산가치 하락은 팔지 않고 보유하고 있는 자산에도 영향을 미쳤다. 금융자산 전체적으로 가격 하락이 심화되면서 보유 자산가치가 함께 떨어지는 악순환이 생긴 것이다. 어떤 집이 싸게 팔리면 팔리지 않은 다른 집도 가격이 함께 떨어지는 상황으로 이해하면 된다. 이 같은 상황에서는 일부 은행만 자산 매각을 실시해도 그 여파는 전체 은행으로 퍼지게 된다.

손실도 어느 선까지는 방어할 수 있다. 하지만 적정 수준을 넘어서면 감당할 수 없다. 결국 주식, 채권 등에 막대한 투자를 했던 금융회사들은 감당할 수 없는 수준의 손실을 입기 시작했다. 특히 돈을 빌려 투자한 경우에는 충격이 더욱 컸다. 채권을 상환받아 빌린 돈을 갚아야 하는데, 그렇지 못하면서 채무 상환 압박에 시달리게 된 것이다.

위기를 심화시킨 신용등급의 하향조정

금융위기는 '시가평가' 혹은 '공정가치평가'라 불리는 회계 방식도 어느 정도 영향이 있었다. 급격히 하락하는 자산가치가 거의 실시간으로 금융회사 재무제표에 반영되면서 계속 손실로 인식된 것이다. 이에 따라 필요 이상으로 손실이 과하게 인식되면서 해당 금융회사들의 신뢰는 급격히 추락했다.

예를 들어 주당 1만 원에 매입한 주식이 8천 원, 5천 원, 3천 원 등으로 떨어질 때마다 바로 평가 손실이 회계 장부에 기록되는 것이다. 이는 주가가 다시 회복세를 타면 언제든 벌충될 수 있는 손실이다. 하지만 실시간으로 손실이 잡히면서, 금융회사들은 장부상으로도 큰 손실을 보고 있는 것으로 나타나게 되었다.

자산을 장기로 운용하는 금융사일수록 시가평가 충격이 커진다. 자산을 장기로 운용하다 보면 수시로 자산가치가 하락하는 일이 발생할 수 있다. 그런데 위기상황에서 자산가치가 떨어질 때마다 즉각 손실로 반영되면, 이를 피하기 위해 불필요하게 자산을 매각해야 하는 일이 발생할 수 있다. 이는 추가 손실을 막기 위한 일인데, 결국엔 전체 금융시장을 더 큰 혼란에 빠트린다. 그래서 자산을 장기로 운용하는 금융사에 대해서는 시가평가를 완화해줄 필요가 있다는 지적이 있다. 특히 명확히 시가가 잡히지 않는 자산의 경우 예측 불가능한 전망에 기인해 손실을 과하게 잡는 경우가 있는데 이에 대한 비판이 많다.

한편 가치가 아직 하락하지 않았는데 미래에 가치가 하락할 위험도를 반영해 미리 자산의 가치를 낮게 평가하는 '헤어컷(haircut)'도 시장에 만연했다. 헤어컷은 금융사 자산에 대한 과대평가를 막고, 위험을 관리하기에 용이한 수단이다. 또 금융사 인수합병시 해당금융사가 보유한 자산의 실질가치를 평가하는 데 유용하게 활용되는 수단이기도 하다. 하지만 이 방법은 위기 시 금융사의 어려움을 가중시켰다.

이 같은 상황에서 신용평가사들의 신용등급 조정은 위기를 심화시켰다. 위기 전에 AAA를 남발했던 신용평가사들은 위기 징후가 보이자 신용등급을 잇따라 하향 조정했고, 이에 따라 시장 불신은 더욱 깊어졌다. 결국 투자자들의 자금 인출 러시가 일어나면서 금융사의 유동성 상황은 더 심각해지고 말았다.

채권을 구입한 금융사뿐만 아니라 중개한 회사도 큰 손실을 봤다. 단지 중개만 했다면 손실이 없었겠지만 주택대출자, 기업 등 채권발행 주체가 도산할 경우 중간에 거래를 주선한 책임을 지고 구매자에게 보상해야 할 의무를 진 경우가 많았기 때문이다. 또 지급보증을 한 경우도 많았다. 서브프라임 CDO를 발행한 은행이 파산한 가계를 대신해 구입자에게 채권을 상환해주는 식이다. 여기에 스스로 투자한 채권이 부도나는 손실까지 더해졌다.

파급력이 컸던 리먼 브라더스의 파산
대마불사

마침내 손실을 견디지 못해 도산하는 금융기관들이 속출하기 시작했다. 2007년 하반기 모기지(장기 부동산대출) 전문은행 패니메이, 프레디맥 등을 시작으로, 2008년 9월 리먼 브라더스, AIG 등으로 정점에 이르렀다.

이 가운데 리먼 브라더스의 도산은 파급력이 컸다. 부동산 관련 투자에 올인하다시피 했던 리먼 브라더스는 당시 세계 최대 투자은행 중 하나였다. 미국은 물론 세계 그 누구도 리먼 브라더스가 파산하리라고 생각하지 않았다. 리먼의 투자 방식은 교과서와 같았으며, 그들의 한마디 한마디는 금과옥조였다. 설사 그들이 어려움을 겪더라도 '대마불사(大馬不死, too big to fail)' 정신에 따라 미국 정부가 구제해줄 것으로 믿었다. 리먼이 파산하면 미국 경제도 함께 무너지니 어떻게든 살릴 것으로 믿은 것이다.

대마불사의 신화가 깨지다

하지만 미국 정부는 그렇지 않았다. 리먼이 파산하도록 그냥 내버려두었다. 계속 살려두었다가는 부실이 너무 커져 감당하기 어려워질 것으로 판단했기 때문이다. 결국 리먼은 문을 닫았다.

이후 미국 금융시장에는 극도의 불신이 확산되었다. 리먼도 망하는 마당에 누가 버틸 수 있겠냐는 공포감이 확산된 것이다. 누군가에게 돈을 빌려준 사람들은 경쟁적으로 대출 회수에 나섰다. 차주가 언제 망할지 모른다는 의심 때문이었다. 이를 거래상대방위험(counterparty risk)이라 한다. 이 같은 상황에서는 돈을 빌리기가 무척 어렵고, 빌리더라도 무척 높은 금리를 줘야 한다. 그래야 위험을 감수하고라도 돈을 빌려주겠다는 사람을 찾을 수 있다. 이런 상황은 신용경색을 극도로 심화시켰다.

이 과정에서 메릴린치, 골드만삭스 등 유수의 은행들도 큰 피해를 입었다. 특히 채권보증회사인 모노라인이나 CDS 매입은행들이 파산위기에 내몰린 충격은 컸다. 이들이 파산하면 채권 구매자들은 어디서도 손실을 보전받을 수 없게 되어, 시장은 제 기능을 완전히 상

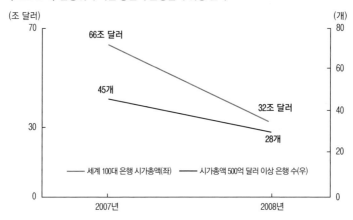

〈도표 12-6〉 금융위기 기간 동안의 은행업의 위상 변화

(조 달러)

66조 달러

45개

32조 달러

28개

30

── 세계 100대 은행 시가총액(좌)   ── 시가총액 500억 달러 이상 은행 수(우)

0

2007년   2008년

(개)
80

60

40

20

0

자료: 세계은행

실할 수밖에 없다. 그나마 시장을 지탱했던 보증에 대한 믿음이 허물어지기 때문이다. 결국 아무도 갖고 있는 돈을 내놓지 않고, 빌려준 돈을 회수하려고만 하는 상황으로 치닫고 말았다.

이 같은 신용경색은 기업으로 전이되었다. 시장에 돈이 말라 기업들도 돈을 구하지 못하는 상황에 이른 것이다. 여기에 금융위기로 인해 소비심리가 극도로 위축되면서 기업생산도 큰 타격을 입었다. 위기를 맞은 은행들은 스스로 살기 위해 엄격한 기업 대출 규제에 나섰고, 이는 기업들의 어려움을 가중시켰다. 은행이 대출을 갖고 있는 기업에 돈을 빌려주지 않으면 기업은 기존 대출을 상환할 수 없어 파산위기에 내몰릴 수밖에 없다. 은행은 대출을 하더라도 매우 높은 금리를 부과했다. 결국 GM과 포드 등 많은 제조업체들이 큰 타격을 입었다.

금융위기가 경제위기로 확산되다

금융위기는 곧 경제위기로 확산되었다. 금융 부실이 실물로 퍼지면서 위기가 더 심각해진 것이다. 이는 넓게 보면 1990년대 후반 이후 금융 부문의 팽창과 자산가격 상승, 이로 인한 부의 창출이 지속되면서 끝도 없을 것 같았던 장기호황의 부작용이었다. 이 같은 일련의 과정에 대해 폴 볼커(Paul Adolph Volcker, 1927~) 전 FRB 의장은 "새 금융시스템은 부를 주지만, 실패하면 전체 시스템에 큰 리스크를 유발한다"고 묘사했다.

신용카드 문제도 심각했다. 현금서비스, 리볼빙(카드 대금 중 일부만 결제하고, 나머지는 대출로 전환해 분할 상환하는 방식) 등의 분야에서 상황이 좋지 않았다. 위기 직전 미국 소비자의 리볼빙 신청률은 62%에 이르렀는데, 한국 신청률 12.7%에 비하면 매우 높은 수준이었다. 미국 소비자들이 빚을 내는 일에 얼마나 무감각했는지를 보여주는 대표적인 사례다.

금융위기, 미국에서 전 세계로 확산되다
국제적 위기로의 확산 과정

  미국의 충격은 곧 세계 각국으로 전파되었다. 미국에 거점을 둔 주요 금융회사들은 손실을 견디지 못해 서로가 서로에게 돈을 상환하라고 재촉했다. 결국 각 금융회사들은 각지에 투자해놓은 돈을 회수하기 시작했다. 당장 현금이 부족하니 자산을 팔아서라도 돈을 확보하려고 한 것이다. 이 과정에서 세계 각지에서 자산이 매물로 쏟아지면서 가격이 폭락했고, 달러는 급격히 유출되었다.

미국 정부가 AIG에 850억 달러의 구제금융을 처방하며 진화에 나섰지만, 미국발 금융위기는 오히려 '글로벌 금융공황(패닉)'으로 치닫고 있다. 미국은 물론 리먼 브라더스에 물린 일본과 중국, 유럽 대형 은행들까지 대출 회수에 가세, 사상 최대의 자산 회수가 벌어지고 있다.

한국경제(2008. 9. 18.)

달러의 품귀 현상

  달러 유출의 영향은 심대했는데, 달러가 부족한 헝가리, 루마니아 등 동유럽 국가들은 1997년 한국이 그랬던 것처럼 IMF에 구제금융 지원을 요청하는 신세로 전락했고, 다른 개도국들도 심각한 달러 부족 사태를 겪어야 했다. 그러자 달러가치는 일시적으로 급등세를 나타냈다. 미국 금융회사들이 달러 빼가기 경쟁을 하면서, 국제적으로 달러를 서로 보유만 하려 할 뿐 아무도 빌려주려 하지 않으면서 벌어진 현상이다.

사실 미국에 금융위기가 발생했는데, 정작 미국의 통화인 달러가치가 급등한 상황은 아이러니했다. 위기가 발생한 나라의 통화는 아무도 보유하려 들지 않고, 이에 따라 가치가 떨어지는 것이 상식이기 때문이다. 하지만 이때는 반대로 달러 보유 경쟁이 벌어졌다. 미국 내 현금이 부족해지자 미국 금융회사들 사이에서 달러 확보 경쟁이 벌어졌고, 이에 따라 전 세계에 풀려 있던 달러가 미국 내로 흡수되었다. 이에 달러 품귀 현상이 빚어졌다.

여기에는 아무리 미국에서 촉발된 위기라 하더라도 달러는 그나마 상대적으로 안전한 자산이라는 인식도 크게 작용했다. 적어도 한국의 원화보다는 안전한 자산인 것이다. 이에 따라 서로 달러를 보유하려는 경쟁이 심화되었고, 달러가치는 급등했다. 모든 국제 거래

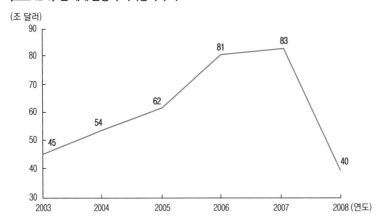

〈도표 12-7〉 전 세계 은행의 시가총액 추이

(조 달러)

자료: 미국 증권거래위원회

의 수단으로 사용되는 달러 부족은 심각한 문제였다. 또 원활한 달러 유동성을 갖고 있어야 하는 한국 등 개도국들의 상황을 더욱 어렵게 했다.

개도국 금융회사들은 미국 내 CDO와 CDS 투자에서도 큰 손실을 봤다. 경상 흑자를 기반으로 미국 내 투자를 하면서 CDO와 CDS에도 많은 투자를 했던 상태였다. 이들은 주로 A등급 이상인 CDO에만 투자했지만 손실을 피할 수 없었다. CDO 자체가 아무리 A등급을 받았다 하더라도 신용경색이 오면 모든 대출이 부실해지기 때문이다. A등급 CDO도 상환을 못 받는 일이 속출하면서 피해가 커졌다. 여기에 전반적인 자산가격 급락에 따른 손실도 겹치면서 세계 금융회사들의 손실은 기하급수적으로 늘어났다.

신뢰 상실이 결국 극심한 침체를 불렀다

영란은행의 추산에 따르면 당시 전 세계 금융회사들의 손실은 2조 8천억 달러에 달했다. 이는 한국 1년 GDP의 3배에 육박하는 금액이다.

IMF 등 국제기구는 제 역할을 하지 못했다. IMF는 태생 자체가 선진국 주도로 설립되어 개도국 위기에 대처하면서 위상을 높여온 기관이다. 정작 핵심 중추에 위기가 생기니 당황하는 것 외에 할 수 있는 일이 없었고, 어떠한 처방을 내놓거나 위기 해결을 주도하지 못했다. 결국 선진국 중심의 IMF 내부 지배구조를 개혁해 국가 간 공조에 기여해야 한다는 목소리가 나오게 되었다.

위기 기간의 가장 큰 문제는 신뢰 상실이었다. 정부는 기업을 믿지 않고, 기업도 정부를 믿지 않았다. 어느 누구도 상대를 믿고 투자하려 하지 않았고 위기는 더욱 깊어졌다. 세계 경제는 극심한 침체에 빠져들었고 무역도 크게 축소되었다.

미국 금융사들, 결국 정부의 품으로
미국의 4단계 위기 해결 전략

이처럼 위기가 심각해지자 각국 정부는 즉각 대처에 들어갔다. 우선 미국은 위기 대응을 위해 금리를 사실상 '0'으로 내리고, 달러를 무제한 공급하는 정책을 폈다. 위기가 오면서 모든 경제주체들이 돈을 내놓으려 하지 않고 회수하려고만 들자, 거의 무제한으로 달러를 찍어 시장에 공급한 것이다. 이를 통해 신용경색을 맞은 가계와 금융회사들의 상황을 호전시키려고 했다.

또 미국 경제만 살리는 것은 한계가 있다고 판단해 세계 각국에도 달러를 뿌렸다. 상대국 통화를 담보로 받고 달러를 공급하는 통화스왑(currency swaps) 협정이 대표적이다. 이에 따라 유럽지역에 1,100억 달러가 공급되는 등 주요 경제권별로 대규모 달러 자금이 풀리게 되었다. 한국도 미국과 300억 달러 규모의 스왑 협정을 체결했다. 한국이 300억 달러에 상응하는 원화를 미국에 주면, 미국이 300억 달러를 내어주는 협정이다. 이후 약속한 만기가 되면 다시 맞바꾼다. 이를 통해 미국은 전 세계적인 달러 품귀 현상을 해결하려고 했다. 여기에는 달러가치를 일시적으로 하락시킴으로써 미국의 경상수지를 개선시키려는 의도도 들어 있었다.

미중앙은행인 FRB는 25일(현지 시간) 주택 매입자와 소비자, 중소기업의 자금난을 덜어주기 위해 총 8천억 달러의 유동성을 공급하기로 했다. FRB는 모기지(주택담보대출)시장을 지원하기 위해 국책 모기지업체인 패니메이와 프레디맥으로부터 6천억 달러에 달하는 채권과 모기지유동화증권(MBS)을 매입하는 한편 학자금과 자동차, 신용카드 등 소비자대출과 중소기업 대출시장에 2천억 달러를 투입하기로 했다.

헤럴드경제(2008. 11. 26.)

미국 정부의 위기 해결 노력 1~3단계

미국 정부의 위기 해결 노력은 크게 4단계로 요약할 수 있다. '신용경색 완화를 위한 중앙은행 유동성 공급 → 공적자금을 통한 금융회사의 부실자산 매입 → 금융회사 자본 확충을 위한 공적자금 투입 → 부실 금융회사의 실질적 국유화'가 그것이다.

1단계는 앞서 소개한 무제한 달러 공급이다. 미국 정부는 시중에 유동성이 부족하자, 금리를 내리고 돈을 찍어 유동성을 무한정 공급했다. 이를 양적완화라 한다. 미국의 양적완화는 수년간 계속되었다. 하지만 이 정도로 문제가 해결되지 않자 2단계로 직접 재정을 투입해 은행 등 금융회사의 부실 대출을 해결해줬다. 위기가 터지면 기업들은 큰 타격을 받게 되고, 이렇게 되면 기존에 빌린 돈을 갚을 수 없게 된다. 그러면 은행은 문을 닫아야 하는 상황에 처할 수 있다. 기업에게서 돈을 받지 못해 예금자들의 예금 상환 요구에 응할 수 없기 때문이다.

이에 정부가 나서서 부실대출을 해결해줄 필요가 있다. 정부가 대출받은 기업을 대신해 은행에 돈을 갚아주고 부실대출을 떠안는 것이다. 그러면 정부가 기업 대출을 가져가고, 은행은 손실 위험에서 벗어날 수 있다. 추후 상황이 좋아지면 정부는 기업으로부터 대출을 상환받아서, 은행에 대신 갚아준 돈을 벌충할 수 있다. 하지만 여기에는 오랜 시간이 걸린다.

이 같은 과정에 의해 미국 정부는 막대한 양의 부실대출을 안고 있다. 부실대출은 '부실채권'이라 표현하기도 한다. 돈을 상환받는 권리가 부실해졌다는 뜻이다. 부실대출보다는 부실채권이 더 널리 쓰이는 용어다.

3단계로 미국 정부는 은행 등 금융회사에 직접 자금을 투입했다. 금융회사의 업무 구조를 단순화하면, 돈을 빌린 후 이를 다시 빌려줌으로써 수익을 내는 것이다. 그런데 당시 금융회사들은 빌려준 돈

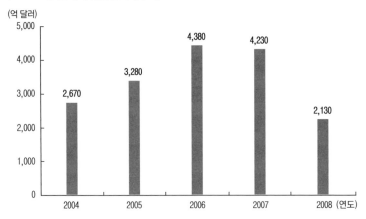

〈도표 12-8〉 전 세계 은행 순이익 추이

(억 달러)

- 2004: 2,670
- 2005: 3,280
- 2006: 4,380
- 2007: 4,230
- 2008: 2,130

자료: 블룸버그

을 받지 못하고 빌린 돈을 갚지 못하는 상황이었다. 2단계가 빌려준 돈을 받지 못하는 상황을 해결해주는 것이라면, 3단계는 빌린 돈을 갚지 못하는 상황을 해결해주는 것이었다. 부실대출을 해결하는 선을 벗어나 금융회사가 유용할 수 있도록 돈을 직접 공급해준 것이다. 주택대출 전문회사인 패니메이와 프레디맥에 2천억 달러라는 천문학적인 자금을 투입한 것이 대표적인 예다. 또 씨티그룹에는 200억 달러를 투입했다. 금융회사들은 이 돈을 외부에서 빌린 돈을 갚는 데 사용했다.

　미국 정부는 지급보증도 실시했다. 씨티그룹에 대해서는 3,600억 달러어치 보증이 실시되었다. 씨티가 외부에서 빌린 3,600억 달러어치 빚을 갚지 못하면 정부가 대신 갚아주겠다는 약속이다.

　미국 정부는 그나마 우량한 금융회사들에게 부실 금융회사를 사들이도록 독려하기도 했다. 홀로서기가 어려운 금융사를 다른 회사에 넘기는 것이다. JP모건체이스(J.P. Morgan Chase & co.)가 주당 2달러, 총 2억 7천만 달러에 미국 5위 투자은행이었던 베어스턴스(The Bear Stearns Companies, Inc.)를 인수한 것이 대표적이다. 이 과정에서 미국 정부는 JP모건체이스에 300억 달러를 지원했다. 인수가액의 100배 이상을 지원한 것이다. 지원금은 베어스턴스의 부실 해소에 사용되었다. 즉 미국 정부가 300억 달러를 들여 베어스턴스가 갖고 있는 부실을 해결한 뒤 JP모건이 그 1/00 가격에 인수하도록 해준 것이다. 또 뱅크오브아메리카(Bank of America)는 440억 달러에 메릴린치를 사들였다. 위기 이전 메릴린치의 기업가치와 비교하면 엄청난 헐값이었다. 부실해진만큼 기업 가치가 내려간 탓이다. 이 같은 헐값 매각을 '파이어세일(firesale)'이라 부른다.

하지만 이 정도로 해결되지 않는 금융회사들도 많았다. 그러자 미국 정부는 마지막 4단계 수단으로 금융회사를 아예 국유화해 버렸다. 지분 80%를 850억 달러에 사들인 보험회사 AIG(American International Group)가 대표적이다. 국유화는 정부가 끝까지 책임지겠다는 뜻이다. 이것은 금융회사의 연쇄 파산을 막는 최후의 방법이다. 한국의 경우 과거 한일은행과 상업은행을 국유은행으로 바꿔 우리은행으로 출범시킨 사례가 있다.

위기가 끝나면 정부는 국유 금융사의 부실을 해소한 뒤 지분을 민간에 팔아 민간 금융사로 다시 전환시킨다. 이 과정에서 매각 대금이 정부로 들어오면 은행에 투입한 자금을 회수할 수 있다. AIG의 경우 갖고 있는 자산을 순차적으로 매각해 AIG 스스로 지분을 정부로부터 되사올 예정이다. 이 과정에서 미국 정부는 AIG 구조조정을 위한 전문회사를 설립해 운영 중이다. 이 회사의 설립 목적은 AIG 부실 자산 매입에 있다. 돈은 중앙은행이 공급하면서 전문회사를 둔 것은, 혹시 AIG가 부도날 경우 그 피해를 전문회사 수준에 국한시키기 위해서다. 성공적으로 운영되면 AIG의 부실 자산이 해소되어 우량기업으로 거듭날 수 있다.

이런 4단계 전략에도 불구하고 미국 내에는 파산하는 은행이 속출했다. 부실이 워낙 거대했기 때문이다. 결국 시스템상 중요한 대형 은행에 집중할 수밖에 없었다. 미국에는 대형 은행뿐만 아니라 지역별로 소형 은행이 많아 전국적으로 8천여 개의 은행이 있는데, 이 가운데 수백 개가 부실을 견디지 못하고 사라졌다.

은행 구조의 개편, 폴 볼커가 돌아오다

전방위 정부 개입의 실시

위기를 해결하기 위한 미국 정부의 노력은 이뿐만이 아니었다. 은행 구제 외에도 각종 안정화 대책이 실시되었다. 채권을 사려는 사람이 없어 단기채권 시장이 불안하자 정부가 자금을 투입해 채권을 사들였고, 채권발행 주체가 망할 경우 정부가 대신 지급을 약속하는 지급보증을 실시했다.

또 주식을 빌려서 파는 '공매도(short stock selling)'를 금지했다. 공매도는 자신에게 주식이 없으면서 타인에게 주식을 빌려서 파는 것을 의미한다. 추후 실제 주가가 떨어지면 판매한 당시의 가격과 떨어진 시점의 가격을 비교해 차액을 벌 수 있어 주가 하락을 더욱 부추긴다는 점에서 금지되었다. 위기 당시 한국은 금융주에 대한 공매도를 규제한 바 있다.

미국 증권거래위원회(SEC)는 리먼 브라더스 파산 이후 금융주가 연일 폭락하자 지난 19일 금융주 799개 종목에 대한 공매도를 오는 10월 2일까지 한시적으로 금지했다. 지난 22일에는 금융사업 위기설에 시달리고 있는 GE와 자동차업체인 포드, 제너럴모터스(GM) 등 137개 주식도 공매도 금지 목록에 포함했다. 주가 폭락으로 위기설에 시달리고 있는 기업들이 공매도 금지를 요청했기 때문이다.

헤럴드경제(2010. 4. 2.)

신뢰 형성을 위한 노력

미국 정부는 또 예금자들이 은행 부실을 우려해 예금 인출을 하려는 행위를 막기 위해 예금보호 한도를 1인당 10만 달러에서 25만 달러로 높였다. 은행이 파산해도 25만 달러까지는 정부가 대신 지급해주는 것이다.

어려움을 겪고 있던 기업도 여기에 지원했다. 기업들이 자금 융통을 위해 발행한 어음을 사들임으로써 기업으로 자금이 흘러가도록 도왔다. 또 가계 지원을 위해서는 주택대출 원금 삭감, 금리 인하, 기한 연장 등 대책을 폈다.

금융위기의 도화선이 된 금융회사들을 벌하는 차원에서는 CEO의 연봉을 직접 규제했고, 장기적으로는 중복된 감독 체계 해소를 위한 감독 체계의 선진화, 신종금융상품 규제 확대, 신용평가사 개혁 등도 실시했다.

이 밖에 은행 구조를 개편해, 유니버설 은행(투자은행 업무와 상업은행 업무를 겸하되, CIB보다 투자은행 업무에 더 치중함)이 투자은행과 상업은행 부분을 분리하도록 하는 구조 개편도 진행했다. 투자은행 방식의 영업에서 파생되는 위험이 상업은행 부분에 번져 은행 전체가 부실해지는 위험을 막기 위해서다. 이를 레이건 정부 시절 중앙은행 총재를 지냈던 '폴 볼커'가 제안했다고 해서 '볼커 룰(Volcker Rule)'이라 한다. 이 정책은 금융위기 기간 적절한 위험 관리를 기반으로 최강자로 부상한 JP모건체이스 등 선진 CIB(Commercial Investment Bank, 투자은행 업무를 겸하는 상업은행)에 큰 영향을 미쳤다.

이에 따라 현재 은행산업은 상업은행 중심의 1세대와 투자은행과 유니버설 은행 중심의 2세대를 지나 투자은행과 상업은행이 분리되는 3세대로 진입한 상태다.

이 같은 조치들은 시장에 팽배해 있는 불신을 제거하기 위한 노력이다. 시장에 불신이 팽배해 있으면 금융 거래 자체가 발생하지 않아 위기가 더욱 심화된다. 이에 미국 정부는 금융기관의 부실을 해소해 신뢰를 다시 형성함으로써 거래가 발생할 수 있도록 노력했다.

다른 나라 정부도 미국과 함께 움직였다. EU 본부는 회원국에 250억 달러를 지원했으며, 영국 정부는 부실 은행들을 구제하기 위해 6,165억 파운드(1,230조 원)를 쏟아부었다. 다른 부분에 쏟은 자금을 합하면 그 규모는 더욱 커진다. 유럽 나라들뿐만 아니라 세계 모든 나라가 이 같은 정책에 동참했다.

한국은 금융위기에 어떻게 대응했을까?
금리 인하, 공개시장조작 정책 등

금융위기 기간 동안에 한국도 큰 피해를 봤다. 다급해진 외국인 투자자들이 국내에 투자했던 돈을 달러로 바꿔서 빼가면서 환율이 천정부지로 치솟았고, 국내 은행들은 해외 투자에서 큰 손실을 봤다. 이 과정에서 주가는 급락했고, 기업들은 은행으로부터의 대출 상환 압박과 판매 부진으로 어려움을 겪게 되었다. 일부 직장인들은 해고를 당하기도 했다. 한국도 금융위기 진원지인 미국과 마찬가지로 비슷한 어려움을 겪어야 했던 것이다. 이에 대해 우리 정부도 많은 대응을 했다.

이번 인하에 따른 한은의 기준금리 2.0%는 사상 최저 수준이다. 한은은 지난 1999년 통화량에서 기준금리로 통화정책 목표를 바꾼 이래 작년 9월까지 금리를 3.25% 아래로 떨어트린 적이 한 번도 없었다. 3.25%마저도 2005년 11월 1일부터 한 달간 유지되었을 뿐이다. 그러나 작년 하반기 리먼 브라더스 사태 이후 금융시장이 크게 흔들리자 한은은 금리를 내리기 시작했다.

연합뉴스(2009. 2. 12.)

기준금리 인하, 채권 매입, 긴급 대출

가장 먼저 사용한 수단은 기준금리 인하다. 금리를 인하함으로써 대출자들의 이자 부담을 줄이고, 시중에 돈이 잘 돌 수 있도록 해준 것이다. 금융위기 기간 한국은행은 기준금리를 5.25%에서 2.0%로 크게 인하한 바 있다.

그런데 거대한 위기에서는 이 같은 정책만으로 부족하다. 아무리 금리를 내려도 은행이 떼이는 것을 두려워해 대출해주지 않으면 돈이 돌지 않기 때문이다. 결국 한국은행은 돈을 찍어 시중에 뿌리게 된다. 가장 대표적인 방법이 채권 매입이다. 자본확충펀드를 조성해 은행이 발행하는 은행채 등을 매입하거나, 금융회사에 직접 자본을 투입하는 것이다. 정부가 은행에 돈을 빌려주는 것과 마찬가지 효과를 낸다.

환매조건부채권(RP: Repurchase Paper) 방식이란 것도 있다. 환매조건부채권이란 채권 판매자가 조만간 다시 사겠다는 약속을 붙여 파는 채권이다. 예를 들어 A은행이 갖고 있는 채권을 한국은행에 팔면서 두 달 뒤에 다시 사들이겠다는 약속을 하는 식이다. 이렇게 하면 은행은 두 달 동안 채권을 한국은행에 팔아 얻은 돈을 사용하고, 두 달 뒤 채권을 다시 사들여 한국은행에 갚게 된다. 주로 짧은 기간에 유동성 위기를 해결하기 위해 이 같은 방식을 사용한다. 이런 식으로 금융위기 기간 한국은행이 사들인 채권은 18조 5천억 원어치에 달한다. 이처럼 채권 매매를 통해 유동성을 조절하는 정책을 '공개시장조작 정책'이라 한다.

유동성 위기를 겪고 있는 금융회사에 대해 한국은행이 낮은 이자율로 긴급 대출을 해주는 방식도 있다. 은행에는 직접 대출을 해주고, 은행이 아닌 자산운용사 등에는 시중은행을 통해 간접적으로 공급할 수 있다. 시중은행에 일단 자금을 공급하면 은행이 이를 자산운용사에 공급하는 방식이다. 이때 자산운용사가 갖고 있는 펀드자산이 담보로 잡히게 된다. 담보가 잡히지 않는 경우도 있다.

정책들이 100% 통하지는 않는다

이 외에 기업 어음 구매, 금융사가 보유한 자산 구입 방식으로도 시중에 유동성을 공급할 수 있다. 또 금융회사들이 보유한 부실 채권(떼일 우려가 높은 대출)을 우량한 국채로 바꿔주거나 현금을 주고 사들이기도 했다. 이렇게 하면 정부가 대출 권리를 가져가는 대신 정부자금이 은행에 투입되고, 그만큼 부실채권이 안전 자산으로 바꿔면서 건전성이 제고된다. 추후 정부는 채권을 최초 발행했던 기업이나 개인의 상황이 개선되면 돈을 돌려받아서 은행에 투입한 돈을 벌충한다.

각종 채권을 많이 보유한 금융사에 자금을 지원해, 이들이 자금 부족을 이유로 회사채를 파는 일을 막기도 했다. 이렇게 하면 시장에 채권 공급이 과도해지면서 금리가 급격히 오르는 일을 막을 수 있다. 또 채권시장안정펀드를 조성해 채권을 정부가 직접 사들이기도 했다.

이 밖에 시중은행이 해외에서 자금을 잘 조달할 수 있도록 1천억 달러 규모의 외채 지급보증을 실시했다. 은행이 갚지 못하면 한국은행이 대신 갚아주겠다는 약속으로, 이 같은 보증이 있으면 차입이 더 쉽게 이루어질 수 있다.

이러한 정책들 가운데 금리 인하, 시장을 통한 금융채권 구입을 '전통적인 통화정책'이라 하고, 나머지 비상대책은 '비전통적인 정책'이라 한다. 정부와 한국은행은 이를 통해 금융사뿐만 아니라 기업으로도 돈이 흘러들어가기를 바랐다. 중앙은행이 기업에 직접 자금을 지원할 수 있는 방법이 없으니, 일단 금융사에 자금을 지원해 이들이 기업에 유동성을 공급할 수 있도록 한 것이다.

하지만 이 같은 정책들이 100% 통하지는 않는다. 아무리 많은 자금을 공급해도 경제주체들이 서로 돈을 빌리고 빌려주는 것을 꺼려하면 시중에 돈이 돌지 않기 때문이다. 이에 중앙은행이 공급한 유동성은 유통되지 않고, 경제주체들의 잔고에 그대로 쌓여 있는 경우가 많다. 또 이 과정에서 중앙은행이 각종 부실 자산을 떠안는 문제가 발생할 수 있다. 국채로 바꿔준 부실채권을 상환받지 못해 돈을 떼이는 경우가 대표적이다. 다만 금융위기 극복 과정에선 이런 현상이 크게 나타나지 않았다.

아직도 끝나지 않은 위기
심각한 전 세계 재정적자

금융위기를 어느 정도 극복하기까지 전 세계적인 공조가 큰 역할을 했다. 한국이 포함된 주요국들의 모임인 G20를 만들어 경제정책과 규제를 협의한 것이 대표적이다. 또 주요국들은 FSB(Financial Stability Board, 금융안정위원회)를 만들어 금융정책을 함께 논의했다. 이를 통해 여러 정책이 협의되면서 위기 탈출이 탄력을 받을 수 있었다. 그러나 세계는 곧 두 번째 위기에 시달렸다. 바로 유럽재정위기다. 마치 대지진 이후에 나타나는 여진과 비슷했다.

위기설이 유럽으로 옮아가고 있다. 재정악화에 시달리던 그리스의 신용등급이 강등되었고, 이어 스페인의 신용등급도 하향 조정되었다. 우려는 PIGS(포르투갈·이탈리아·그리스·스페인) 국가와 동유럽으로 확산되고 있다. 지난 15일 기준으로 달러화에 대한 유로화의 가치는 3개월 이래 최저치까지 밀렸고, 헝가리 포린트화, 체코 코루나화 등의 가치도 급락했다.

경향신문(2009. 12. 26.)

각국의 재정적자 상황은 심각한 수준

글로벌 금융위기를 극복한 데는 중앙은행과 정부를 통한 대규모 자금 투입이 큰 역할을 했다. 그런데 경제위기 상황에서는 증세를 통해 재원을 확보하기 어렵다. 결국 정부지출을 늘리기 위해서는 국채를 발행해 자금을 조달해야 한다. 이는 갚아야 하는 빚이고, 적자로 남는다.

적자를 해소하려면 경기회복 후 세금을 더 걷어야 한다. 하지만 대개는 이 역시 쉽지 않다. 결국 또 다른 채권을 발행해 만기가 돌아오는 채권을 갚는 일이 반복된다. 한번 대규모 적자가 생기면 좀처럼 해소하기 어려운 것이다. 오히려 빚이 빚을 부르며 눈덩이처럼 커지는 경우가 더 많다. 그러다 어느 순간 채권발행에도 한계가 온다. 시장관계자들 사이에 '아무리 정부라도 저렇게 찍어낸 채권을 갚을 수 있을까' 하는 회의가 생기는 순간이다.

이렇게 되면 남는 방법은 돈을 찍어 갚는 것밖에 없다. 하지만 이렇게 하면 화폐발행량이 급증하면서 엄청난 인플레이션이 벌어질 수 있다. 2008년 2억%라는 믿지 못할 물가 상승률을 기록한 짐바브웨가 대표적이다.

결국 정부가 그동안 진 빚을 갚을 수 없다고 선언하는 경우가 발생하는데, 이를 '모라토리엄'이라 한다. 이렇게 되면 경제는 큰 소용돌이에 휘말리게 된다. 특히 외채가 많은 경우라면 상황이 더욱 심각하다. 대외 신뢰도가 급격히 추락하고, 외국인 투자자들이 떼일 것을 두려워해 자본을 급격히 빼내가는 과정에서 외환위기가 발생하는 것이다.

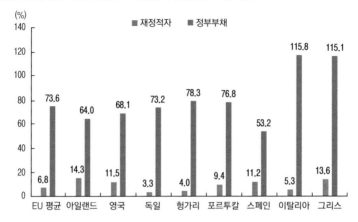

〈도표 12-9〉 유럽 각국의 GDP 대비 재정적자 및 정부부채 비율

자료: 유럽위원회

　이런 파국을 막기 위해 대개의 정부들은 재정위기가 우려되면 재
정지출을 극도로 줄이게 된다. 추후 갚지 못할까 두려워 최대한 지
출을 줄이는 것이다. 이렇게 되면 경기 진작책을 사용하는 것이 어
려워져 경제는 오랜 침체 상태로 헤매게 된다.

　글로벌 금융위기 이후 유럽 국가들이 이 같은 딜레마에 빠졌다.
위기 극복 과정에서 재정적자가 한계에 다다르면서 자칫 모라토리
엄을 선언해야 할 처지에 이른 것이다. 이들 국가는 중앙은행도 문
제였다. 금융회사들의 부실을 해결해주는 과정에서 각종 악성 부채
를 다량 보유하게 된 것이다.

　그러다 결국 유럽 내 불량 국가들에서 문제가 터지고 말았다. 포
르투갈, 아일랜드, 이탈리아, 그리스, 스페인이 주범이었다. 이들
국가는 나라 이름의 머리글자를 따서 PIGGS(돼지들)라 불리며 세계
경제의 골칫거리가 되어버렸다. 유럽중앙은행과 IMF 등의 지원을

얻어 겨우 임시수습은 할 수 있었는데, 그 문제가 언제 또 불거질지 모른다.

도덕적 해이의 규제가 핵심 사안으로 부상하다

IMF는 재정 혹은 외환위기가 발생한 국가에 대규모 자금을 투입해 국가 부도를 막고 있다. 유럽에선 그리스 등 불량 국가 외에 아이슬란드, 헝가리, 우크라이나 등도 IMF의 지원을 받았다. 또 세계은행 등 다른 국제금융기구들도 대규모 자금 지원 정책을 펼치고 있다. 하지만 그 역할이 제한적이라서 좀 더 적극적인 역할을 할 수 있는 새로운 국제금융기구를 설치해 경제위기에 대응하자는 주장이 나오고 있다.

위기 기간 정부 개입이 광범위하게 펼쳐지면서, 민간의 도덕적 해이가 심화된 점이 앞으로 새로운 위험 요인이 될 수 있다. 어찌되었든 정부가 해결해줄 것이라 믿고 예전의 관행을 되풀이할 수 있기 때문이다. 그리스는 모든 문제를 EU 본부가 해결해줄 것으로 믿고, 노동자들이 구조조정을 거부하며 파업을 벌이는 등 극심한 도덕적 해이를 노출한 바 있다.

사실 미국발 금융위기의 원인을 한마디로 요약하면 결국은 도덕적 해이로 귀결된다. CDO, CDS 등 파생금융상품은 그 자체로 아무런 문제가 없다. 오히려 시장 위험을 분산해 시장을 더욱 효율적으로 발전시킬 수 있는 엄청나게 혁신적인 상품이었다. 하지만 시장 리스크를 의식하지 않은 도덕적 해이에서 비롯된 인간의 탐욕이 지나친 쏠림 현상을 낳았고, 여기에 감독 부실이 결부되면서 위기로 이어지고 말았다. 앞으로도 도덕적 해이를 어떻게 규제할지가 핵심 사안으로 부상할 것이다. 예금보험 한도 축소 등이 이 같은 차원에서 논의되고 있다.

한국은 금융위기 전쟁의 승리자인가, 패배자인가?

한국은 국제사회에서 금융위기를 잘 극복했다는 평가를 받았다. 통계상으로 OECD 회원국 가운데 가장 빠른 회복세를 보였다는 점이 잘 나타낸다.

그러나 비판의 시각도 많았다. 위기 극복은 빨랐을지 몰라도 위기 기간 동안 너무 큰 고통을 당했다는 점에서 승자보다는 패자에 가까웠다는 것이다. 실제 위기 당시 한국은 IMF에 돈을 빌려야 하는 상황까지 이르지는 않았지만, 사실상 외환위기를 맞았다. 금융위기 기간 통화가치 하락률은 25.8%로 그 어떤 나라보다 높았다. 싱가포르, 중국 등은 이 기간 통화가치가 절상되었고, 대만, 말레이시아 등 다른 아시아 국가들의 통화가치 하락률은 소폭에 그쳤는데, 한국만 큰 절하를 겪어야 했다.

통화가치 하락은 당시 한국 경제상황을 그대로 나타냈다. 위기 기간 이른바 금융 선진국들은 한국에서 1천억 달러 이상의 자금을 빼내갔다. 그들 스스로도 돈이 급해 실시한 조치였지만, 엄청난 단기 외채 등 한국 경제의 불안 요소도 원인으로 작용했다. 이로 인해 당시 한국 경제는 크게 휘청거렸다. 만일 300억 달러 규모 한미 통화

스왑 조치 등이 없었다면 국제기구의 지원을 받아야 했을지도 모른다.

한편 일본처럼 평소 충분한 외화 유동성을 확보해놓은 국가들은 어려운 상황 속에서도 외환위기로 발전하지 않았다. 외환이 유출되더라도 이를 충분히 방어할 수 있다는 믿음이 형성되어 있었다. 반면 한국은 믿음을 얻지 못하면서 외환위기를 겪었다.

여기에 한국 경제 회복은 각종 경기 확장책 등 임시방편에 의한 것이었다는 비판도 있다. 효과에 비해 들인 비용이 너무 컸다는 것이다. 특히 위기 기간에 제대로 구조조정이 안 되면서 가계부채 등 또 다른 불안요인이 감지되고 있어 언제든 다른 위기를 겪을 수 있다는 지적도 나온다.

CHAPTER
13

위기 이후,
나아갈 방향을 모색한다

지금 세계 경제는 출구전략이 진행되고 있다. 10년 전 있었던 글로벌 금융위기 영향에서 이제야 벗어나는 것이다. 위기가 깊었던 만큼 완전히 빠져나오는 데 오랜 시간이 걸리고 있다. 출구전략이 무엇이고, 어떻게 진행해야 부작용을 줄일 수 있는지 살펴본다. 향후 한국 경제에 어려움을 유발할 수 있는 요인이 무엇인지, 세계 경제의 다른 불안 요소는 없는지도 알아본다.

출구전략이 도대체 뭐길래 이 난리?
출구전략과 더블딥

위기가 진정되면 정부와 기업은 위기 대책을 마무리하고, 정상 상태로 돌아가려는 노력을 한다. 이를 위한 재정, 금융, 통화 정책이 출구전략(exit strategy)이다.

한국은행 금융통화위원회에서 기준금리 인상 소수의견이 나오면서 한은이 기준금리를 수개월 내에 인상할 가능성이 커졌다. 시장에서는 8월 내지 10월 인상에 무게가 실리고 있다. 이주열 한국은행 총재는 지난 12일 서울 중구 한국은행에서 열린 금융통화위원회 정기회의 이후 기자간담회에서 "오늘 열린 금통위 회의에서 이일형 금통위원이 기준금리 인상 의견을 냈다"고 밝혔다. 한은 금통위원이 인상의견을 낸 것은 올해 들어 처음이다. 이전까지는 만장일치로 동결의견을 냈다. 인상 소수의견이 나오면서 다음 달 31일로 예정된 금융통화위원회 정기회의에서 기준금리가 인상될 가능성이 커졌다. 금통위는 보통 기준금리 인상이나 인하 전에 소수의견을 통해 시장에 신호를 주는 경우가 많다.

아시아경제(2018. 7. 14.)

제2의 위기를 막는 출구전략

경제위기 대응책은 길어질 경우 각종 부작용을 낳는다. 지속적으로 돈이 풀린 데 따른 원자재가격 상승, 자산가격 급등이 대표적인 부작용이다. 자산가격 상승은 실물경제와 동떨어지게 벌어질 수 있다. 돈이 실물로 돌지 않고 자산시장에만 몰리면서 자산가치만 올려놓는 것이다.

2018년 상황을 보면 한국 경제는 지속적으로 공급된 유동성의 영향으로, 자산가격 거품 우려가 큰 상황이다. 이 거품이 터지면 다시 위기가 찾아올 수 있다. 이미 2018년 7월, 위기를 경고하는 목소리가 나왔다. 이는 지나치게 낮은 금리의 영향이 크다. 기준금리는 2018년 7월 연 1.5%로 역사상 가장 낮은 수준이다. 1.5~2%라는 물가 상승률을 감안하면 실질금리는 사실상 마이너스다. 기준금리 수준의 이자율로는 돈을 예치해도 손해를 본다는 뜻이다. 반대로 돈 빌리기는 너무 쉽다는 뜻으로, 결국 부동산가격 급등이 유발되었다.

금리 인상을 통해 부작용을 해소해야 한다는 주장이 많다. 금리를 올려 거품이 더 끼는 것을 막아야 한다는 것이다. 이미 외국에서는 금리 인상이 시작되었다. 미국은 금융위기 직후 기준금리를 0~0.25%까지 내렸다가 2015년부터 7차례 금리를 올린 끝에 2018년 7월 연 1.75~2%까지 도달했다. 한국의 1.5%보다 높은 수준이다. 이렇게 미국보다 금리가 낮은 상태가 오래가면 수익률이 높은 미국으로 자금이 몰리는 대신, 한국을 비롯한 신흥국은 자금 이탈에 시달리면서 외환위기를 겪을 수 있다. 그래서 선진국이 출구전략에 나서면 신흥국도 뒤를 따르는 게 불가피하다.

재정 측면에선 정부 개입이 과도해지는 상태가 오래 지속되면 민간 성장 잠재력이 훼손될 수 있어서, 정부지출을 줄이는 출구전략을 통해 민간의 능력을 복원시켜줄 필요가 있다.

그런데 섣부른 출구전략은 경제에 큰 충격을 줄 수 있다. 경기가 충분히 살아나지 않은 상황에서 금리를 올리거나 급작스러운 유동성 환수 정책이 실시되면, 이자 부담이 급격히 올라가는 데 따른 충격을 겪는 것이다. 낮은 대출금리 체계하에서 근근이 버티던 가계와 중소기업이 갑작스럽게 금리 인상으로 파산위기에 내몰리는 것이 대표적인 문제다. 이 문제가 심각할 경우 잠깐 회복했던 경기가 다시 나빠지는 '더블딥(double dip)' 현상이 올 수 있다 제2의 위기를 막는 출구전략이 다른 위기를 부를 수 있는 것이다.

여러 형태의 더블딥

더블딥의 유형은 2가지다. 경기가 크게 침체되었다 살아난 후 다시 극심한 침체에 빠지는 대문자 'W'형과 작은 침체와 작은 회복이 여러 번 반복되는 소문자 'w'형 더블딥이 그것이다.

W형 더블딥은 두 번의 극심한 침체가 발생한다. 경제위기가 발생한 후 재정지출, 유동성 공급, 높은 환율 등으로 일시적 회복세를 보였다가, 출구전략의 부작용으로 다시 급격한 침체를 보이는 것이다. 이후 다시 빠르게 경기가 회복되기도 하지만 이 과정에서 경제시스템이 망가질 위험이 있다. 충격으로 여러 가계와 기업이 도산하는 것이다.

반면에 w형 더블딥에서는 대략 2~3분기 동안 작은 성장을 하다가 1~2분기 정도 침체를 겪는 정도의 사이클이 반복된다. 대형 충격은 없지만 제대로 성장하지 못하면서 경제가 만성적인 피로움을 겪을 수도 있다. 이러한 상황이 오랫동안 지속되면 경제가 성장동력을 상실할 위험이 있다. 전문가에 따라서는 W보다 w가 위험

〈도표 13-1〉 경기 유형

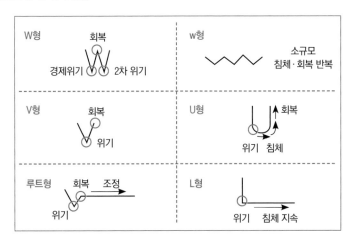

하다고 지적하기도 한다.

경기회복 유형에는 이 밖에도 V형, U형, 루트형, L형이 있다. V형은 경기가 급격히 좋아져 정상으로 돌아가는 상황, U자형은 일정 기간 침체기가 지속되다가 급격히 정상으로 돌아가는 상황, 루트형은 급격히 회복된 후 상당 기간 조정기가 지속되는 상황, L자형은 경기가 더 이상 악화되지는 않지만 장기불황이 계속되는 상황을 의미한다.

1929년 대공황 당시 출구전략을 썼다가 엄청난 더블딥이 발생한 일이 있었다. 이를 근거로 경기가 확실히 회복된 상태가 아니라면, 출구전략을 쓰면 안 된다는 주장이 있다.

특히 고용이 활성화되어 경제주체들이 안정적인 소득원을 가져야 본격적인 경기회복을 기대할 수 있는데, 고용 회복에는 오랜 시간이 걸린다. 자산가치 등 다른 부분보다 회복 속도가 느린 것이다. 이런 상태에서 섣불리 출구전략을 사용하면, 자칫 대규모 실업 사태를 불러올 수 있다는 게 일부 전문가들의 주장이다.

더블딥 두려워하다 더 큰 불황이 온다?

하지만 더블딥에 지나치게 집착할 필요는 없다. 근근이 버티고 있는 중소기업이 제대로 구조조정되지 못하는 것 자체가 향후 다른 위기의 뇌관이 될 수 있기 때문이다. 불안한 중소기업이 많은 상태가 오래가면 은행의 대출 행태는 소극적으로 변할 수 있다. 누가 얼마나 불안한지 알 수 없어 대출 승인을 자제하는 것이다. 그러면 충분히 갚을 여력이 있는 기업이나 가계까지 대출에 어려움을 겪을 수 있다. 이에 금리 인상을 단행해 불안한 경제주체들을 확실히 조정하고 넘어가야 한다는 의견이 있다. 금리를 올리는 과정의 아픔을 통해 경제 체질을 바꾸고 넘어가야 한다는 것이다. 부실의 은폐는 정답이 될 수 없다.

또 금리 인상이 경기 안정 효과를 낼 때까지는 시간이 필요하다. 이른바 '정책시차'가 있기 때문이다. 반면 금리 인상을 계속 미루다가는, 그 부작용인 인플레이션이 어느 날 갑자기 닥칠 수 있다. 따라서 뒤늦은 대응보다는 한발 앞선 대응이 필요하다는 지적이 많다.

결국 경제를 정상궤도에 올려놓기 위해서는 임시방편에 계속 기대서는 안 되며, 발 빠른 출구전략을 실시한 뒤 성장 잠재력을 확충할 수 있는 근본적인 정책을 펴야 한다. 지속적으로 확장정책을 사용하면 재정에 부담이 생겨 '재정위기'라는 2차 위험이 발생할 수 있으므로 이를 막는 노력도 필요하다. 그래서 지금은 본격적인 출구전략에 나서야 할 때라는 게 전문가들의 공통된 의견이다.

출구전략의 핵심은 타이밍 설정
구체적 출구전략들, 타이밍 잡는 법

출구전략의 개시에 대해선 많은 전문가들이 동의하는데, 구체적인 실행전략은 의견이 갈린다.

최근 한국 경제의 위기를 경고하는 목소리가 이곳저곳에서 봇물처럼 터져나오고 있다. 미국의 금리 인상부터 시작해, 보호무역 심화, 고용 둔화, 제조업 부진, 투자 부진 등이 위기의 요인들로 지목되고 있다. 그러나 한국 경제의 위기가 본격화되었다거나 심지어 IMF 외환위기에 버금가는 위기에 빠져 있다는 평가는 과도해 보인다. 한국 경제의 여러 리스크 요인들이 상존하는 것은 사실이지만, 그에 못지않게 긍정적인 요인들도 다수 존재하기 때문이다.

머니투데이(2018. 6. 20.)

미시적인 출구전략들
일반적인 출구전략은 확장적인 기조를 당분간 유지하되, 비정상적으로 시행된 정책부터 거둬들이는 것으로 시작된다. 비정상 대책은 대부분 금융시장 안정에 초점이 맞춰져 있다. 경기가 정상 수준으로 올라오지 않은 만큼 경기 관련 대책은 그대로 두고, 어느 정도 달성된 금융시장 안정 대책부터 거둬들이는 것이다. 채권 구입을 통해 채권시장 안정화를 꾀했던 '채권시장안정펀드'나 은행에 자금을 지원하기 위해 만들어졌던 '은행자본확충펀드'부터 회수하는 것이 대표적이다.

부동산가격 상승이 문제라면 부동산 등 자산시장으로 흘러들어가는 유동성을 실물 부분으로 전환시키는 정책을 편다. 집값의 일정 비율 이상으로 대출을 제한하는 LTV, 대출 원리금이 소득의 일정 비율을 넘을 수 없도록 하는 DTI 규제를 강화하는 것이 대표적이다. 이같은 규제를 강화하면 부동자금에 의한 부동산가격 상승을 막으면서 실물부분으로 돈이 돌도록 할 수 있다. 유사한 정책으로 부동산 세제 강화, 다주택자 규제 확대 등이 있다. 현 정부가 적극 구사한 정책들이다. 하지만 전면적인 시행은 시장 급랭으로 이어질 수 있어서 일단은 점진적인 사용을 하고 있다.

정부 차원에서 위기 기간 동안 펼쳤던 각종 대출·세제 지원책을 중단하거나, 금융회사 부실채권 및 중소기업 대출에 대해 보증을 중단하는 것을 검토할 수 있다. 이는 소극적인 의미의 출구전략이 될 수 있다. 적극적인 출구전략이 기존에 썼던 임시 정책을 거둬들이는 것이라면, 소극적인 출구전략은 지속적인 확장정책을 사용하지 않는 것을 뜻한다. 쉽게 말해 뿌린 돈을 거둬들이는 것을 적극적 출구전략으로, 더 이상 돈을 공급하지 않는 것을 소극적 출구전략으로 이해하면 된다. 내수 확대를 위해 펼쳤던 각종 정부지출을 중단하는 것이 대표적이다.

소극적 출구전략 또한 경기를 식히는 역할을 할 수 있다. 확장정책이 계속 힘을 받으려면 지속적으로 관련된 정책이 나와야 하는데, 이것이 중단되는 것만으로도 경제에 영향을 줄 수 있다. 주사를 계속 맞아 약에 취해 있던 환자가 주사가 중단되면 일시적으로 충격을 받겠지만, 이후 자가면역체계를 갖추면서 정상으로 돌아오는 것과 비슷하다고 보면 된다.

정부지급보증이 지속되면 지급보증이 없는 채권은 외면받고, 지급보증이 들어간 채권 보유자들은 스스로 부도 위험을 신경 쓰지 않는 도덕적 해이에 빠질 수 있어 이 부분도 조정에 들어간다. 다만 일거에 보증을 중단할 경우 전체적으로 신용위험이 높아질 우려가 있다. 지급보증이 중단된 채권에 대한 투매 현상이 일어나면서 시장이 혼란에 빠질 수 있는 것이다. 이에 지급보증 중단은 신중히 접근해야 한다. 투입한 공적자금이 있다면 자연스레 이를 받은 금융사나 기업이 상환하도록 하는 것이 최선이다. 그래야 충격을 줄일 수 있다.

중앙은행 차원에서 금리 인상을 제외한 출구전략으로 지준율 인상을 고려할 만하다는 견해가 있다. 지준율을 올려 은행들이 더 많은 현금을 쌓아두도록 하면서 돈이 풀리는 것을 막되, 금리 인상은 자제함으로서 기존 대출자들의 충격을 줄여주자는 것이다. 특히 지준율 조정은 시중에 돈이 풀리는 것을 직접 막는다는 점에서 유동성을 줄이는 효과가 금리 인상 때보다 클 수 있다.

지준율 조절조차 부담스럽다면 시중은행이 중앙은행에 맡겨두는 예치금에 적용되는 금리를 올려, 은행들이 더 많은 돈을 중앙은행에 쌓아두도록 유도하는 방법도 있다. 또 통안증권을 판매하거나 예금 상품을 만들어 은행들로부터 돈을 흡수할 수 있다. 다만 이 같은 방법은 중앙은행의 이자 지급 부담을 늘리고, 채권 공급을 늘리면서 시장금리를 올려놓을 가능성이 있어 신중한 접근이 필요하다.

중앙은행 차원에서 침체기 동안 실시했던 채권 매입, 금융회사에 대한 대출, 금융회사 지분 인수 등을 통해 공급했던 유동성을 채권 매각 등 방법을 통해 다시 흡수하는 것도 고려할 수 있다. 이는 자칫 떠안은 채권이 부실해져 중앙은행 스스로 부실해지는 위험을 예방하는 정책이기도 하다.

결국 중앙은행은 금리를 인상하기 전에 여러 경로를 통해 시중유동성을 줄임으로써 추후 금리 인상의 효과를 배가할 수 있지만 부작용에 유의해야 하며, 계획을 정확히 공개함으로써 시장 혼란을 최소화해야 한다. 부작용이 너무 커질 것으로 판단되면 특별 대출 등을 만기까지 그대로 두어 자연스럽게 유동성을 회수하는 것도 방법이 될 수 있다.

물론 이 같은 방법들은 모두 시중유동성을 줄여, 결국에는 금리를 끌어올린다. 돈의 유통이 줄어드니 돈의 가치인 금리가 올라가는 것은 당연하다. 하지만 그 경로가 간접적이라 금리 인상보다 충격이 덜하다.

적절한 타이밍이 제1요건

금리를 올리거나 풀었던 돈을 적극적으로 거둬들이는 '본격적인' 출구전략 정책의 선후는 국가 상황에 따라 결정된다. 재정적자로 고

심하는 선진국들은 재정지출이 소요되는 정책부터 거둬들이는 경향이 강하고, 물가 상승으로 고전하는 개도국들은 금리를 인상하는 등 통화정책부터 실시하는 경우가 많다.

이때 적절한 타이밍을 잡는 것이 중요하다. 너무 늦으면 부동산 경기 과열 등 부작용이 발생하고, 너무 이르면 더블딥을 몰고 올 수 있기 때문이다. 전문가들은 여러 신호를 잘 점검해야 한다고 설명한다. 가장 대표적인 것이 인플레이션이다. 본격적으로 경기가 나아지면 소비심리가 개선되어 지출이 늘고 물가가 오른다. 그래서 물가 상승률이 가팔라진다는 것은 경기가 본격적인 회복 국면에 접어들었다는 신호로 해석할 수 있다. 이 시점에서는 자산시장 버블도 경계해야 한다. 먼저 오르기 시작한 자산가격이 오를 대로 올라 있는 상황일 수 있기 때문이다. 이때는 반드시 본격적인 출구전략을 펴야 한다.

〈도표 13-2〉 우리나라 소비자 물가 상승률 추이

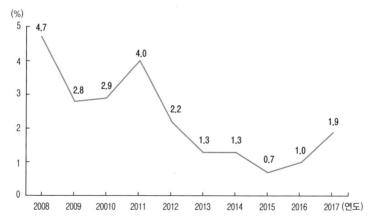

자료: 한국은행

다만 경기회복 속도가 인플레이션을 수용할 수 있는 상태라면 출구전략을 잠시 미루는 것이 가능하다. 이후 수용할 수 있는 범위를 벗어나면 출구전략을 사용해야 한다.

금융연구원은 출구전략 실시를 위한 3대 조건을 제시한 바 있다. 금융 안정성 확보, 민간 부문 자생력 회복, 세계 경제 회복이 그것이다.

금융 안정성 측면에서 국내 은행 건전성이 제대로 확보되고 중소기업의 자금난이 해결되는 것이 중요하다. 은행 부실채권 문제가 여전히 심각하고, 중소기업의 대출 수요가 지속되고 있는 상황에서 금리를 인상하는 등 출구전략을 펴면 관련 문제가 심각해질 수 있다. 민간 자생력 회복도 중요하다. 이를 대표적으로 알 수 있는 수치가 소비다. 소비 회복이 아직 충분하지 못하다면 출구전략에 신중해야 한다. 세계 경제 여건도 살펴야 한다. 세계 경제 여건은 특정 국가가 조절하기 불가능한 사안이지만, 적극적으로 살피면 적당한 타이밍을 잡을 수 있다.

한국의 출구전략은 어디까지 진행되었을까?

한국은 출구전략의 초기 단계에 있다. 본격적인 출구전략이 시작되었다고 말하기 위해서는 금리 인상 러시에 들어가면서 다른 유동성 회수 대책을 동시에 시행해야 한다. 하지만 2018년 말까지 그런 움직임은 포착되지 않았다. 기업 구조조정이 아직 마무리되지 않은 영향이 크다. 특히 한국은 정부에 의해 반강제적으로 실시되고 있는 중소기업 대출이 그 어느 나라보다 많다. 출구전략으로 구조조정 기업과 중소기업에 대한 지원이 중단될 경우 경제는 다시 위기로 빠져들 수 있다.

금융위기 기간 부동산 및 가계부채가 큰 조정을 받지 않았다는 점도 고려해야 한다. 위기 기간 거의 반 토막 난 외국과 다르다. 한국은 오히려 유동성 공급 정책에 힘입어 집값이 큰 폭으로 더 올랐으므로 거품이 많이 껴 있을 가능성이 있다. 이때 급격한 출구전략으로 부동산이 갑작스레 큰 조정을 받으면 시장이 급격한 혼란에 빠져들 수 있다.

또 위기 이후 민간 소비 증가율은 경제성장률을 넘어서지 못하고 있다. 고용과 투자도 중요한데 2018년 말 최악의 지표를 나타내고 있다. 민간 경기가 제대로 살아나기까지는 갈 길이 먼 것이다.

그래서 한국은 출구전략 시점을 신중히 골라야 한다. 바람을 서서히 빼는 전략이 필요한 것이다. 출구전략으로 인해 시장에 충격이 없도록 거품이 서서히 진정되는 기회를 가져야 한다. 이를 위해 시장과 의사소통을 거쳐 순차적이고 점진적으로 본격적인 출구전략을 진행하는 것이 좋다. 시장 몰래 정책을 펼칠 경우 각종 부작용을 낳을 수 있다. 다행히 아직까지 물가 상승률이 안정적이라 다소나마 시간에 여유가 있다. 이 밖에 일본, 유럽 등 금리 인상을 고려하는 다른 나라와의 국제공조를 통해 출구전략의 보조를 맞출 필요도 있다. 전 세계가 한꺼번에 본격적인 출구전략에 들어갈 경우 더블딥에 빠질 수 있다는 우려가 나오는 만큼 신중한 공조가 필요하다.

한국 경제, 앞으로의 위험요인은?

가계대출, 부동산시장 조정

한국 경제가 금융위기 때 그나마 나락으로 빠지지 않았던 것은 이른바 '3저' 호황의 영향이 컸다. 저금리, 저유가, 원화 약세가 그것이다. 한국은행이 금리를 인하하면서 기업과 가계의 이자 부담이 줄었고, 유동성을 지속적으로 공급하면서 돈을 구하는 데 큰 어려움을 겪지 않아도 되었다. 위기 이후 유가가 낮은 수준을 유지하면서 재료비 부담을 덜었고, 위기 기간 원화가치가 급속도로 추락한 후 한동안 낮은 수준이 유지되면서 수출이 괜찮은 상황을 유지할 수 있었다.

여기에 가계로까지 위기가 파급되지 않았던 영향도 컸다. 한국 가계들은 금융위기에도 불구하고 대출 연체율이 0%대에 그쳤다. 전체 가계대출 가운데 이자가 연체되는 비율이 1%도 안 되었다는 뜻이다. 하지만 앞으로 부동산 경기가 식으면 주택담보대출에서 문제가 불거질 가능성이 있다.

금융당국이 우리나라 가계대출에 대해 정식으로 우려를 표명했다. 부동산대출 비중이 높아, 금리가 오르거나 집값이 하락하면 가계가 동반부실화할 우려가 크다고 분석했다. 이는 가계대출이 고소득층에 집중되어 있고, 연체율이 낮아 문제가 없다는 이전 입장과 다른 것이다.

경향신문(2018. 4. 14.)

소득수준에 걸맞지 않은 과도한 가계부채

가계부채 총량은 2013년 말 1,021조 3천억 원으로 1천조 원을 돌파했다. 1년 전보다 57조 5천억 원 증가한 것으로, 매년 사상 최대치를 경신하고 있다. 2018년 3월 잔액은 1,468조 원에 이른다. 금리 상승에 따라 상환 부담이 눈덩이처럼 커질 수 있다.

많은 가계들이 소득수준에 걸맞지 않게 과도한 가계부채를 안고 있다. 가계부채를 안고 있는 가구의 평균 부채액은 2016년 말 기준 8,122만 원에 달한다. 2008년 금융위기가 미국의 가계대출 부실에서 시작되었다는 점을 상기하면 가계부채의 심각성은 여러 번 강조해도 지나치지 않다.

여기에 부동산도 문제가 될 수 있다. 미국은 2007년 초 서브프라임 사태가 처음 불거진 이후 2년여간 거품을 진정시키는 기회를 가졌다. 시장 전체적으로 부동산가격이 안정되면서 거품이 많이 잦아

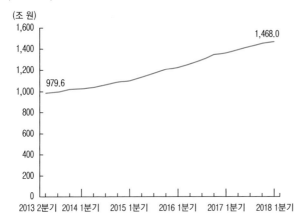

〈도표 13-3〉 우리나라 가계부채 총액 추이

자료: 한국은행

든 것이다.

하지만 한국은 그 같은 기회를 충분히 가지지 못했다. 2008년 말부터 2009년 초 부동산가격이 국지적으로 하락하긴 했지만 조정기간이 너무 짧았다. 이후 곧바로 가격 반등에 성공하면서 고점가격을 상당 부분 회복한 뒤 2010년대 중후반에 급등했다.

인구경제학적으로 부동산가격이 장기적인 상승세를 유지하기 어렵다는 점을 감안하면 지금의 상승세는 추후 부담이 될 가능성이 있다. 부동산 거품 붕괴가 가계부채 문제를 폭발시킴으로써 다음 위기의 뇌관이 될 수 있는 것이다.

부동산가격에 대한 꾸준한 점검은 필수

일각에선 은행권 대출 가운데 주택담보대출 비율이 높지 않고, 그 연체율이 아직까지 낮다는 반론이 있다. 크게 걱정할 단계는 아니라는 것이다. 그러나 한국 가계는 전체 자산 중 실물자산 비중이 80%에 달해서, 부동산가격이 하락하거나 고용 사정이 악화될 경우 금융자산을 통해 충격을 흡수할 수 있는 능력이 현저히 떨어진다는 점을 감안해야 한다. 정부와 한국은행은 앞으로 부동산가격을 면밀히 모니터링하면서 치밀한 대응책을 마련해야 할 것이다.

다만 정책적으로 대응하는 게 쉽지 않다는 문제가 있다. 부동산가격 자체가 한국은행의 통화정책에 큰 짐이 되고 있기 때문이다. 일반적으로 통화정책은 물가가 오르면 돈줄을 조이고 물가가 안정되는 대신, 경기가 침체되면 돈줄을 푸는 것이 정석이다.

하지만 여기에 부동산 문제가 개입되면 이야기가 달라진다.

경기가 침체되는 상황에서 부동산가격이 오를 경우에는 경기부양을 위해 돈을 풀면 부동산가격 상승을 배가할 수 있다. 그렇다고 반대로 돈줄을 조이면 경기침체를 가중시키게 된다. 결국 한국은행은 이러지도 저러지도 못하는 상황에 처할 수 있다. 그래서 정부의 적극적인 역할이 중요하다. 정부는 보다 긴장감을 갖고 경제정책에 임해야 할 것이다.

세계 경제, 앞으로 어떻게 변화할까?
글로벌 임밸런스, 보호주의, 남유럽 위기

앞으로 세계 경제는 어떻게 변화할까? 여기에는 긍정론과 부정론이 엇갈린다.

도널드 트럼프 미국 행정부가 중국 골동품과 예술작품까지 고율 관세 부과 대상에 포함한 것으로 드러났다. 홍콩 언론 사우스차이나모닝포스트(SCMP)에 따르면 미 무역대표부(USTR)가 지난 10일(현지 시간) 공개한 2,000억 달러의 관세 부과 대상 중국산 제품 목록 제일 마지막에 중국산 골동품이 포함됐다. SCMP는 "미국은 가능한 한 모든 것에 관세를 부과하려는 것 같다"고 했다. 미국 무역위원회에 따르면 2017년 미국으로 수입된 중국 골동품은 2억 500만 달러(약 2,304억 원)에 달했다. 2015년과 2016년에도 각각 1억 2,300만 달러, 1억 2,500만 달러어치를 수입했다.

머니투데이(2018. 7. 13.)

미국 경제의 불균형 해소

미국 경제는 금융위기 직후 큰 조정을 받았다. 그럼에도 앞으로 추가적인 조정이 불가피하다. 미국의 가계와 정부가 짊어지고 있는 채무의 크기가 역사적으로 유례없이 크기 때문이다. 앞으로 서서히 과잉 소비가 해소되면서, 저축률이 높아질 것으로 보인다. 이 과정에서 미국 경제의 소비 파워는 감소할 수밖에 없다. 이에 따라 미국에 대한 각국의 수출이 부진해질 가능성이 높다.

다만 미국의 과잉 소비 해소가 글로벌 불균형 해결 차원에서 좋다는 견해도 있다. 미국이 소비하고 여타 국가가 공급하는 불균형체제보다는 모두 적절히 소비하고 공급하는 구조가 낫다는 것이다. 또 미국의 소비가 진정되는 과정에서 미국 국민들의 저축률이 올라가면 미국 경제가 장기적으로 탄탄해지는 구조로 바뀔 수 있다.

이 같은 구조가 잘 돌아가기 위해서는 각국 내수 활성화라는 전제조건이 필요하다. 미국 내수를 대체할 시장이 있어야 하는 것이다. 이에 대해서는 각국이 공감하고 있다. 금융위기 기간 내수가 탄탄한 나라들은 위기에 큰 영향을 받지 않았으며, 위기 극복도 빨랐다는 점은 이에 대한 필요성을 더욱 강조하고 있다.

중국 과열 억제가 중요하다

특히 중국을 비롯한 다른 거대 내수시장이 개발되어야 한다. 위기 기간 중국 내수가 어느 정도 성장하면서 세계 경제에 큰 기여를 했다. 하지만 중국 소비는 아직 정부가 유도하는 측면이 많다. 정부가 금리를 낮게 유지하는 동시에 경기 진작책을 사용하면서 내

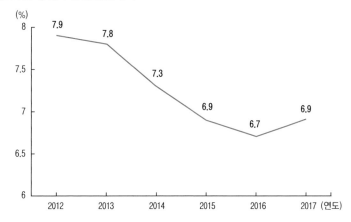

〈도표 13-4〉 중국 경제성장률 추이

(%)

자료: 한국은행

수가 활성화된 것이다. 이에 중국 내수 성장은 일시적인 것에 머물 것이라는 지적이 많다.

그럼에도 중국은 2020년경 최대 경제 대국으로 올라설 전망이다. 중국은 1820년까지 세계 최대 경제 대국이었다. 200년 만에 위상을 찾아오는 것이다. 앞으로 중국 경제의 성패는 경기 과열을 적절히 제어할 수 있느냐에 달려 있다. 중국은 금융위기 기간에도 큰 흔들림이 없었다. 오히려 과열 성장이 지속되었다. 하지만 폭주기관차가 언제까지나 질주를 계속할 수 없듯이 중국 경제도 계속 고성장을 할 수는 없다. 내수시장을 적절히 키우면서 갑자기 거품이 꺼지기 전에 적절히 제어하려는 노력이 중요하다.

인도도 주목받고 있다. 인도는 GDP의 50%가 소비에서 나올 정도로 소비 중심 국가인데, 경제성장으로 그 여력이 계속 확대될 전망이다. 중국이 몰락할 경우 인도가 그 자리를 차지할 수 있다.

보호주의와 남유럽의 위기

앞으로 세계 경제는 당분간 공조가 계속될 전망이다. 금융위기로 세계가 깨달은 가장 큰 교훈은 '디커플링은 환상에 불과했다'는 것이다. 디커플링은 세계 경제가 위기를 겪어도 튼튼한 경제는 홀로 살아남는 것을 의미한다. 그러나 금융위기 기간 세계 모든 나라가 수출입, 자본 흐름 등을 통해 서로가 서로에게 무척 의존하고 있는 것이 증명되었다. 특히 미국이 붕괴되면 수출주도형 국가들이 위기를 견뎌내지 못한다는 점이 그대로 드러났다. 이에 따라 각국은 경제정책의 공조가 무척 중요해졌다. 앞으로 금리 인상 타이밍을 함께 잡는 등 경제정책의 공조가 계속될 것으로 보인다. 공조에 실패하면 다시 세계 경제위기가 올 수 있어 긴장해야 한다.

다만 무역은 이야기가 다르다. 세계 곳곳에서 불안 조짐이 감지된다. 보호주의 성향이 강한 미국 트럼프 대통령이 중국을 상대로 무역전쟁에 나서면서 주요 수입품에 대한 관세를 올리고, 중국 등을 상대로 통화가치 절상을 강하게 요구한 것이 대표적이다. 자국 산업을 보호하고 수출을 늘리기 위한 정책이다. 하지만 이 같은 보호주의가 전 세계로 확산되면 각국의 수출산업이 큰 타격을 받아 세계 경제가 큰 위험에 빠질 수 있다(세계대공황 때 비슷한 일이 있었다).

보호주의는 금융위기 이전에도 팽배해 있었다. 리먼 브라더스 파산 직전 미국 정부는 리먼을 외국 금융사에 팔려고 했다. 이때 중국이 적극적인 자세를 보였지만, 미국 정부는 중국이 금융업에서도 경쟁자로 부상할까 두려워 팔지 않았고, 결국 리먼은 파산하고 말았다. 이런 보호주의가 확산되지 않도록 전 세계가 나서야 한다.

이 밖에 앞서 설명했지만 남유럽 등 재정위기를 겪고 있는 나라들에서 또 다른 위기가 발생하지 않는 것도 중요하다. 이미 2018년 이탈리아에서 제2의 위기설이 불거진 바 있다.

세계 경제 재편 논의

거시적으로는 또 다른 버블을 경계해야 한다. 금융위기를 계기로 많은 사람들이 건전한 성장을 이야기하고 있다. 꾸준히 버블을 감시해 실물에 기반을 두는 안전한 성장을 하자는 것이다. 하지만 지난 자본주의 역사를 되돌아오면 버블이 형성되지 않은 때가 없었다. 버블이 생기고 터지는 과정을 거치면서 발전해온 것이다.

지금도 마찬가지다. 각국 정부는 금융위기 해결 과정에서 막대한 돈을 풀었다. 새로운 버블을 형성해 위기를 돌파한 것이다. 이는 앞으로 위기의 시발점이 될 수 있으므로 지속적으로 점검해야 한다. 특히 유동성에 힘입어 상승한 부동산가격이 언제든 다시 하락할 수 있어 주의해야 한다.

아시아로 경제 권력이 이동하는 속도는 더 빨라질 전망이다. 1930년대 영국에서 미국으로 경제 권력이 옮겨간 것처럼 100년 후 지금은 미국에서 아시아로의 이동이 갈수록 빨라지고 있다. 중국, 인도 등 아시아 강국들의 역할이 부각된다.

이와 관련해 아시아 경제 통합이 크게 주목받고 있다. 아시아에는 아세안 +3, 아세안 +6, APEC 등 지역 통합 플랫폼이 있다. 앞으로 아시아 각국들은 FTA, 통화 통합 논의 등을 통해 경제 통합을 모색해나갈 예정이다. 난관은 많지만 한중일 3자간 FTA 논의도 관심사다. 이것이 체결되면 역내 무역이 활성화되면서 미국 경제에 대한 의존을 줄일 수 있다. 국제경제기구에서도 아시아 국가들의 목소리는 높아지고 있다.

금융산업은 전반적으로 수익성이 낮아질 전망이다. 위기 이전 글로벌 금융기관들은 빚을 내서 투자함으로써 자기자본 대비 수익률을 끌어올렸는데, 이 같은 투자의 위험성이 큰 문제를 일으킴에 따라 빚을 내는 일이 줄면서, 자기자본 대비 수익률도 떨어질 것으로 보인다.

이와 관련해 세계 금융업계에서는 장기 실적에 기반한 급여 시스템에 대한 논의가 이루어지고 있다. 1년 내외 단기 실적에 따라 급여를 주는 것이 아니라, 장기 실적에 따라 급여를 주면 좀 더 안정적인 투자를 할 것이란 기대에서다. 또 실적이 좋으면 성과급을 주듯, 실적이 안 좋으면 회사가 기존에 지급한 급여를 회수하는 마이너스 성과급을 도입해야 한다는 의견도 있다. 금융업계의 탐욕을 제어하려는 노력이다.

나는 오늘부터 경제기사를 읽기로 했다

초판 1쇄 발행 2019년 1월 10일
초판 8쇄 발행 2022년 6월 20일

지은이 박유연
펴낸곳 원앤원북스
펴낸이 오운영
경영총괄 박종명
편집 최윤정 김형욱 이광민 양희준
디자인 윤지예 이영재
마케팅 문준영 이지은 박미애
등록번호 제2018-000146호(2018년 1월 23일)
주소 04091 서울시 마포구 토정로 222 한국출판콘텐츠센터 319호 (신수동)
전화 (02)719-7735 | **팩스** (02)719-7736
이메일 onobooks2018@naver.com | **블로그** blog.naver.com/onobooks2018
값 18,000원
ISBN 979-11-89344-35-1 03320

이 도서의 국립중앙도서관 출판예정도서목록(CIP)은 서지정보유통지원시스템 홈페이지(http://seoji.nl.go.kr)와
국가자료공동목록시스템(http://www.nl.go.kr/kolisnet)에서 이용하실 수 있습니다.(CIP제어번호: CIP2018041221)